V&R unipress

SPECLANG
Beiträge zur Berufs- und Fachkommunikation

Band 1

Herausgegeben von
Beata Grzeszczakowska-Pawlikowska, Jacek Makowski
und Agnieszka Stawikowska-Marcinkowska

Die Bände dieser Reihe sind peer-reviewed.

Agnieszka Pietrzak

Übersetzungen des polnischen Strafgesetzbuches ins Deutsche

Rechtsterminologie und Übersetzungsstrategien

Mit 16 Abbildungen

V&R unipress

FACULTY OF PHILOLOGY
University of Lodz

MIX
Papier aus verantwortungsvollen Quellen
FSC www.fsc.org FSC® C083411

Bibliografische Information der Deutschen Nationalbibliothek
Die Deutsche Nationalbibliothek verzeichnet diese Publikation in der Deutschen Nationalbibliografie; detaillierte bibliografische Daten sind im Internet über https://dnb.de abrufbar.

Gedruckt mit finanzieller Unterstützung der Universität Lodz.

Affiliation: Universität Lodz
Gutachtende: Prof. UR Dr. habil. Paweł Bąk, Dr. habil. Joanna Pędzisz und Prof. UWr Dr. habil. Joanna Szczęk

Umschlagabbildung: © Pixabay
Druck und Bindung: CPI books GmbH, Birkstraße 10, D-25917 Leck
Printed in the EU.

Vandenhoeck & Ruprecht Verlage | www.vandenhoeck-ruprecht-verlage.com

ISSN 2750-6169
ISBN 978-3-8471-1531-1

Inhalt

Einleitung

Die zehn Gebote sind deswegen so kurz und logisch,
weil sie ohne Mitwirkung von Juristen zustande gekommen sind.
(Charles de Gaulle[1])

Dieser humorige Satz des französischen Generals und Staatsmannes Charles de Gaulle gibt die Komplexität des Rechts und die damit verbundene Kompliziertheit jeder Rechtssprache meisterhaft wieder. Wenn sich tatsächlich alle Vorschriften über Tötung eines Menschen nur auf die Phrase *Du sollst nicht töten* beschränkten und alle Artikel über Diebstahl durch den einzigen Satz *Du sollst nicht stehlen* ausgedrückt worden wären, wäre es wahrscheinlich nicht nötig, Arbeiten wie diese zu schreiben. Da die Realität jedoch ganz anders aussieht und das Recht durch das Dickicht der häufig unübersichtlich formulierten Vorschriften gekennzeichnet ist, steht jeder Rechtsanwender[2] – vom durchschnittlichen Bürger über den Juristen bis hin zum Rechtsübersetzer – vor der mühsamen Aufgabe, sich in dieser schwierigen Materie möglichst erfolgreich zurechtzufinden.

Der Schwerpunkt der vorliegenden Monographie wird auf das Strafrecht gelegt, welches ein besonderes Rechtsgebiet bildet, das in fast alle Sphären des Lebens eines jeden Bürgers eingreift und ihn vor jeglichem anomalen, von der Norm abweichenden Verhalten anderer Personen schützen soll.

Die Anwendung dieses spezifischen Rechtsgebiets geht dabei über die nationalen Grenzen hinaus, was zweifellos mit dem Prozess der Globalisierung verbunden ist, der im Grunde genommen durch den freien Verkehr von Menschen, Kapital oder Technologien gekennzeichnet ist. Kapuściński (2008: 189) betont dabei, dass es neben dieser positiven Globalisierung auch eine negative gibt, also die Globalisierung der Kriminalität, d. h. der Unterwelt, Mafia, Drogen, Geldwäsche oder des Waffenhandels und Finanzbetrugs. Im Zusammenhang damit ist die Kriminalität sehr oft internationaler Natur. Nach dem Beitritt zur Europäischen Union im Jahr 2004 schloss sich Polen den grenzüberschreitenden

1 Das Zitat wurde Schickentanz (2016: 199) entnommen.
2 Zur besseren Lesbarkeit wird in der vorliegenden Arbeit das generische Maskulinum verwendet. Weibliche und anderweitige Geschlechteridentitäten werden jedoch dabei, falls nicht anders vermerkt, immer mitgemeint.

Bemühungen zur Verbrechensbekämpfung und Verfolgung der Täter an, die weitgehend auf der Zusammenarbeit zwischen den Organen der Strafverfolgung von verschiedenen Ländern beruht, darunter sehr häufig zwischen Polen und seinem Nachbarland Deutschland. Diese Zusammenarbeit zeigt sich auch bei der Anerkennung von strafrechtlichen Urteilen für kleinere Straftaten, die von einzelnen Tätern begangen werden (vgl. Siewert, 2015: 70).

Eine effektive gegenseitige deutsch-polnische Unterstützung in allerlei Strafsachen ist jedoch erst mit Hilfe von Rechtsübersetzern möglich. Die engen wirtschaftlichen Beziehungen und die erwähnte unmittelbare Nachbarschaft zwischen Deutschland und Polen, die sich in der freien Bewegung der Bürger zwischen den beiden Ländern niederschlägt, sind mit dem steigenden Bedarf an der Übersetzung von Rechtstexten im Sprachenpaar Deutsch-Polnisch verbunden. In diesem Zusammenhang können einerseits Entscheidungen in Strafsachen übersetzt werden, welche mit rechtswidrigen Taten verbunden sind, die von Polen und Deutschen begangen werden. Andererseits werden auch häufig Urkunden übersetzt, die für die Ausübung konkreter Berufe oder die Erteilung bestimmter Erlaubnisse erforderlich sind wie z. B. das Führungszeugnis. In beiden Fällen enthalten die übersetzten Dokumente strafrechtliche Fachterminologie.

Die Notwendigkeit, die Terminologie des Strafrechts zu untersuchen, resultiert weitgehend daraus, dass viele Dokumente, die in Polen und Deutschland übersetzt werden, Terminologie enthalten, die direkt aus dem Strafgesetzbuch übernommen wurde. Allein die Tatsache, wie viele strafrechtliche Urkunden bei der Prüfung zum vereidigten Dolmetscher und Übersetzer in Polen auftauchen[3], zeigt, wie wichtig dieser Stoff für die Arbeit eines jeden Rechtsübersetzers ist (vgl. Kubacki, 2009a: 17).

Die Gesetzbücher, die zu primären Rechtsquellen gehören, stehen also im Mittelpunkt vom Interesse sowohl der Juristen, die sie verwenden, um an rein sachliche Informationen zu gelangen, als auch der Übersetzer, für die sie eine unschätzbare sprachliche Hilfe und die Quelle der usuellen juristischen Terminologie darstellen.

Bisher wurden zwei Monographien veröffentlicht, die die Analyse von Übersetzungen polnischer Gesetzbücher ins Deutsche behandeln. In der Publikation »Terminologia języka prawnego i strategie translatorskie w przekładach pol-

3 Kubacki (2009a: 17) analysierte die Aufgaben, die bei den Prüfungen zum vereidigten Dolmetscher und Übersetzer im Zeitraum von 2005 bis 2009 vorkamen. In dieser Zeitspanne wurden von den Prüfligen folgende Dokumente aus dem Bereich des Strafrechts übersetzt: *Beschluss über die Einleitung eines Strafverfahrens, Beschluss über die Zuziehung eines Sachverständigen, Beschluss über die Anordnung von Untersuchungshaft, Anklageschrift, Strafbefehl, Antrag auf Auslieferung einer verfolgten oder verurteilten Person* und *polizeiliche Belehrungen.*

skiego kodeksu spółek handlowych na język niemiecki« analysiert Krzywda (2014) die Terminologie des polnischen Handelsrechts und bewertet die Übersetzungsstrategien, die die Autoren von vier Übersetzungen des polnischen Handelsgesellschaftengesetzbuches verwendeten[4]. Kołodziej (2014) bearbeitet in seiner Monographie »Polski kodeks pracy w przekładach na język niemiecki – terminologia i strategie translatorskie« die Problematik der Übersetzung der arbeitsrechtlichen Terminologie anhand der bilateralen Methode.

Wenn es sich um die Untersuchungen im Bereich der Übersetzung der strafrechtlichen Terminologie handelt, ist in erster Linie auf zwei relativ neue Publikationen hinzuweisen. Skubis (2020) beschäftigt sich in ihrer Monografie »Pluricentryzm języka niemieckiego w języku prawa karnego Niemiec, Austrii i Szwajcarii« mit dem Begriff der Plurizentrik des Deutschen am Beispiel der Terminologie des deutschen, österreichischen und schweizerischen Strafgesetzbuches. Kęsicka (2020) bietet dagegen in ihrer Publikation »Die staatliche Prüfung für beeidigte ÜbersetzerInnen und DolmetscherInnen. Das deutsche und polnische Strafrecht« die Einführung in die Grundlagen des deutschen und polnischen Strafrechts und legt den Schwerpunkt auf die Entwicklung der Sachgebietskompetenz junger Übersetzer.

Obwohl das Strafgesetzbuch die unbestrittene Quelle der usuellen Terminologie bildet, auf der die meisten strafrechtsbezogenen Texte basieren, wird die Problematik der Übersetzung des polnischen Strafgesetzbuches ins Deutsche nur in einigen Artikeln aufgegriffen. Als Beispiele sind hierbei zwei Artikel von Siewert (2014, 2015) zu nennen. In der Publikation aus dem Jahre 2014 stellt die Autorin kulturelle Aspekte der Rechtsübersetzung auf der Grundlage der Übersetzung des polnischen Strafgesetzbuches dar, die 2012 beim Verlag C.H. Beck veröffentlicht wurde. Im zweiten Text werden die Äquivalente für ausgewählte Strafen und Strafmaßnahmen bewertet, die auch der oben erwähnten Übersetzung entnommen wurden.

Des Weiteren soll auch auf den Artikel von Kudłaj (2012) hingewiesen werden, in dem die Autorin die Übersetzungsvorschläge einzelner Termini aus dem vierten Kapitel des polnischen Strafgesetzbuches analysiert, die aus der 1998 vom Max-Planck-Institut veröffentlichten Übersetzung des genannten Gesetzes kommen.

Kęsicka (2015a) untersucht dagegen in ihrem strafrechtsbezogenen Artikel die verbale Expressivität in der Fachterminologie des polnischen und deutschen

4 An dieser Stelle ist noch auf die Monographie von Siewert (2010) »Semantische Analyse juristischer Fachwörter am Beispiel der Terminologie des Handelsrechts« hinzuweisen, in der die Autorin die semantische Analyse der deutschen handelsrechtlichen Termini und der polnischen aus dem Handelsgesellschaftengesetzbuch kommenden Termini durchführt.

Strafgesetzbuches und ihrer Übersetzungen, die 2011 und 2013 durch den Verlag DE-IURE-PL herausgegeben wurden.

Aus der obigen Übersicht der Literatur geht also klar hervor, dass sich die komplexe Bearbeitung der Problematik der Übersetzung von polnischen Gesetzbüchern ins Deutsche nur auf die Terminologie des Handelsgesellschaftengesetzbuchs und des Arbeitsgesetzbuchs beschränkt und die Frage der Übersetzung des Strafgesetzbuches lediglich in einzelnen kurzen Beiträgen thematisiert wird. Zur Zeit fehlt also eine breiter angelegte Studie, in der eine umfassendere Analyse des genannten strafrechtlichen Materials durchgeführt wird. Von daher setzt sich die vorliegende Arbeit zum Ziel, diese Forschungslücke – zumindest teilweise – zu schließen.

Die Monographie diskutiert die Problematik der Rechtsübersetzung, der Auswahl der strafrechtlichen Terminologie und der Übersetzungsstrategien, die in den drei bisher veröffentlichten Übersetzungen des polnischen Strafgesetzbuches ins Deutsche angewendet wurden. Untersucht werden die neuesten Ausgaben der auf dem Markt präsenten Übersetzungen, d. h. die Übersetzung des Verlags DE-IURE-PL aus dem Jahre 2019, des Verlags C.H. Beck von 2012 und des Max-Planck-Instituts von 1998.

Die Übersetzungen von Gesetzestexten – darunter auch die Übersetzung des polnischen Strafgesetzbuches in die deutsche Sprache – haben ein breites Spektrum von Empfängern, denen sie eine beinahe barrierefreie Kommunikation gewährleisten können. Sie richten sich in erster Linie an Juristen und Rechtswissenschaftler, die sich beruflich mit dem polnischen Strafrecht befassen sowie an Jurastudierende, die an dem polnischen Strafrecht interessiert sind.

Darüber hinaus gehören die Übersetzer zu wichtigen Empfängern solcher Publikationen. Darunter werden vor allem angehende und praktizierende Rechtsübersetzer, Übersetzungswissenschaftler, Kandidaten für die Prüfung zum vereidigten Dolmetscher und Übersetzer sowie Germanistikstudierende verstanden, die die Übersetzungen des wichtigsten Gesetzes im Bereich des polnischen Strafrechts als Hilfsmittel bei ihrer Tätigkeit betrachten.

Eine wesentliche Gruppe von Adressaten stellen ebenfalls Laien – vor allem die in Polen lebenden Deutschen dar, die das Polnische auf einem unzureichenden Niveau beherrschen, um das Strafgesetzbuch in der Originalsprache lesen und verstehen zu können. So bilden die Übersetzungen für sie de facto die einzige Wissensquelle über das polnische Strafrecht, dem sie doch unterliegen. Dies alles verursacht, dass die Qualität der veröffentlichten Übersetzungen möglichst hoch sein sollte. Alle diese Tatsachen bilden neben den bereits genannten Faktoren, die die Wesentlichkeit der Forschung zur Übersetzung des Strafgesetzbuches betonen, die Motivation zur Verfassung der vorliegenden Monographie.

Die Arbeit, die auf der Analyse der Terminologie des polnischen Strafgesetzbuches und ihrer drei Übersetzungen basiert, verfolgt das Ziel, fünf folgende Forschungsfragen zu beantworten:

1. Haben die Autoren der Übersetzungen die zielsprachliche Terminologie korrekt gewählt, und was damit zusammenhängt: haben sie die polnischen Ausgangstermini und ihre vorgeschlagenen deutschen Äquivalente richtig verstanden? In diesem Kontext wird der Frage nachgegangen, ob Übersetzer, Studierende oder Personen, die sich auf die Prüfung zum vereidigten Dolmetscher und Übersetzer vorbereiten, diese Übersetzungen als Quelle der strafrechtlichen Terminologie bzw. der richtigen Äquivalente verwenden können.
2. Wird die Terminologie einheitlich verwendet? Zu untersuchen ist, ob die vorgeschlagenen Äquivalente der Ausgangstermini in den Texten der Übersetzungen konsistent sind und ob auf die Anwendung von Synonymen verzichtet wurde.
3. Inwiefern sind bilinguale Rechtswörterbücher bei der Übersetzung von strafrechtlichen Texten nützlich?
4. Welche Übersetzungsstrategien haben die Übersetzer eingesetzt und inwieweit sind sie im jeweiligen Fall korrekt? Zu überprüfen ist, ob die Anwendung der ausgangssprachlich orientierten oder zielsprachlich orientierten Strategien in konkreten Fällen begründet war.
5. Steht das Datum der Veröffentlichung der jeweiligen Übersetzung (1998, 2012, 2019) im Zusammenhang mit den verwendeten Übersetzungsstrategien? Trifft beim Vergleich von Übersetzungen, die innerhalb des Zeitraums von 21 Jahren veröffentlicht wurden, die These der meisten Linguisten (darunter Pieńkos (2002), Pirker (2010) oder Iluk Ł. und Iluk J. (2019)[5]) über die Tendenz zur Ersetzung ausgangssprachlich orientierter Übersetzungsstrategien durch zielsprachlich orientierte Strategien zu?

Zur Beantwortung vorstehender Forschungsfragen wird in der vorliegenden Arbeit im Rahmen der rechtsvergleichenden Methode die kontrastive Analyse ausgewählter Termini des polnischen Strafgesetzbuches und ihrer Äquivalente durchgeführt, die den erwähnten Übersetzungen und fünf bilingualen Rechtswörterbüchern[6] entnommen werden.

Im Prozess der Rechtsübersetzung spielt die Methode der Rechtsvergleichung eine wichtige Rolle und bildet dadurch ein besonders nützliches Hilfsmittel des

5 Mehr zu ausgangssprachlich und zielsprachlich orientierten Übersetzungsstrategien siehe Kapitel 4. *Äquivalenz und Übersetzungsstrategien*.

6 Genauere bibliographische Daten der genannten Übersetzungen und Rechtswörterbücher werden im Unterkapitel 5.1.3. *Analysekorpus* angegeben.

Rechtsübersetzers. Wie Kęsicka (2017: 226) erörtert, ermöglicht sie eine fremde Rechtsordnung wahrzunehmen und die Funktionsweise dieses fremden Systems zu verstehen. Die rechtsvergleichende Analyse kann einerseits in Form eines Makrovergleichs, also eines systematischen Vergleichs, andererseits in Form eines Mikrovergleichs, das heißt eines funktionalen Vergleichs einzelner Rechtsinstitute verschiedener Rechtssysteme durchgeführt werden. Bei der Rechtsübersetzung ist die situationsgebundene Rechtsvergleichung, also der zweite Ansatz nützlich. Die genannte mikrovergleichende Analyse ermöglicht die Äquivalenzrelationen zwischen untersuchten Termini zu bestimmen und festzustellen, wie sich der gewählte zielsprachliche Terminus beim intendierten Empfänger der Übersetzung auswirkt (vgl. Kęsicka, 2017: 227).

Kęsicka (2017: 227) betont bei der Bearbeitung der theoretischen Erkenntnisse über die Methoden der Rechtsvergleichung, dass die rechtsvergleichende Analyse in konkreten Phasen verläuft. Constantinesco (1972: 137) spricht in diesem Zusammenhang von drei Arbeitsschritten, die einander bedingen und dabei unzertrennbar sind, also dem Feststellen, Verstehen und Vergleichen. Die erste Phase beruht auf dem Definieren der analysierten Termini und der Sammlung der zu diesem Zweck verwendeten Terminologie. In der zweiten Etappe sollen die zu vergleichenden Termini korrekt verstanden werden, indem ihre Beziehung zum gegebenen Rechtsgebiet und ihre rechtliche Umgebung festgestellt werden. Die letzte Phase, also der eigentliche Vergleich, stellt die Beziehungen der zu vergleichenden Termini aus beiden Rechtsordnungen dar. Die in ihrer Gegenüberstellung gefundenen Gemeinsamkeiten und Unterschiede erlauben, die potenziellen Übersetzungsvorschläge zu bewerten und schließlich solch eine Lösung zu erarbeiten, die die Zielsetzung der Übersetzung realisiert (vgl. Kęsicka, 2017: 228).

Die beschriebene Methode fasst Constantinesco (1972: 138, bei Kęsicka, 2017: 228) im folgenden Satz kurz zusammen: »man muß die zu vergleichenden Elemente kennen, um sie zu verstehen und man muß sie verstehen, um sie vergleichen zu können«.

Solch eine fachübergreifende, von Constantiono (1972) und Kęsicaka (2017) erarbeitete Herangehensweise, die sich neben der Sprachanalyse auch auf die rechtsvergleichende Analyse konzentriert, sollte die Erreichung des angestrebten Forschungsziels der vorliegenden Monographie ermöglichen.

Im Rahmen einer kontrastiven Analyse, die im empirischen Teil dieser Arbeit durchgeführt wird, wird geprüft, ob die in den drei Übersetzungen und fünf Wörterbüchern vorgeschlagenen Äquivalente der Ausgangstermini im deutschen Rechtssystem vorkommen. Wenn ja, wird ihre Bedeutung dann durch den Vergleich der polnischen und deutschen Legaldefinitionen bestimmt. Ein wichtiger Bezugspunkt ist dabei der Vergleich der analysierten Vorschrift mit analogen Vorschriften in einem deutschen Paralleltext, meistens ist das das deutsche Strafgesetzbuch.

Anschließend wird festgestellt, ob sich die Bedeutungen des Ausgangsterminus und der vorgeschlagenen Äquivalente hinreichend überlappen, um sie als übereinstimmend zu betrachten. Wenn dies nicht der Fall ist, wird die Wahl des Äquivalents besprochen, das der jeweilige Übersetzer in Anbetracht der fehlenden funktionalen Äquivalenz getroffen hat. Zugleich werden die untersuchten polnischen Termini ihren Übersetzungsvorschlägen, die den genannten fünf bilingualen Fachwörterbüchern entnommen werden, gegenübergestellt und bewertet.

Im letzten Schritt werden die von den Autoren der Übersetzungen verwendeten Übersetzungsstrategien festgelegt und beurteilt.

Im Hinblick auf das Analysekorpus werden die zu analysierenden Termini aus dem polnischen Strafgesetzbuch nach dem Kriterium ausgewählt, das darauf beruht, dass die Termini von den Autoren der Übersetzungen auf unterschiedliche Weise übersetzt wurden oder die Übersetzer für sie unterschiedliche Übersetzungsstrategien angewendet haben. Aufgrund des begrenzten Umfangs dieser Arbeit wurde die Untersuchung auf 30 Termini beschränkt, die in fünf thematischen Gruppen nach Felber und Budin (1994: 132) gesammelt wurden.

Die Schlussfolgerungen aus der oben besprochenen Analyse können als Quelle von Hinweisen und Ratschlägen für Übersetzer von strafrechtlichen Fachtexten, aber auch von Rechtstexten im Allgemeinen dienen. Sie können auch in der akademischen Didaktik Anwendung finden. Bei der Gestaltung der Studienprogramme, der Curricula sowie der Programme von Kursen und Schulungen im Bereich der Rechtsübersetzung soll das Wesen der juristischen Fachsprache und die Spezifik dieser Art der Übersetzung in Betracht gezogen werden.

Die vorliegende Arbeit ist in sechs Kapitel strukturiert. Im ersten Kapitel werden Grundlagen der Terminologie besprochen und die wichtigsten Begriffe der Terminologielehre definiert. Das zweite Kapitel diskutiert die linguistische Stellung der Rechtssprache. Es stellt auch den Abriss der Fachsprachenforschung und der Forschung zur Rechtssprache in Polen und in Deutschland dar. Das dritte Kapitel konzentriert sich auf den Forschungsstand im Bereich der Rechtsübersetzung. Darüber hinaus wird dort die Spezifik der Rechtsübersetzung und die Frage ihrer Didaktik besprochen. Das vierte Kapitel ist das letzte theoretische Kapitel. Dort wird der Begriff der Äquivalenz erklärt und seine Differenzierung dargelegt. Darüber hinaus werden die grundlegenden Übersetzungsstrategien dargestellt. Das fünfte Kapitel stellt den empirischen Teil dieser Monographie dar. Es wird dort die oben beschriebene kontrastive Analyse von 30 polnischen strafrechtlichen Termini und ihren Äquivalenten durchgeführt. Im sechsten Kapitel werden die Schlussfolgerungen aus der durchgeführten Analyse sowie weitere Forschungsperspektiven und -ausblicke präsentiert.

1. Grundlagen der Terminologie

1.1. Terminologie, Terminologielehre

Die Entstehung und permanente Erweiterung von Terminologie ist das Ergebnis vieler Prozesse, die mit der Entwicklung der Zivilisation u. a. im wissenschaftlichen, technischen oder wirtschaftlichen Bereich sowie der damit verbundenen Kommunikation der Fachleute zusammenhängen. Sowohl nationaler als auch internationaler Informationsaustausch hat immer möglichst genaue und präzise Benennung und Definition neu auftretender Phänomene sowie die Entwicklung und Bereicherung der bestehenden Terminologien angeregt (vgl. Szadyko, 2012: 196).

Obwohl das Interesse der europäischen Forscher an den Termini bis ins 18. Jahrhundert zurückgeht, entstand die sich mit den Termini beschäftigende Wissenschaft als selbständige Disziplin erst in den 70er Jahren des 20. Jh. Die Anfänge der Untersuchungen sind vor allem auf den schwedischen Naturforscher Carl von Linné, der die botanische und biologische Nomenklatur auf Latein systematisierte, zurückzuführen. Als Wegbreiter der Terminologienormung aber in den jeweiligen nationalen Sprachen sind der russische Chemiker Michail Lomonossow und der französische Chemiker Antoine Lavoisier zu nennen (vgl. Nycz, 2017: 168–169).

Was das 20. Jahrhundert anbelangt, muss betont werden, dass obwohl sich in den 1970er Jahren die Fachsprachenlinguistik von der terminologischen Forschung abwandte und sich intensiver für Fachtexte interessierte, sich die Terminologie als eigenständige Disziplin herauszubilden begann, die sich mit der Vereinheitlichung und Normung von Termini befasste. Das Fundament dafür legten sie Vorlesungen und die auf ihnen basierende Arbeit »Einführung in die Allgemeine Terminologielehre und Terminologische Lexikographie« von Eugen Wüster, wo er zum ersten Mal die Terminologie als ein Fachgebiet an der Grenze zwischen Linguistik, Logik, Ontologie, Informatik und empirischen Wissenschaften darstellte (vgl. Nycz, 2017: 173–174).

An dieser Stelle ist die Tatsache anzudeuten, dass *Terminologie* in polnischer Literatur auf zweierlei Weise verstanden werden kann. Erstens bezieht sie sich auf eine Sammlung von Termini, die die Begriffe eines bestimmten Wissensgebiets oder der beruflichen Tätigkeit eines Menschen bezeichnen (vgl. Małachowicz, 2017: 8). Diese Sammlung entsteht aber nicht in einem langfristigen natürlichen Wortbildungsprozess, sondern wird künstlich beschleunigt. Sie kann also als das Erzeugnis der genannten wissenschaftlichen oder beruflichen Umfelder betrachtet werden, das mit der Entwicklung ihrer Disziplinen oder Tätigkeitsbereiche einhergeht (vgl. Czerni, 1977: 12, Małachowicz, 2017: 8).

Andererseits ist unter *Terminologie* die Wissenschaft zu verstehen, deren Gegenstand Termini bilden (Małachowicz, 2017: 8).

F. Grucza postuliert *Terminologie* wegen des Suffixes *-logie* nur als Lehre von Termini und nicht als Sammlung von Termini zu betrachten. Seine Ansicht begründet er mit dem Argument, dass man sonst auch Zoologie als Sammlung von Tieren und Anthropologie als Sammlung von Menschen verstehen müsste. Von daher sollten die Sammlungen von Termini einer Disziplin bzw. eines Fachbereichs einfach als *Termini* oder *bestimmte Sammlungen von Termini* bezeichnet werden (vgl. Grucza F., 2017: 311).

Auch Jurkowski (1991: 56) erhebt Widerspruch gegen die genannte Doppelbedeutung des Begriffs *Terminologie*, doch er vertritt die Ansicht, dass die Sammlung von Termini eben als *Terminologie*, aber die Wissenschaft, die sich mit ihnen beschäftigt als *Terminologielehre* (*terminoznawstwo*) bezeichnet werden soll (vgl. Krzywda, 2014: 28).

Lukszyn (1993: 345) definiert die *Terminologielehre* als »die wissenschaftliche Disziplin, deren Gegenstand der Fachwortschatz ist, den ein bestimmtes Begriffssystem widerspiegelt« (Übers. A.P.). Seine Einzigartigkeit liegt vor allem in seiner Interdisziplinarität, die an der Grenze zwischen Logik, Lexikographie, Semiotik, Linguistik und empirischen Wissenschaften funktioniert (vgl. Mazurkiewicz-Sułkowska, 2014: 9).

Die Terminologielehre kann auch als eine internationale Disziplin anerkannt werden – jegliche Entdeckungen kennen keine territorialen Grenzen und werden sofort in die meisten Sprachen der Welt übersetzt, was dazu führt, dass jedes Jahr etwa 200.000 neue Termini entstehen (vgl. Lukszyn, Zmarzer, 2006: 5–12, bei Mazurkiewicz-Sułkowska, 2014: 9).

In Deutschland wird die terminologische Forschung in hohem Maße vom Deutschen Institut für Normung (DIN) geführt (vgl. Felber, Budin, 1989: 76). In der deutschen Literatur wird die *Terminologie* von Arntz, Mayer und Picht (2009: 10) als der »Fachwortschatz eines bestimmten Gebiets« verstanden. Die Ergänzung dieser Definition ist in der von Arntz, Mayer und Picht zitierten DIN-Norm 2342-1 1992 zu finden: »Terminologie [ist] der Gesamtbestand der Begriffe und ihrer Benennungen in einem Fachgebiet« (DIN 2342-1, bei Arntz, Mayer, Picht, 2009: 10).

Die *Terminologielehre* (bzw. *Terminologiewissenschaft*) wird dagegen als »die Wissenschaft von den Begriffen und ihren Benennungen im Bereich der Fachsprachen« definiert (DIN 2342-1 1992, bei Arntz, Mayer, Picht, 2009: 3).

Aus dem oben genannten geht klar hervor, dass sich die deutschen und polnischen Betrachtungsweisen hinsichtlich der *Terminologie* und der *Terminologielehre* weitgehend decken.

Als Zusammenfassung obiger Betrachtungen wird festgestellt, dass *Terminologie* in der vorliegenden Arbeit als Menge von Termini eines Fachgebiets und *Terminologielehre* als die Wissenschaft, die sich mit ihnen beschäftigt, verstanden werden.

1.2. Begriff, Benennung, Terminus, Fachwort – Vergleich

Der *Begriff* bildet eine der zentralen Kategorien der Terminologielehre, die von Wüster zur Theorie der Terminologie eingeführt wurde (vgl. Włoskowicz, 2018: 78). Er definierte ihn folgendermaßen:

> Ein Begriff (…) ist das Gemeinsame, das Menschen an einer Mehrheit von Gegenständen feststellen und als Mittel des gedanklichen Ordens (»Begreifens«) und darum auch zur Verständigung verwenden. Der Begriff ist so ein Denkelement (Wüster, 1991: 8, bei Włoskowicz, 2018: 78).

Auf der Grundlage der genannten Definition betonen Arntz, Picht und Mayer (2009: 45), dass *Begriffe* als Denkelemente bzw. als Denkeinheiten verstanden werden sollen. Dieser Gesichtspunkt kommt auch in der Norm DIN 2342 zum Vorschein. Der Begriff ist eine »Denkeinheit, die aus einer Menge von Gegenständen unter Ermittlung der diesen Gegenständen gemeinsamen Eigenschaften mittels Abstraktion gebildet wird« (DIN 2342 Teil1/10.92, bei Roelcke, 2010: 125).

Ähnlicher Auffassung sind Felber und Budin (1989: 2), die den »Begriff als Denkeinheit, die einem abstrakten Gegenstand zugeordnet ist und diesen im Denken vertritt«.

Auf den Aspekt der Sprachunabhängigkeit des *Begriffs* weist Hohnhold (1990) in seiner Definition hin:

> Ein Begriff ist die vorstellungsmässige Vergegenwärtigung eines Gegenstandes oder Sachverhaltes und damit eine im Prinzip sprachunabhängige Vorstellungs-, Denk- oder Wisseneinheit. Er faßt in der Regel eine Mehrzahl gleichgearteter individueller Gegenstände oder Sachverhalte zusammen (Hohnhold, 1990: 44, bei Sandrini, 1996: 24–25).

In der polnischen Literatur versteht Gajda (1990: 17) unter *Begriff* einen Gedanken, der die Vorstellung von Objekten einer bestimmten Klasse, einschließlich ihrer gemeinsamen und spezifischen Merkmale, verallgemeinert (vgl. Krzywda, 2014: 25).

An dieser Stelle ist von Relevanz zu betonen, dass zu den wichtigsten Parametern, die den Begriff beschreiben und seine Position im Begriffssystem determinieren, der Begriffsinhalt und der Begriffsumfang gehören. Der Begriffsinhalt umfasst alle Merkmale eines Begriffs, die seine Gruppierung ermöglichen, den Bedeutungsumfang bilden dagegen alle einem Begriff auf derselben Hierarchiestufe untergeordneten Begriffe (vgl. Arntz, Picht, 1995: 48–49, Włoskowicz, 2018: 78–79).

Den angeführten Definitionen zufolge kann der *Begriff* als eine übersprachliche mentale, abstrakte, gedanklich kreierte Vorstellung von einem Gegenstand, also von einem materiellen oder abstrakten Ausschnitt der wahrnehmbaren außersprachlichen Welt, betrachtet werden.

In der Terminologielehre wird der *Begriff* eng mit dem *Terminus* und der *Benennung* verbunden. Nach der DIN-Norm 2342 ist die *Benennung* die »aus einem Wort oder mehreren Wörtern bestehende Bezeichnung. Begriffe werden sprachlich durch Benennungen und Definitionen[7] repräsentiert.« (DIN 2342 Teil 1/10.92, bei Roelcke, 2010: 125).

Die Beziehungen zwischen *Benennung*, *Definition*, *Begriff* und *Gegenstand* werden in Abbildung 1 veranschaulicht.

Aus der Abbildung resultiert, dass es zwischen *Benennung* und *Gegenstand* keinen direkten Zusammenhang gibt. Die Rolle des Vermittlers erfüllt hier der *Begriff*. Die Merkmale von Begriffen widerspiegeln sich in Eigenschaften von Gegenständen, was u. a. die Begriffsunterscheidung ermöglicht. Eine *Benennung* muss so präzise formuliert werden, dass ihr Bezug auf den Gegenstand eindeutig ist und keine Zweifel weckt. Die erwünschte Präzision wird dank der entsprechenden Definition gewährleistet (vgl. DIN 2330: 1993-10, bei Roelcke, 2010: 126).

Der *Begriff* wird von Linguisten und Terminologen relativ einheitlich verstanden, einige Diskrepanzen entstehen aber beim Definitionsversuch vom *Terminus*. Bei der Beschreibung des Terminus tauchen in Definitionen Aspekte wie seine Entstehungsweise, sein Anwendungsbereich, seine Funktionen und semantischen Merkmale auf (vgl. Pałuszyńska 2017: 21).

Bąk (2016: 26) weist darauf hin, dass der *Terminus* einen besonders wichtigen Platz in der Fachsprachenlinguistik einnimmt und generell zur Darstellung und Auslegung vom Fachwissen dient. Der Terminus (anders das *Fachwort*) wird im

7 Unter *Definition* wird gemäß der zitierten Norm »Begriffsbestimmung mit sprachlichen Mitteln« verstanden (DIN 2342 Teil 1/10.92, bei Roelcke, 2010: 125).

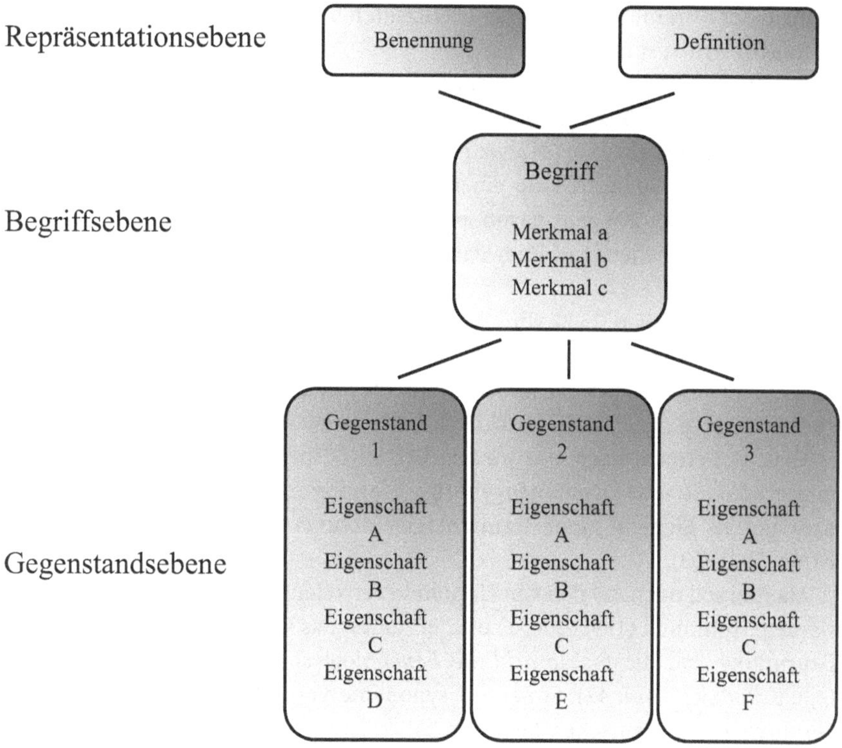

Abbildung 1. Die Beziehungen zwischen Benennung, Definition, Begriff und Gegenstand. Quelle: DIN 2330: 1993-10, bei Roelcke, 2010: 126.

Thesaurus von Lukszyn (1993: 342) als »ein exakt definiertes Wort oder eine Kollokation als die Einheit des Fachwortschatzes« (Übers. A.P.) betrachtet. Des Weiteren definiert er auch den *Fachterminus* als »eine lexikalische Einheit, die im Rahmen einer Fachsprache eine exakt bestimmte Bedeutung besitzt« (Übers. A.P.).

Lukszyn und Zmarzer (2001: 21–22) definieren den Terminus als »ein Wort (eine Kollokation) mit einer konventionell bestimmten, exakt definierten Begriffsstruktur, das im Prinzip eindeutig ist und keiner emotionalen Interpretation unterliegt, aber eine systembildende Fähigkeit besitzt« (Übers. A.P.). Darüber hinaus führen sie 14 weitere Definitionen an, die aus unterschiedlichen Quellen stammen und auf verschiedenen Gesichtspunkten basieren.

Gajda (1990: 38) zufolge ist der Terminus »eine lexikalische Einheit, die die Funktion vom Zeichen eines Fachbegriffs erfüllt« (Übers. A.P.).

Roelcke (2010: 55) konzentriert sich in seiner Definition auf den kommunikativen Anwendungsbereich eines Fachwortes, welches er als »die kleinste bedeutungstragende und zugleich frei verwendbare sprachliche Einheit, die innerhalb der Kommunikation eines bestimmten menschlichen Tätigkeitsbereichs gebraucht wird«, versteht.

Felber und Budin (1989: 119) formulieren eine ganz allgemeine Definition, wobei sie sich des Begriffs *Benennung* bedienen: »eine Benennung ist ein Begriffszeichen, das ein Wort (Einwortbenennung) oder eine Gruppe (Mehrwortbenennung) ist. Sie besteht aus einem oder mehreren Elementen«.

Sandrini (1996: 29) geht davon aus, dass der Terminus als eine Einheit vom sprachlichem Zeichen und dem dahinterstehendem Begriff aufgefasst werden soll.

In der DIN-Norm 2330 wird auch die Beziehung zwischen dem *Terminus* sowie der *Benennung* und dem *Begriff* betont: »ein Terminus wird aus einem Begriff (Inhaltsseite des Terminus) und seiner Benennung (Ausdrucksseite des Terminus) gebildet« (DIN-Norm 2330: 1993-10, bei Roelcke, 2010: 126).

Gleiche Betrachtungsweise wird in der DIN-Norm 2342 vertreten. Der *Terminus* wird als »das zusammengehörige Paar aus einem Begriff und seiner Benennung als Element einer Terminologie« definiert (DIN 2342-1, 1992: 3, bei Arntz, 2001: 62).

Hierbei soll noch auf den von Hohnhold vertretenen Standpunkt hingewiesen werden. Hohnhold (1990: 30–31) plädiert dafür, das *Fachwort*, den *Terminus*, die *Benennung* und die *fachsprachliche Benennung* als Synonyme anzuerkennen (vgl. Kołodziej, 2014: 42). Soweit die synonyme Verwendung von *Fachwort* und *Terminus* in der deutschen Literatur üblich ist[8], kann die Anwendung von *Benennung* in dieser Bedeutung manchmal Zweifel wecken. Aus der Stellungnahme Hohnholds und den oben genannten Definitionen resultiert, dass die *Benennung* bei manchen Forschern als Synonym des *Terminus*, bei anderen jedoch lediglich als seine Ausdrucksseite verstanden wird. Diese Problematik wird u. a, in der polnischen Übersetzung der Arbeit von Felber und Budin »Teoria i praktyka terminologii« (1994)[9] sichtbar, worauf Kołodziej (2014: 43) hingewiesen hat. Die Autorin des Translats übertrug die *Benennung* an einigen Stellen als *termin* und an einigen als *nazwa*.

In der vorliegenden Arbeit wird der *Terminus* (bzw. *Fachwort* oder *Fachausdruck*) als eine lexikalische Einheit verstanden, die im Rahmen einer Fachsprache fungiert und eine präzise Bedeutung besitzt.

Die obigen Betrachtungen finden ihre analoge Widerspiegelung auch unmittelbar im Bereich der Rechtssprache.

8 Fluck (1976: 47) betont, dass *Fachwort*, *Fachausdruck*, und *Terminus* seit langem synonym verwendet wurden. Auch Jahr (1993: 20) geht davon aus, dass die Grenzen zwischen dem *Fachwort*, dem *Fachausdruck* und dem *Terminus* so fließend sind, dass man sie als gleichbedeutend betrachten soll (vgl. Siewert 2010: 53–54). Diese Auffassung wird in dieser Arbeit übernommen.

9 Original: Terminologie in Theorie und Praxis (1989).

Der Begriff, der im Recht vorkommt, wird *Rechtsbegriff* genannt. Er ist als eine abstrakte Denkeinheit zu verstehen, die häufig mit dem Tatbestand, also der gesetzlichen Umschreibung einer rechtswidrigen Handlung oder einer Situation, auf die sich das Recht bezieht, gleichzusetzen ist (vgl. Sandrini, 1996: 29–30).

Die Rechtsbegriffe werden in primäre und sekundäre Rechtsbegriffe unterteilt. Zu der ersten Gruppe gehören Begriffe, die auf dem juristischen Fachgebiet entstanden, um juristische Sachverhalte zu beschreiben, z. B. *die Rechtsfähigkeit.* Sekundäre Rechtsbegriffe kommen direkt aus der Gemeinsprache, doch wurden zusätzlich legal definiert, z. B. *die Sache* oder *das Gut* (vgl. Lampe, 1970: 28, Kęsicka, 2020: 10–11).

In einer weiteren Klassifizierung spricht man von bestimmten und unbestimmten Rechtsbegriffen. Wenn ein Begriff über eine präzise Legaldefinition verfügt, handelt es sich um einen bestimmten Rechtsbegriff (z. B. *der Vertrag, das Eigentum*), der unbestimmte Rechtsbegriff kann dagegen nur vage bzw. unscharf definiert sein, z. B. *das Wohl des Kindes, gute Sitten* oder *wichtiger Grund* (vgl. Kęsicka, 2020: 11–16). Sandrini (1996: 16) betont, dass es hier gleichgültig ist, ob der Begriff im Rahmen einer Norm, von der Rechtswissenschaft oder von der Rechtsprechung definiert wird.

Sandrini (1996: 29) bemerkt, dass auch der Rechtsbegriff mit dem Rechtsterminus häufig gleichgesetzt wird, was – wie bereits erwähnt – fehlerhaft ist. Der juristische Terminus (bzw. der Rechtsterminus) ist nämlich als die Einheit von einer Benennung und einem dahinterstehenden Rechtsbegriff aufzufassen.

2. Rechtssprache als Fachsprache

2.1. Fachsprachen

2.1.1. Abriss der Fachsprachenforschung in Deutschland

Der Terminus *Fachsprache* ist relativ neu und entstand als die Antwort auf Bedürfnisse der Mitglieder verschiedener Arbeitsumfelder, die wegen der ausgeübten Berufe Fachsprachen benutzen mussten. Andererseits existierte der Begriff *Fachsprache* bereits in alten Kulturen, wo sie sich auf praktische Tätigkeiten und Dienstleistungen bezog – es wurde beispielsweise zwischen der Rechts-, Bauern- Handels- oder Seemannssprache unterschieden (vgl. Osiejewicz, 2016: 65, Pieńkos, 1999: 64).

Die Geschichte der Fachsprachen reicht bis ins 18. Jahrhundert in England, ins 19. Jahrhundert in Deutschland und ins 20. Jahrhundert in ganz Europa zurück. Schnelle Entwicklung der Technik und der Naturwissenschaften hatte die Entstehung neuer Fächer und Disziplinen zur Folge – dies verursachte dagegen die Bildung verschiedener Fachsprachen. Zunächst entstanden praktische Fachsprachen, die mit der Ausübung rein praktischer Tätigkeiten verbunden waren (Handwerk, Medizin etc.), später kam es zur Entwicklung der kognitiven Fachsprachen (sie dienten der Erkenntnis aber auch der Gesellschaftsorganisation). Die Tatsache, dass die kognitiven Fachsprachen etwas später aufkamen, ergibt sich daraus, dass früher Latein verwendet wurde. Das Tempo der Bildung der praktischen und kognitiven Fachsprachen war in verschiedenen Ländern unterschiedlich und sollte auf die Entwicklung der Industrie, Technik und damit verbundener Wissenschaft im jeweiligen Land zurückgeführt werden (vgl. Grucza S., 2008: 5–8, Osiejewicz, 2016: 65–66).

Der Anfang der Geschichte der Fachsprachenforschung in Deutschland deckt sich mit der Entstehung der germanistischen Sprachwissenschaft und ist mit Jacob Grimm verbunden, der vom *berufsbezogenen Wortschatz* sprach. Im Mittelpunkt seines Interesses stand aber vor allem die Vielfalt des deutschen Wortschatzes im Allgemeinen, viel weiniger die Systematisierung des Fachwortschatzes. Der Wortschatz verschiedener Fächer wurde erst um und nach der Jahrhundertwende in Deutschland zum Forschungsgegenstand (vgl. Möhn, Pelka, 1984: 1–2).

Intensivere Forschung zu Fachsprachen fällt aber auf die zweite Hälfte des 20. Jh. Genauso wie in Polen, galten auch in Deutschland mehrere Bezeichnungen, die sich auf *Fachsprache* bezogen: *Berufssprache, technische Sprache, Fachjargon, Spezialsprache, Gruppensprache, Sachsprache, Zwecksprache, Arbeitssprache, Expertensprache, fachlicher Soziolekt, Subsprache, Register, Sprachvariante, Varietät, Teilsprache, Technolekt, Fachlekt* (vgl. Grucza S., 2013a: 14).

In den Jahren 1950–1970 lag ein strukturelles Modell der Forschung zu Grunde, es überwogen Arbeiten, die der Theorie der Fachsprachen gewidmet wurden. Es wurde den Fragen nachgegangen, welche Merkmale Fachsprachen besitzen und was sie von anderen Sprachvarietäten unterscheidet. Schon zu Beginn kam man zum Schluss, dass man im Allgemeinen Fachsprachen der Gemeinsprache (vor allem in Hinsicht auf Lexik und später auch auf Syntax) gegenüberstellen soll (vgl. Seibicke, 1959). Manche Linguisten behandelten sie jedoch als gleichrangige Varietäten der Gemeinsprache, manche betrachteten sie als die der Gemeinsprache untergeordneten Subsprachen (vgl. Grucza S., 2013a: 14–15).

Mit der Zeit erweitert sich die Forschungsperspektive. In Definitionen der Fachsprachen taucht der Aspekt der Kommunikation auf und im Fokus der Untersuchungen steht der Fachtext, was die strukturelle Richtung beendet und die pragmalinguistische einführt (vgl. Grucza S., 2013a: 15).

Die Frage der Kommunikation ist in der Definition der Fachsprachen von Hoffmann (1976: 170) zu sehen:

> Fachsprache – das ist die Gesamtheit aller sprachlichen Mittel, die in einem fachlich begrenzbaren Kommunikationsbereich verwendet werden, um die Verständigung zwischen den in diesem Bereich tätigen Menschen zu gewährleisten (Hoffmann, 1976: 170).

Möhn und Pelka weisen gleichzeitig darauf hin, dass sich die Anwendung der Fachsprache nicht nur auf Spezialisten begrenzt, sondern auch gegenüber den Nichtfachleuten verwendet werden kann (vgl. Fleischmann, Schmitt, 2004: 531) Auch in dieser Definition ist die pragmalinguistische Einstellung besonders sichtbar, fachliche Kommunikation wurde aber auf interfachliche Kommunikation erweitert:

> Wir verstehen unter Fachsprache heute die Variante der Gesamtsprache, die der Erkenntnis und begrifflichen Bestimmung fachspezifischer Gegenstände sowie der Verständigung über sie dient und damit den spezifischen kommunikativen Bedürfnissen im Fach allgemein Rechnung trägt. Fachsprache ist primär an Fachleute gebunden,

doch können an ihr auch fachlich Interessierte teilhaben. Entsprechend der Vielzahl der Fächer, die man mehr oder weniger exakt unterscheiden kann, ist die Variante ›Fachsprache‹ in zahlreichen mehr oder weniger exakt abgrenzbaren Erscheinungsformen realisiert, die als Fachsprachen bezeichnet sind. Je nach fachlich bestimmter Situation werden sie schriftlich oder mündlich gebraucht, sowohl innerhalb der Fächer (fachintern) als auch zwischen den Fächern (interfachlich) (Möhn, Pelka, 1984: 26).

An dieser Stelle ist auf die vertikale und horizontale Gliederung der Fachsprachen hinzuweisen, welche bisher als eine der meist angeführten Gliederungen gilt.

Als horizontale Aufteilung ist gleichzeitige Koexistenz verschiedener Fächer bzw. Fachbereiche zu verstehen. Anfangs wurden drei Bereiche angesetzt: *Wissenschaft*, *Technik* und *Institutionen*, die später um *Wirtschaft* und *Konsum* ergänzt wurden. Engere Fachbereiche sind in diese Kategorien zu unterbringen (vgl. Roelcke, 2014: 156). Im Bereich der Rechtssprache, die in dieser Arbeit eine bedeutende Rolle spielt, könnte man einzelne Rechtszweige als Elemente der horizontalen Schichtung nennen (*Zivil-*, *Straf-*, *Verfassungs-*, *Steuerrecht* etc.).

Vertikale Gliederung bezieht sich auf diverse Abstraktionsstufen bzw. -ebenen der fachlichen Kommunikation. Zwei bekannteste vertikale Einteilungen kommen von Ischreyt (1965) und Hoffmann (1985).

Tabelle 1. Abstraktionsebenen nach Ischreyt, Abstraktionsstufen nach Hoffmann, Abstraktionsstufen am Beispiel der Rechtssprache nach Sandrini – eine Zusammenstellung. Quelle: Hoffmann, 1985: 64–70, Ischreyt, 1965: 38–39, Roelcke, 2014: 162, Sandrini, 1996: 13–14.

Abstraktionsebenen nach Ischreyt	**Abstraktionsstufen nach Hoffmann**	**Semiotische und sprachliche Merkmale (Hoffmann)**	**Kommunikative Merkmale (Hoffmann)**	**vertikale Gliederung am Beispiel der Rechtssprache nach Sandrini**
Theoriesprache (Wissenschaftssprache)	Sprache der theoretischen Grundlagenwissenschaften	Künstliche Symbole für Elemente und Relationen	Wissenschaftler unter sich	A – nicht vorhanden
	Sprache der experimentellen Wissenschaften	Künstliche Symbole für Elemente, natürliche Sprache für Relationen (Syntax)	Wissenschaftler oder Techniker unter sich, wissenschaftlich-technische Hilfskräfte	B – sehr hohe Abstraktionsstufe

(Fortsetzung)

Abstraktionsebenen nach Ischreyt	**Abstraktionsstufen nach Hoffmann**	**Semiotische und sprachliche Merkmale (Hoffmann)**	**Kommunikative Merkmale (Hoffmann)**	**vertikale Gliederung am Beispiel der Rechtssprache nach Sandrini**
Fachliche Umgangssprache	Sprache der angewandten Wissenschaften und der Technik	Natürliche Sprache mit einem sehr hohen Anteil an Terminologie und einer streng determinierten Syntax	Wissenschaftler bzw. Techniker und Leiter der materiellen Produktion	C – hohe Abstraktionsstufe
	Sprache der materiellen Produktion	Natürliche Sprache mit einem hohen Anteil an Terminologie und einer relativ ungebundenen Syntax	Leiter der materiellen Produktion und Meister bzw. Facharbeiter	D – niedrige Abstraktionsstufe
Werkstattsprache	Sprache der Konsumtion	Natürliche Sprache mit einigen Termini und ungebundener Syntax	Vertreter der materiellen Produktion, Vertreter des Handels und Konsumenten	E – sehr niedrige Abstraktionsstufe

Ischreyt nennt drei Abstraktionsebenen einer Fachsprache. Die höchste Ebene *Theoriesprache* (*Wissenschaftssprache*) stellt die Sprache der Forschung dar, welche unter Spezialisten, überwiegend in Schriftform verwendet wird. Mittlere Ebene *fachliche Umgangssprache* bezieht sich vor allem auf mündliche Kommunikation der Spezialisten oder der Spezialisten mit den Teilnehmern der dritten Ebene. Die letzte Ebene *Werkstattsprache* findet in erster Linie in der Techniksprache Anwendung als mündliches oder schriftliches Kommunikationsmittel in Produktion, Verkauf oder Verwaltung (vgl. Roelcke, 2010: 35).

Die zweite vertikale Schichtung schlägt Hoffmann vor. Er nennt fünf Abstraktionsebenen mit entsprechenden semiotischen und kommunikativen Merkmalen. Die höchste Stufe *Sprache der theoretischen Grundlagenwissenschaften* wird durch Einsatz von künstlichen Symbolen und Verwendung ausschließlich unter Wissenschaftlern ausgezeichnet. Auf der zweiten Stufe steht *Sprache der experimentellen Wissenschaften*, die sich zusätzlich der natürlichsprachlicher Syntax bedient und von Wissenschaftlern, Technikern und wissenschaftlich-technischem Hilfspersonal verwendet wird. Für dritte Abstraktionsstufe – *Sprache der angewandten Wissenschaften und der Technik* – ist starke Terminologisierung und verbindliche Syntax charakteristisch. Vierte Stufe nimmt *Sprache der materiellen Produktion* ein. Gekennzeichnet ist sie durch relativ starke Terminologisierung und unverbindliche Syntax. Auf der niedrigsten Abstraktionsstufe befindet sich *Sprache der Konsumtion*, die durch natürliche Sprache mit kleiner Anzahl an Termini, unverbindliche Syntax und Gebrauch unter Vertretern der Produktion, Vertretern des Handels und schließlich Konsumenten, also de facto häufig Laien, zu charakterisieren ist (vgl. Roelcke 2010: 35–36).

Obwohl Roelcke (2014: 162) davon ausgeht, dass die oben genannte Gliederung im Bereich des Rechts kaum Anwendung findet, wurde von Sandrini (1996: 13–14) ein Versuch unternommen, die Rechtssprache anhand der Einteilung Hoffmanns vertikal zu gliedern.

- A: (nicht vorhanden);
- B: sehr hohe Abstraktionsstufe
  - Vorkommen: Gesetzesinterpretation, -kommentare,
  - Teilnehmer: Rechtsexperten ↔ Universitätsprofessoren;
- C: hohe Abstraktionsstufe
  - Vorkommen: Rechtsstreitigkeiten, Legislative, Dokumente, Verträge,
  - Teilnehmer: Richter ↔ Anwalt ↔ Anwalt, Gesetzgeber ↔ Gesetzgebungskommissionen;
- D: niedrige Abstraktionsstufe
  - Vorkommen: Gesetzesanwendung,
  - Teilnehmer: Anwalt ↔ Angeklagter;
- E: sehr niedrige Abstraktionsstufe
  - Vorkommen: Divulgation von Gesetzesvorschriften,
  - Teilnehmer: Volksanwalt ↔ Bürger ↔ Bürger ↔ Politiker (Sandrini, 1996: 21).

Sowohl bei der Gliederung von Ischreyt als auch von Hoffmann (und gleichzeitig von Sandrini) ist fraglich, warum sie sich gerade für drei oder fünf und nicht zehn oder zwanzig Schichten entschieden haben. Zweitens bleibt die Frage offen, ob dieses Schema für alle Fachsprachen Anwendung findet (vgl. Grucza S., 2009: 16, Roelcke, 2010: 37). Darüber hinaus können bestimmte Mischformen existieren, die sich nicht eindeutig klassifizieren lassen – als Beispiel aus dem Bereich der Rechtssprache kann ein populärwissenschaftlicher juristischer Text dienen, in dem ein Gesetz zitiert wird (Ebenen C und E).

Im Rahmen der pragmalinguistischen Betrachtung der Fachsprachen hat sich – wie erwähnt – der Schwerpunkt der Forschungen von Lexik und Syntax eben auf Texte (oder die Textsorte), die im Rahmen der fachlichen Kommunikation verwendet werden, verlagert. Von daher lässt sich feststellen, dass sich die

Fachsprachenlinguistik in hohem Grade in die Fachtextlinguistik verwandelte (vgl. Grucza S., 2013a: 15, Kalverkämper, 1997: 49).

1988 definiert Hoffmann keine Fachsprache mehr, sondern den Fachtext, und zwar auf folgende Art und Weise:

> Der Fachtext ist Instrument bzw. Resultat der im Zusammenhang mit einer spezialisierten gesellschaftlich-produktiven Tätigkeit ausgeübten sprachlich-kommunikativen Tätigkeit, er besteht aus einer endlichen, geordneten Menge logisch, semantisch und syntaktisch kohärenter Sätze (Texteme) oder satzwertiger Einheiten, die als komplexe sprachliche Zeichen komplexen Propositionen im Bewusstsein des Menschen und komplexen Sachverhalten in der objektiven Realität entsprechen (Hoffmann, 1985: 233–234).

Laut dieser Definition werden Fachsprachen nicht mehr als sprachliche Systeme, sondern als sprachliche Äußerungen und dadurch Ergebnis fachlicher Kommunikation verstanden (vgl. Roelcke, 2010: 18).

Die Erweiterung der Forschungsperspektive auf Kommunikation hat die Berücksichtigung der soziologischen (z.B. Alter der Beteiligten der Kommunikation, ihr sozialer und fachlicher Status ihre kulturelle Einbettung) und psychologischen (intellektuelle Fähigkeiten der Beteiligten, ihre (fach)sprachliche Kompetenz, ihre Kommunikationsmotivation und -intention) Gesichtspunkte zur Folge (vgl. Roelcke 2010: 19–20).

Dies verursachte in den 1990er Jahren die Entstehung eines neuen kognitionslinguistischen Modells. Es basiert auf kognitiven Anlagen des Menschen, was bedeutet, dass intellektuelle Anforderungen des Menschen die Form sprachlicher Äußerungen determinieren. Infolgedessen spricht man von einer neueren Richtung der Fachsprachenforschung, und zwar der *kognitiven Fachsprachenlinguistik* (vgl. Grucza S., 2013a: 16, Roelcke, 2010: 23).

An dieser Stelle ist die dritte Definition von Hoffman zu zitieren. Die Definition der *Fachsprache* gehörte zum systemlinguistischen Modell, des *Fachtextes* zum pragmalinguistischen Modell, folgende Definition der *Fachkommunikation* entspricht dem kognitionslinguistischen Modell:

> Aus kognitiv-kommunikativer Sicht ergibt sich die folgende Definition, die eingangs angemahnt wurde: Fachkommunikation ist die von außen oder von innen motivierte bzw. stimulierte, auf fachliche Ereignisse oder Ergebnisabfolgen gerichtete Exteriorisierung und Interiorisierung von Kenntnissystemen und kognitiven Prozessen, die zur Veränderung der Kenntnissysteme beim einzelnen Fachmann und in ganzen Gemeinschaften von Fachleuten führen (Hoffmann, 1993: 614).

Die Definition der Fachkommunikation steht mit vorigen zwei in keinem Widerspruch, sondern ergänzt sie. Das System jeder Fachsprache und fachsprachliche Äußerungen entsprechen unmittelbar den kognitiven Anlagen des Menschen. Im Mittelpunkt der Untersuchungen befinden sich Prozesse der Vermittlung und Verarbeitung vom Fachwissen. Bedeutende Rolle spielt die Reflexion über Eigenschaften des Gehirns, die Wiedergabe der kognitiven Strukturen, Abstraktion und Konkretisation sowie Assoziation und Dissoziation im Bereich des synthetischen und analytischen Denkens ermöglichen (vgl. Grucza S., 2013a: 16, Roelcke, 2010: 24).

Wegen wachsender Globalisierung und Internationalisierung werden viele Fachsprachen von Englisch beeinflusst, was sich selbstverständlich auf Fachsprachenforschung auswirkt. Die Angloamerikanisierung der Fachkommunikation (z.B. wissenschaftliche Publikationen) ist vor allem im Bereich der Naturwissenschaften (Physik, Mathematik oder Medizin) zu sehen. Die geisteswissenschaftlichen Disziplinen, Philologien, aber auch Pädagogik, Theologie und in besonders hohem Grade Rechtswissenschaft sind weitgehend nationalsprachlich geprägt. Selbst der wissenschaftliche Bereich *Fachsprachenforschung* weist nach Adamzik (2001) den nationalsprachlichen Charakter auf:

> Die Fachsprachenforschung ist sehr stark einzelsprachlich orientiert und diese Orientierung entspricht auch in weiten Teilen dem Erkenntnisinteresse und dem praktischen Anliegen dieses Zweiges angewandter Linguistik. Angesichts dessen sollte man sich doch fragen, inwieweit Internationalität überhaupt sinnvoll und an welcher Stelle sie wünschenswert ist. Das ist selbstverständlich kein Plädoyer für nationale Isolierung, um so weniger als es ja sehr wohl funktionierende übernationale Kooperation gibt und sich etwa in mehrsprachigen Regionen ganz natürlich Kontakte auch zwischen Forschern verschiedener Sprachen ergeben, allerdings durchaus unterschiedlicher Sprachenpaare oder -mengen. Nur zum Fetisch sollte Internationalität auch nicht gemacht werden (Adamzik, 2001: 31).

Für fachkommunikative Mehrsprachigkeit statt Einzelsprachigkeit spricht einerseits die Tatsache, dass auf vielen Gebieten die nationale Sprache selbst der Gegenstand der Untersuchung ist (z.B. deutsche oder englische Philologie), anderseits kann die Fachsprache mit der kulturellen, sozialen oder rechtlichen Wirklichkeit des jeweiligen Landes so eng verbunden sein, dass sie im internationalen Kontext nicht universell gebraucht werden kann (z. B. Rechtssprache). Darüber hinaus weist Ehlich (2006: 27–28) darauf hin, dass Mehrsprachigkeit in Wissenschaft zur Vertiefung der Beziehungen zwischen der Gesellschaft und der Wissenschaft beiträgt, was gedeihliche Austauschprozesse zwischen ihnen zur Folge hat.

Zum Schluss ist noch auf angewandte Fachsprachenlinguistik in Deutschland hinzuweisen, welche sich großer Beliebtheit unter Forschern erfreut und bereits zahlreiche Ergebnisse erzielt hat, aber gleichzeitig werden auf diesen Gebieten neue Forschungsdesiderata erkannt. Zu den wichtigsten aktuellen Forschungsschwerpunkten gehören: Fachsprachendidaktik im muttersprachlichen und fremdsprachlichen Unterricht, Übersetzung von fachsprachlichen Texten, maschinelle und computerunterstützte Übersetzung, Anfertigung von Fachwörterbüchern sowie fachsprachliche Kommunikationswissenschaft auch in Bezug auf kulturelle Bedingungen und interkulturelle Kontraste (vgl. Grucza S., 2013a: 18, Roelcke, 2010: 205–206).

Im 21. Jahrhundert erscheint ein neuer Schwerpunkt in der Fachsprachenforschung, in dem die soziologische Perspektive auftaucht - immer häufiger ist von sozialen Praxen und dem *cultural turn* die Rede (vgl. Adamzik, 2018: 11).

2.1.2. Abriss der Fachsprachenforschung in Polen

Die Fachsprachen bilden ein Gebiet, das sich nicht einfach analysieren lässt, weil es problematisch ist, seinen Forschungsgegenstand eindeutig zu definieren. Im Gegensatz zu *natürlichen Sprachen* gelten die *Fachsprachen* als keine separaten Systeme, weil sie von ihnen erst abgegrenzt werden müssen. Um dies zu tun, kann man mehrere Kriterien anwenden, was sich unmittelbar in einer Vielzahl von Definitionen der *Fachsprache* niederschlägt (vgl. Gajewska, Sowa, 2014: 17). In der polnischen Literatur gibt es ebenfalls eine Vielzahl von Bezeichnungen selbst, die sich auf *Fachsprache* beziehen. Man spricht nämlich über: *spezielle Sprachen* (*języki specjalne*), *spezialisierte Sprachen* (*języki wyspecjalizowane*), *Berufssprachen* (*języki zawodowe*), *speziellen Wortschatz* (*słownictwo specjalne*), *spezialisierten Wortschatz* (*słownictwo wyspecjalizowane*), *spezielle Terminologie* (*terminologia specjalna*), *speziellen Stil* (*styl specjalny*), *Professiolekte* (*profesjolekty*) oder *Technolekte* (*technolekty*) (vgl. Gajewska, Sowa, 2014: 17, Kołodziej, 2014: 23).

Im Laufe der Zeit haben sich unterschiedliche Ansichten über das Wesen von Fachsprachen entwickelt. In der polnischen Sprachwissenschaft gibt es zwei Hauptrichtungen, die durch folgende Ansätze definiert werden: die erste bezieht sich auf Fachsprachen, die im Gegensatz zur Gemeinsprache funktionieren, die zweite konzentriert sich auf Fachsprachen unabhängig von der Gemeinsprache (vgl. Sawicka, 2009: 188).

Zuerst soll kurz auf die Gemeinsprache hingewiesen werden. Die Gemeinsprache kann als ein Kommunikationsmittel verstanden werden, das sich allmählich in einer bestimmten Gemeinschaft herausgebildet hat. Daher kann man sagen, dass sie sowohl ein Ergebnis der Errungenschaften einer Gesellschaft als auch ein Werkzeug für ihre Entwicklung ist, da sie ein Element darstellt, das eine bestimmte Gemeinschaft, in der Regel eine Nation, vereint (vgl. Sawicka, 2009: 189).

Wie erwähnt, können Fachsprachen entweder als Opposition zu dieser Gemeinsprache oder als ihre Varietäten verstanden werden. Zunächst wird die erste Richtung etwas näher gebracht.

Den ersten Versuch der Darstellung von Typologie der polnischen Sprache machte 1953 Klemensiewicz mit der Arbeit »O różnych odmianach współczesnej polszczyzny«.

Sie entstand im Zusammenhang mit der Diskussion über die Herkunft und Einteilung der Literatursprache, welche damals – im Gegensatz zu Dialekten und Mundarten, mit denen sich Dialektologie relativ intensiv beschäftigte – nicht im Fokus der Untersuchungen stand (vgl. Furdal, 1973: 4–7).

Der Ausgangspunkt war die Bestimmung und Ordnung der Terminologie von Elementen der genannten Typologie. Die Klassifizierung eröffnet die *Nationalsprache*, die in *Gemeinsprache* und *Regionalsprache* unterteilt wird. Zur *Gemeinsprache* gehören die *Umgangssprache* und *Literatursprache*. Die Merkmale der Fachsprachen sind bei der *Berufssprache* (Unterkategorie der *Umgangssprache*) und der *Wissenschaftssprache* (Unterkategorie der *Literatursprache*) zu finden (vgl. Furdal, 1973: 6–7).

Auf der Grundlage der Arbeit von Klemensiewicz erstellte Urbańczyk (1956: 9–36) seine eigene Klassifizierung. Die größte Änderung bezieht sich auf den Begriff *Nationalsprache*, der durch *Ethnosprache* ersetzt wird. Auch Wilkoń (2000: 14) spricht sich für diese Änderung aus, als Beispiel nennt er *amerikanische Nation*, die zwar eine Nation ist, aber gleichzeitig ist sie doch mehrsprachig und multiethnisch. Urbańczyk schließt auch *Berufssprachen* aus und lässt lediglich *spezielle Terminologie* zu, welche in der *spezialisierten Variante* der *kommunikativen Sprache* zu finden ist (vgl. Furdal, 1973: 8).

Eine weitere Klassifizierung kommt von Furdal (1973: 53–54), sie basiert auf grammatischen (Phonologie, Flexion, Syntax) und semantischen (Lexik) Kriterien, die sich mit den jeweiligen Sprachen auf einem Viereck (Form der graphischen Darstellung) miteinander kreuzen. Den zentralen Punkt bildet *literarische, gesprochene Umgangssprache*, die der Ausgangspunkt für alle andere Gruppen von Sprachen, d. h. *Literatursprache*, *Stadtsprache*, *dörfliche Sprache*, *Berufssprache* (mit der *Wissenschaftssprache*), *Umgangssprache* und *künstlerische Sprache*, ist. Diese Typologie zeichnet sich dadurch aus, dass sie einen großen Wert auf das semantische System (vor allem auf den Wortschatz) legt – dies ist vornehmlich bei der *Wissenschaftssprache*, *Umgangssprache* und der *künstlerischen Sprache* zu sehen (vgl. Wilkoń, 2000: 17).

Als Nachteil dieser Klassifizierung kann die Tatsache betrachtet werden, dass – im Gegensatz zu Klemensiewicz und Urbańczyk – die Hierarchie der genannten Sprachen nicht dargestellt wurde. Außerdem wirft Wilkoń (2000: 17) Furdal vor, dass er *Berufssprachen* und *Wissenschaftssprache* in dieselbe Gruppe platzierte. Wilkoń zufolge seien die Merkmale der *Wissenschaftssprache* in so hohem Grade unterschiedlich, dass sie in die gemeinsame Kategorie mit den *Berufssprachen*, die in der Stadt oder auf dem Lande verwendet werden, nicht passe. In der Gruppe *künstlerische Sprache* nennt Furdal sowohl *gesprochene dörfliche Spra-*

che als auch *geschriebene Literatursprache*, die doch viel gehobener ist. Auf dieselbe Art und Weise setzt er *Berufssprachen* und spezialisiertere *Wissenschaftssprache* in eine Kategorie. Auf dieser Grundlage kann man annehmen, dass seine Vorgehensweise konsequent ist. An dieser Stelle könnte auch ein Beispiel aus dem Bereich der juristischen Fachsprache angeführt werden: die Rechtssprache wird sowohl von einem Anwalt verwendet, der mit seinem Mandaten spricht als auch von einem Professor der Rechtswissenschaften, der einen Gesetzeskommentar vorbereitet – nur die Abstraktionsstufe ist anders[10].

Bei der Besprechung der Merkmale von der *Wissenschafts-* und *Berufssprache* gibt Furdal (1973: 23–24) eine Definition des Begriffs *Blut* an. Er kommt zu dem Schluss, dass sowohl ihr phonologisches System als auch ihre Flexion mit der *literarischen Umgangssprache* übereinstimmen. Die Syntax ist ausgebauter, was der schriftlichen *literarischen Umgangssprache* entspricht. Der charakteristischste Bestandteil der *Wissenschaftssprache*, der sie von anderen Sprachen unterscheidet ist der Wortschatz. In der gegebenen Definition kommen neben allgemein verwendeten Wörtern, wie z.B. *Teil*, *kreisen*, *charakteristisch*, auch viele spezielle Termini vor, die sich auf den konkreten Wissenschaftszweig beziehen. Manche von ihnen werden in der Umgangssprache kaum oder überhaupt nicht verwendet (z.B. *Blutkörperchen*, *Blutplasma*, *Hämoglobin*), manche kommen in der Umgangssprache zwar vor, aber können in der Wissenschaftssprache eine – zumindest teilweise – andere, fachliche Bedeutung haben (z.B. *Masse*, *Gefäß*, *Zelle*)[11]. In Anbetracht dessen entsteht die Frage, ob man die *Wissenschaftssprache* als eine separate Varietät betrachten kann. Die Vielzahl von allgemeinsprachlichen Wörtern, die in diesem Text auftauchen, könnte davon zeugen, dass wir es nur mit dem speziellen Wortschatz zu tun haben, welcher de facto zur Literatursprache gehört. Andererseits macht das Vorkommen von sogar einigen Fachtermini den Text für Laien völlig unverständlich. In Hinsicht auf die unbestrittene Besonderheit des semantischen Systems der *Wissenschaftssprache* ist es berechtigt, sie als eine separate Varietät anzusehen (vgl. Furdal, 1973: 24–25).

Charakteristisch für die *Wissenschaftssprache* sind sichtbare Hierarchie ihrer einzelnen Termini, absolute Begrenzung der gleichbedeutenden Termini (also die Begrenzung der Synonymie) sowie das Streben nach Eindeutigkeit der Terminologie. Um dies zu erreichen, sind die wichtigsten Quellen der neuen Terminologie u.a. Entlehnungen, Neologismen und Neosemantismen (vgl. Furdal, 1973: 26).

10 Im weiteren Teil der Arbeit wird diese erwähnte Problematik genauer besprochen.

11 Auf dieses Phänomen wird noch im weiteren Teil der Arbeit tiefer eingegangen, wo Mehrdeutigkeiten – aber schon im Bereich der Rechtssprache – bearbeitet werden.

Zu typischen Merkmalen der *Wissenschaftssprache* zählt Wilkoń (2000: 64): seltenes Vorkommen von expressiven Bezeichnungen, Neigung zur Abstraktheit (andererseits manchmal ganz umgekehrte Tendenz: Konkretisierung der Beschreibungen oder Analysen), spezifische Syntax (z. B. komplexe Satzgefüge, keine Satzellipsen, keine Ausrufesätze); der Aufbau der wissenschaftlichen Texte ist kohärent und geordnet (vgl. Kurkowska, Skorpuka, 1959: 201).

Zur besprochenen Fachkategorie der Typologie von Furdal gehören neben der *Wissenschaftssprache* auch die *Berufssprachen*, die in der Stadt und auf dem Lande im Rahmen verschiedener Berufsgruppen gesprochen werden. Die dörfliche Variante zeichnet geringere Spezialisierung aus – das semantische System eines Schmieds, Fischers oder Hirten ist weniger ausgebaut als die Lexik eines Handwerkers oder Hüttenarbeiters, die in der städtischen Variante der Berufssprachen kommunizieren (vgl. Furdal, 1973: 34–35).

Vergleichbare Funktion erfüllen bei Wilkoń (2000: 99) Professiolekte. Sie werden als Sprachvarietäten definiert, die bei der Ausübung konkreter Berufe verwendet werden, z. B. die Sprache der Schuhmacher, Bäcker, Mechaniker oder Ärzte. Die Zusammenstellung der Sprache der Bäcker mit der medizinischen Fachsprache kann auf den ersten Blick ein bisschen Zweifel wecken. Die Eigenschaften der von Ärzten verwendeten Fachsprache (u. a. semantisches System, zahlreiche Entlehnungen, Abstraktheit) zeugen fraglos davon, dass sie – im Vergleich zu anderen genannten Professiolekten – gleichzeitig eindeutig mehr Merkmale der *Wissenschaftssprache* aufweist.

Auch Wilkoń (2000: 99) zufolge basieren Professiolekte auf der Kombination »Umganssprachlichkeit + spezieller Wortschatz«.

Pieńkos (1999: 71–72) betont, dass Fachsprachen, also Sprachen, die sich primär auf einzelne Berufsgruppen bezogen, etwas mehr als spezielle Terminologie oder Stil selbst sind, obwohl sie bis zu den 70. Jahren eigentlich ausschließlich auf diese Art und Weise verstanden wurden. Fachsprachen sind nämlich eine Sammlung von Mitteln, die durch zahlreiche Stile, Register, Stufen und lexikalische Eigenschaften gekennzeichnet werden. Sie erfüllen kognitive und kommunikative Funktionen – sie dienen also zur Erkenntnis und Übertragung vom Fachwissen.

Die erste polnische Monographie, die sich aus sprachwissenschaftlicher Sicht unmittelbar mit dem Thema der *Fachsprachen* befasste, war die Arbeit von Gajda »Wprowadzenie do teorii terminu«, die erst im Jahre 1990 entstand. Im Fokus auch seiner Betrachtungen stand die Fachterminologie, die von der Fachsprachlichkeit einer Sprachvarietät zeugte (vgl. Grucza S., 2013b: 30)

Aus dem oben genannten erfolgt, dass *Fachsprachen* auf der Basis der *Gemeinsprachen* funktionieren und ohne sie nicht funktionieren können. Es fällt ebenfalls schwer, eine konkrete Grenze zwischen den *Fachsprachen* und den *Nationalsprachen* zu markieren, weil Fachtermini sehr oft durch die zunehmende Häufigkeit ihres Gebrauchs ein Teil der *Gemeinsprachen* werden (vgl. Sawicka, 2009: 197).

Die Unterschiede zwischen der *Gemeinsprache* und der *Fachsprache* hat Szadyko (2012: 190) zusammengestellt.

Tabelle 2. Unterschiede zwischen der Fach- und Gemeinsprache. Quelle: Szadyko, 2012: 190, Bearbeitung und Übersetzung A.P.

	Fachsprache	**Gemeinsprache**
Kommunikationsbereich	professionelle Kontexte	allgemeine Kontexte, die sich auf das Sozialleben beziehen
Selbständigkeit	funktioniert in Verbindung mit der Gemeinsprache	völlig selbständig
Verhältnis zu anderen Sprachen	- offen für Entlehnungen aus anderen Sprachen, - Bezug auf klassische Sprachen bei der Bildung neuer terminologischer Einheiten, - Internationalisierung der terminologischen Systeme - terminologische Dubletten	- vermeidet Entlehnungen aus anderen Sprachen, - kein Bezug auf klassische Sprachen bei der Bildung neuer terminologischer Einheiten, - relativ großer Sprachpurismus - wenige terminologische Dubletten
Bedeutung	eindeutig	mehrdeutig, manchmal implizit
schriftliche Form	Fließtext mit graphischen Elementen, Symbolen	ausschließlich Fließtext
Funktionalität	autonomes semiotisches System, das instrumentelle Funktion erfüllt	erfüllt zahlreiche Funktionen, die sich auf alle Lebensbereiche beziehen
Zeit	wird schnell desaktualisiert - die Geschwindigkeit der Desaktualisierung hängt von der Dynamik der jeweiligen Disziplin ab	in hohem Maße überzeitliches Gebilde, das umfassende synchrone Kommunikation und diachrone Forschung ermöglicht

Aus dem oben Genannten ergibt sich, dass sich die *Fachsprache* und *Gemeinsprache* in Hinsicht auf ihre Funktionen und Aufgaben voneinander unterscheiden. *Fachsprachen* dienen zur professionellen Fachkommunikation, gelten als Werkzeug der beruflichen Tätigkeit und der Berufsausbildung und können als Impuls zur Entwicklung der Zivilisation verstanden werden. Lukszyn weist zusätzlich darauf hin, dass Fachsprachen neben der kognitiven und kommunikativen auch die instrumentelle Funktion erfüllen (vgl. Lukszyn, 2006: 13, Szadyko, 2012: 191).

Eine völlig andere Betrachtungsweise vom Wesen der *Fachsprachen* haben Franciszek und Sambor Grucza vorgeschlagen. Sie vertreten die Ansicht, dass *Fachsprachen* weder als Varietäten der *Gemeinsprachen* verstanden werden, noch ausschließlich mit der Fachterminologie identifiziert werden sollen. Die vorgeschlagene Sprachenkonzeption bezieht sich sowohl auf *Gemeinsprachen* (*Gemeinlekte*) als auch auf *Fachsprachen* (*Fachlekte, Technolekte*) (vgl. Grucza F., 1993: 31, Osiejewicz, 2016: 67).

> In Wirklichkeit existiert keine menschliche Sprache selbstständig. Wirklich existieren menschliche Sprachen immer nur in Form gewisser Bestandteile bestimmter (miteinander vernetzter) Eigenschaften konkreter Menschen. Ganz allgemein kann man diese Eigenschaften die »sprachlichen Eigenschaften« nennen. Es handelt sich um diejenigen Eigenschaften, die es Menschen ermöglichen, einerseits bestimmte Äußerungen zu formulieren, sie mit Bedeutungen zu »versetzen« und die Formen der Äußerungen mündlich bzw. schriftlich zu realisieren, und andererseits Äußerungen anderer Menschen zu empfangen, zu identifizieren, zu interpretieren und zu verstehen. (...) Im engeren Sinne sind wirkliche menschliche Sprachen bestimmte Bereiche des praktischen Wissens konkreter Menschen. (...) Doch gleichgültig, ob wir sie im engeren oder weiteren Sinne betrachten, wirkliche menschliche Sprachen sind keine selbständigen Objekte. Als selbständige Objekte funktionieren nur die Inhaber wirklicher Sprachen – die konkreten Menschen (Individuen). Zwar können auch externalisierte sprachliche Äußerungen (Texte) als (relativ) selbständige Objekte angesehen werden, doch besitzen sie im Grunde genommen keine funktionale sprachliche Selbständigkeit (Grucza F., 2002: 233–234).

Gemäß der anthropozentrischen Sprachentheorie existieren die Sprachen nur in Gehirnen der Menschen. Sie können als praktisches Wissen verstanden werden, das den Menschen dabei hilft, verschiedene Äußerungen zu gestalten und auszudrücken, konkrete Ziele mit Hilfe von diesen Äußerungen zu erreichen, den Äußerungen bestimmte Funktionen und Werte zuzuschreiben, analogische Äußerungen zu erkennen sowie die Bedeutung dieser Äußerungen zu verstehen (vgl. Grucza F., 1993: 31, Osiejewicz, 2016: 67).

Da die Sprache ein Bestandteil des praktischen Wissens und die Fähigkeit jeder Person ist, sollte sie als die Eigenschaft jedes konkreten Menschen verstanden werden. Die Sprache einer konkreten Person wird als *Idiolekt* und der Mitglieder einer Gemeinschaft als *Polylekt* bezeichnet. Die Polylekte, die zu einer ethnischen Gemeinschaft gehören, werden *Ethnolekte* genannt. Die Fachsprachen (die *Fachlekte, Technolekte*) sind Varianten oder Bestandteile eines Ethnolektes (vgl. Grucza S., 2004: 41, Osiejewicz, 2016: 67).

In Anbetracht dessen, dass die dargestellte Konzeption sowohl bei Gemeinsprachen als auch bei Fachsprachen Anwendung findet, kann man annehmen, dass die *Fachsprache* ein praktisches Wissen einer einzelnen Fachperson ist. Darüber hinaus hilft dieses Wissen den Fachpersonen dabei, verschiedene

Fachäußerungen zu gestalten und auszudrücken, fachbezogene Ziele mit Hilfe von diesen Fachäußerungen zu erreichen, den Fachäußerungen bestimmte Funktionen und Werte zuzuschreiben, analogische Fachäußerungen (die von anderen Fachmenschen kommen) zu erkennen sowie die Bedeutung dieser Fachäußerungen zu verstehen (vgl. Grucza S., 2004: 31, Osiejewicz, 2016: 69).

Jede Fachsprache ist also eine konkrete Fachsprache eines konkreten Menschen – sie gilt als sein *Fachidiolekt*, der als die Eigenschaft seines Gehirns gilt. In dem Sinne ist sie kein abstraktes Gebilde. Die logische Summe von Fachidiolekten, die von Fachleuten verwendet werden, wird als *Fachpolylekte* bezeichnet. Zweifelsohne sind *Fachsprachen* (*Fachidiolekte*) in gewissem Maße mit den *Gemeinsprachen* (*Gemeinidiolekten*) verbunden – beide nutzen dieselbe Phonemik und Grammatik, einige Unterschiede sind im Bereich der Lexik zu verzeichnen, die Terminologie ist die einzige Komponente, die ausschließlich für Fachsprachen charakteristisch ist (vgl. Grucza S., 2013b: 31–33).

Viele Linguisten – unabhängig davon, ob sie zur lexikalischen oder anthropozentrischen Strömung gehörten – versuchten, eine holistische Definition der Fachsprache zu formulieren. In vielen Fällen waren diese Bemühungen zumindest einigermaßen erfolglos. Zum Schluss könnte man aber die von Karpiński (2008: 12) vorgeschlagene Definition zitieren, welche in hohem Grade den oben angesprochenen Aspekten entspricht und als relativ universell betrachtet werden kann.

> Die Fachsprache (der Technolekt) ist ein konventionalisiertes semiotisches System, das auf der natürlichen Sprache basiert. Sie dient dazu, Objekte, die für ein bestimmtes Fachgebiet charakteristisch sind, zu erkennen, zu definieren und zu ihrem Thema zu kommunizieren.

Obwohl die Forschung im Bereich der Fachsprachen in Polen relativ spät begann, ist anzumerken, dass sie sich in letzter Zeit deutlich intensiviert hat. Zu Beginn standen sie hauptsächlich im Mittelpunkt vom Interesse der Fremdsprachelehrer und Sprachtheoretiker (vgl. Pieńkos, 1999: 64). Mit der Zeit gelangen sie aber an Hochschulen und Universitäten, wo sie in Curricula vieler Studienrichtungen immer größere Rolle spielen, und zwar nicht nur auf dem Gebiet der Fachübersetzungen, sondern auch im Bereich der Fachkommunikation. Dies ist als die Antwort auf Bedürfnisse der heutigen globalisierten Welt und des modernen Arbeitsmarkts zu verstehen. Von daher lässt sich resümieren, dass sich der Schwerpunkt der Untersuchungen in Polen von der Fachsprachenforschung in die Fachkommunikationsforschung verlagert hat (vgl. Baumann, 2016: 27).

2.2. Rechtssprache

2.2.1. Rechtssprache – Forschungsstand in Deutschland und in Polen

Allgemein gesagt ist das *Recht* eine geordnete Sammlung von Verhaltensnormen, die vom Staat festgelegt und durchgesetzt werden und darauf abzielen, das gesellschaftliche Leben zu organisieren. Da sich das Recht durch die Sprache manifestiert, kommen zu den Problemen rein rechtlicher Natur noch Probleme sprachlicher Natur hinzu. Zahlreiche charakteristische Aspekte des Rechts und die Unmenge von Texten, die das Recht generiert, berechtigen dazu, eine besondere Sprache - die *Rechtssprache*[12] zu unterscheiden (vgl. Pieńkos, 1999: 6).

Die Ursprünge der Rechtssprache reichen eigentlich bis in das Altertum zurück - als eins der ersten Beispiele, wo das Recht schriftlich formuliert wurde, kann Codex Hammurabi, also die Sammlung babylonischer Gesetze aus dem Jahr 1750 v. Chr. dienen (vgl. Pieńkos, 1999: 51).

Als Pionier der modernen deutschen Rechtssprache könnte man den deutschen Juristen und Philosophen Christian Thomasius bezeichnen, der im 17. Jh. als einer der ersten die Reden zu juristischen Themen auf Deutsch hielt. Doch auf Beziehungen zwischen Recht und Sprache konzentrierte sich erst im 18. Jh. der deutsche Rechtsgelehrte Friedrich Carl von Savigny (vgl. Kołodziej, 2014: 46).

In Polen wurde die Fachterminologie im Bereich des Privat-, Straf- und Verfahrensrechts im 19. Jahrhundert zum ersten Mal zum Gegenstand der Forschung, als man sich mit der Geschichte der polnischen Staatsform beschäftigte. Die damalige Forschung beschränkte sich aber hauptsächlich auf ausländische Einflüsse auf die polnische Rechtssprache (vgl. Hałas, 1995: 9–10).

Obwohl das Bewusstsein für die Korrelation von Sprache und Recht seit langem in rechtsphilosophischen Überlegungen gewissermaßen präsent war, bildete sie bis zum Ende des 19. Jh. ein kaum erforschtes Gebiet (vgl. Kęsicka, 2015b: 69). Den möglichen Grund für dieses quasi Desinteresse der Forscher an Wechselbeziehung der Sprache und des Rechts nennt Gizbert-Studnicki (1986: 12). Ihm zufolge braucht man zur richtigen Interpretation eines Rechtstextes Sprachkenntnisse, die vor allem als praktische Fähigkeit und als kein vertieftes Sprachwissen zu verstehen sind.

Trotzdem bemerkte Binding - der deutsche Strafrechtler, schon 1885 in seinem Buch »Handbuch des Strafrechts«, dass das Recht seine eigene Sprache spricht und sein Wortschatz auf der Umgangssprache basiert, doch die Grenzen

12 Als *Rechtssprache* wird in dieser Arbeit allgemein die Sprache des Rechts in allen ihren Erscheinungsformen, abgesehen von jeglichen Gliederungen (z. B. *język prawny* und *język prawniczy*), verstanden.

der einzelnen Begriffe hier eindeutig schärfer als in der Umgangssprache sind (vgl. Engisch, 1997: 93–94, Siewert, 2010: 15).

Der intensive Aufschwung der Forschung im Bereich der Rechtssprache ist erst in der zweiten Hälfte des 20. Jh. zu verzeichnen. Zu Beginn konzentrierten sich die Forscher aber auf Gliederungen der Rechtssprache, erst mit der Zeit fokussierten sie auf Merkmale dieser Sprache (vgl. Siewert, 2010: 33). Mit der am polnischen Recht orientierten Sprachwissenschaft beschäftigten sich zu dieser Zeit einige polnische Linguisten, u. a. Olgierd Wojtasiewicz, Barbara Kielar, Jerzy Pieńkos sowie der Rechtswissenschaftler Bronisław Wróblewski[13] (vgl. Pieńkos, 1999: 19–20). Infolgedessen kann man von den Anfängen der *Jurilinguistik*[14] (bzw. der *Rechtslinguistik*) sprechen, also der Linguistik, die die Forschungsansätze der Rechtswissenschaft und der (vor allem angewandten) Sprachwissenschaft verbindet.

Auch in Deutschland fing die eigentliche Erforschung der Rechtssprache im 20. Jh., vor allem in seiner zweiten Hälfte, an. Die ersten Forschungsansätze betrafen überwiegend die Kritik dieser Sprachvarietät. Die meisten Vorwürfe bezogen sich auf Anwendung von (vor allem lateinischen) Fremdwörtern und erstarrten Formen, zu große Abstraktheit, komplizierten Satzbau und die dadurch fehlende Verständlichkeit (vgl. Siewert, 2010: 15).

Zu Beginn stand die Wechselbeziehung von Sprache und Recht im Mittelpunkt vom Interesse der Juristen, erst ab den 1980er Jahren wurde sie zum linguistischen Forschungsgegenstand. In diesem Zeitraum ist auf zwei Beiträge hinzuweisen, die für die Rechtssprachenforschung von großer Relevanz waren. Zunächst ist die Publikation »Struktur der deutschen Rechtssprache« des deutschen Juristen Müller-Tochtermann (1959) zu nennen, in der die Rechtssprache zum ersten Mal als Fachsprache bezeichnet und in Hinsicht auf ihre Terminologie charakterisiert wird (vgl. Siewert, 2010: 17).

Der zweite wesentliche Beitrag ist der Artikel »Zur Kultur der Rechtssprache« vom Sprachwissenschaftler Gerhard Stickel aus dem Jahre 1984. Auch hier wird die Sprache des Rechtswesens als Fachsprache aufgefasst, wobei Stickel betont, dass es im Moment unmöglich ist, die Definition der Rechtssprache, im Ange-

13 Zu den wichtigsten Werken, die sich auf die genannte Thematik beziehen, gehören: Kielar (1973), Pieńkos (1993), Pieńkos (1999), Wojtasiewicz (1978), Wróblewski (1948).

14 Der Terminus *Jurislinguistik* verwendete Pieńkos (1999) zum ersten Mal in polnischer Literatur, doch er stammt von Jean-Claude Gémar aus Kanada. In den 70er Jahren hat er den französischen Terminus *jurilinguistique* in die Forschung eingeführt. In der einschlägigen Literatur wird darauf hingewiesen, dass der Terminus *Jurislinguistik*, der von Pieńkos kommt und von vielen Forschern wiederholt wird, fehlerhaft gebildet wurde. Der korrekte Terminus lautet *Jurilinguistik*, denn zur Bildung einer Bezeichnung einer Disziplin verwendet man die Grundformen, auf diese Weise entstanden z. B. Neurolinguistik oder Psycholinguistik. Das Glied *Juris* kommt vom lateinischen *iuris*, welches im Genitiv steht (vgl. Kubacki, 2019a: 72, Kubacki, 2019b: 92).

sicht des Mangels an einer einheitlichen und allgemeingültigen Definition der Fachsprache, zu formulieren (vgl. Drumm, 2018: 12, Siewert, 2010: 21).

Die Vielfalt der Herangehensweisen an die Spezifik der Rechtssprache widerspiegelt sich sogar in zahlreichen Bezeichnungen, die sich auf den Forschungsgegenstand selbst - die Sprache des Rechts - beziehen. In deutschen Untersuchungen tauchen folgende Formulierungen auf: *juristische Sprache*, *juristisch-administrative Sprache*, *juristische Fachsprache*, *Gesetzessprache*, *Rechtssprache*, *Sprache des Rechtswesens*, *Juristensprache* oder *Justizsprache*, wobei der Begriff *Rechtssprache* am häufigsten vorkommt (vgl. Daum, 1981: 84, Eckhardt, 2000: 24, Gizbert-Studnicki, 1986: 34). Schmidt-Wiegand (1977: 226) betont, dass der Begriff *Rechtssprache* eine Doppelfunktion erfüllt. Einerseits ist sie als Sprache des Rechtslebens, andererseits als Sprache der Juristen zu verstehen, wobei sie nicht nur von Juristen, sondern auch von allen Menschen, die mit dem Recht in Berührung kommen, verwendet wird.

Eine gewisse terminologische Diskrepanz ist auch in der polnischen Rechtswissenschaft festzustellen. Sie bezieht sich auf eine der bekanntesten dichotomischen Einteilungen der Rechtssprache in *język prawny* (≈ *Gesetzessprache*) und *język prawniczy* (≈ *Juristensprache*), die 1948 von dem polnischen Rechtswissenschaftler Bronisław Wróblewski vorgeschlagen wurde.

Als *język prawny* ist die Sprache des Gesetzgebers zu verstehen, deren Quelle die Rechtsvorschriften bilden. Sie ist also die Sprache, in der die Texte des geltenden Rechts (Gesetze, Anordnungen, Verordnungen etc.) formuliert werden (vgl. Wróblewski, 1948: 56).

Język prawniczy ist dagegen die Sprache der Juristen, die sich zu mit dem Recht verbundenen Themen äußern, so ist sie in der Rechtsauslegung, z. B. in Rechtskommentaren zu finden (vgl. Olpińska, 2009: 79, Wróblewski, 1948: 136)[15].

Angesichts dessen soll *język prawniczy* (*Juristensprache*) als eine Metasprache im Verhältnis zu *język prawny* (*Gesetzessprache*) betrachtet werden, weil sie auf der Gesetzessprache aufbaut und von ihr abhängig ist. Die Juristensprache basiert auf der Gesetzessprache in dem Sinne, dass sie sich ihrer Terminologie und stilistischer Besonderheiten bedient. Als Metasprache besitzt sie umfangreichere Terminologie und Wortschatz, als Gesetzessprache, die von ihr beschrieben wird (vgl. Kęsicka, 2015: 73).

Wegen der Unschärfe von Differenzierungskriterien wurde diese Einteilung jedoch mehrfach kritisiert. Olpińska (2009: 79) weist darauf hin, dass diese Gliederung zu schematisch ist – es ist beispielsweise nicht eindeutig, in welche

15 Aufgrund der Arbeit von Szczepankowska (2004) bemerkt Jopek-Bosiacka (2009: 18), dass die genannte Gliederung der Rechtssprache in Sprache der Gesetze und Sprache der Juristen, die sich mit Einteilung Wróblewskis deckt, bereits 1778 in *Zbiór Praw Sądowych* (anders genannt *Kodeks Andrzeja Zamoyskiego*) zu finden war. In der genannten Gesetzessammlung wurde diese Gliederung beschrieben, unmittelbar wurden aber diese zwei Kategorien nicht genannt.

Kategorie ein juristischer Text, in dem ein Artikel aus der Verfassung zitiert wird, einzuordnen ist. Kielar (2009: 48) macht dagegen darauf aufmerksam, dass ein Gesetzentwurf, an dem monatelang viele Experten und Berater arbeiten nicht als ein in der Gesetzessprache formulierter Text zu verstehen ist. Dies ändert sich erst, wenn Organe, die formell dafür zuständig sind, das jeweilige Gesetz verabschieden.

Im Laufe der Zeit wurden von u. a. Wróblewski J. (1956), Ziembiński (1974), Gizbert-Studnicki (1972) oder Zieliński (1999) neue, detailliertere Aufteilungen der Rechtssprache nach unterschiedlichen Kriterien erarbeitet (vgl. Jopek-Bosiacka, 2009: 18).

Ziembiński (1974: 27) unterteilte *język prawniczy* (*Juristensprache*) in *język przepisów prawnych* (*Vorschriftensprache*) und *język norm prawnych* (*Normensprache*). Gizbert-Studnicki (1972: 224) schlug den Oberbegriff *język prawny sensu largo* als Bezeichnung für sowohl *Juristen-* als auch *Gesetzessprache* (vgl. Jopek-Bosiacka, 2009: 18).

Eine besonders ausgebaute Gliederung der Rechtssprache kommt von Zieliński (1999: 50–72). Die Gesetzessprache unterteilt er wie Ziembiński in *język przepisów prawnych* (*Vorschriftensprache*) und *język norm prawnych* (*Normensprache*), zur Kategorie *Juristensprache* gehören jedoch u. a. *język praktyki prawniczej* (*die Sprache der Rechtspraxis*), *język nauki* (*Sprache der Wissenschaft*), *język postępowań sądowych* (*Sprache der Gerichtsverfahren*), *język popularnonaukowy* (*populärwissenschaftliche Sprache*) oder *język dydaktyki* (*Sprache der Didaktik*) (vgl. Jopek-Bosiacka, 2009: 18–19).

Darüber hinaus führt Zieliński (1999: 71–72) *rechtsbezogene Sprachen* ein, die sich von der Juristensprache allmählich entfernen. Sie umfassen folgende Sprachen:

1. Beamtensprache,
2. Sprache der Hilfsdisziplinen vom Rechtswesen oder Rechtswissenschaft, wie juristische Logik, Kriminologie, Rechtsmedizin oder Viktimologie,
3. Sprache der Politiker und Journalisten, die sich zu juristischen Themen äußern,
4. Sprache der Bürger, die mit dem Recht in Berührung kommen.

2004 verzichtet Zieliński auf die Einteilung *Gesetzessprache* vs. *Juristensprache* und ersetzt sie mit der Opposition *Gesetzessprache* vs. *rechtsbezogene Sprachen* (vgl. Jopek-Bosiacka, 2009: 19–20, Zieliński, 2004: 9–18).

Obwohl es in der deutschen Rechtsspracheforschung keine Trennung zwischen der in der polnischen Literatur vorhandenen *Gesetzes-* und *Jursitensprache* gibt, wird die Rechtssprache nach Grad an fachsprachlicher Intensität unterschieden, was der vertikalen Gliederung der Rechtssprache von Sandrini und den *rechtsbezogenen Sprachen* von Zieliński ähnelt. Nach Otto (1981: 51) gibt es:

1. Gesetzessprache,
2. Urteils- und Bescheidsprache,
3. Wissenschafts- und Gutachtensprache,
4. Sprache des behördlichen Schriftverkehrs,
   a) mit fachkundigem Bürger,
   b) mit fachunkundigem Bürger,
5. Verwaltungsjargon,
6. Sonstige Textsorten, wie z. B. das Gespräch zwischen Verwaltungsmitarbeiter und Bürger oder die behördliche Öffentlichkeitsarbeit.

Nach der Darstellung der terminologischen Aspekte und der Einteilungen der Rechtssprache ist auf ihren Status hinzuweisen. Jahrelang wurde von Forschern die Anerkennung der Rechtssprache als Fachsprache in Frage gestellt (vgl. Kęsicka, 2015b: 69).

Ziembiński und Zieliński (1992: 102) zufolge könne die Rechtssprache sogar als keine Sprache verstanden werden, weil sie keine Kriterien der Sprache erfülle. Keine Sprache kann nämlich auf einer eingeschränkten Menge von Texten basieren, was bei der Sprache des Rechts doch der Fall ist.

Systemlinguistisch orientierte Fachsprachenforschung trug dazu bei, dass man bis in die 70. Jahre Rechtssprache als keine Fachsprache betrachtete, weil man davon ausging, dass die Rechtssprache auf der Gemeinsprache aufbaut und kein eigenständiges Sprachsystem bildet.

Hałas (1995: 23) vertritt die Auffassung, dass die Rechtssprache nur eine Varietät der Gemeinsprache ist. Charakteristisch für sie ist das Vorkommen zahlreicher Fachtermini, aber ihre Grammatik wird unmittelbar der Gemeinsprache entnommen. Dieser Denkweise folgend müsste die Existenz wohl jeder Fachsprache in Zweifel gezogen werden, weil sich alle Fachsprachen auf grammatischen Regeln der Gemeinsprache stützen. Andererseits erinnert die Theorie von Hałas an die Tendenz, die bereits in den 1970er Jahren widerlegt wurde, als die Fachsprachen ausschließlich mit der Terminologie identifiziert wurden (vgl. Krzywda, 2014: 38).

Die Auffassung der Rechtssprache unterlag schrittweise einem konzeptuellen Wandel. Wegen der raschen Entwicklung der Fachsprachenforschung gegen Ende des 20. Jh. und infolge der geführten komparatistischen Untersuchungen zu Gemein- und Fachsprachen wurde von vielen Forschern die Möglichkeit allmählich akzeptiert, die Rechtssprache als Fachsprache anzuerkennen (vgl. Kęsicka, 2015b: 69).

Busse (1991: 160) betont, dass das Rechtswesen ein Bereich des Sprachgebrauchs ist, für den fachwissenschaftliche Inhalte und institutionell geprägte Strukturen besonders charakteristisch sind. Aus diesem Grunde kann die Rechtssprache mit der Gemeinsprache nicht gleichgesetzt werden.

Von Malinowski (2006: 21–29) wurden mehrere Forschungsansätze gesammelt, die den Status der Rechtssprache in Polen nach verschiedenen sprachwissenschaftlichen Blickpunkten bestimmen. Dementsprechend kann die Rechtssprache folgendermaßen betrachtet werden:

- als *generische Sprache*, also Sprache, die von Gruppen der Individuen (hier Juristen) verwendet wird, die sich in besonderen Bedingungen befinden. Die einzelnen Varianten werden für Gruppen gebildet, die nach einem konkreten Kriterium (z. B. nach Alter, Beruf, Art der ausgeübten Tätigkeit) differenziert werden. Den Bezugspunkt bildet die Gemeinsprache, von der sich die Rechtssprache in folgender Hinsicht unterscheidet:
  - sie enthält Wörter und Wendungen, die in der Gemeinsprache nicht vorkommen bzw. eine andere Bedeutung in der Gemeinsprache haben,
  - die Rechtssprache verfügt über andere Syntaxregeln,
  - dieselbe Wendung kann in der Rechtssprache idiomatische Bedeutung haben, obwohl sie in der Gemeinsprache kein Idiom ist.

  Generische Sprachen werden häufig *Soziolekte* genannt und sind Gegenstand soziolinguistischer Forschung;
- als *Fachsprache*, also Sprache, die zur Beschreibung der Erscheinungen im Bereich der Wissenschaft und zur Fachkommunikation zwischen dem Sender und Empfänger, die über Rechtskompetenzen verfügen, dient. Bei der *generischen Sprache* findet das subjektive Kriterium (Gruppe von Anwendern) und bei der *Fachsprache* das objektive Kriterium (Thematik, auf die sich die jeweilige Fachsprache bezieht) Anwendung. U. a. Pieńkos (1999: 77) plädiert dafür, dass man die Rechtssprache als die reinste Form der Fachsprache verstehen soll;
- als *Sprachregister*, also eine Varietät der ethnischen Sprache neben den Dialekten. Als Dialekt ist eine Sprachvarietät zu verstehen, die charakteristisch für Bevölkerung einer Region ist. Das *Sprachregister* wird dagegen in Bezug auf den Kontext der Verwendung eines bestimmten Dialekts unterschieden. Die *Sprachregister* werden nach dem Themenbereich einer Aussage, ihrer Form und Stil differenziert. Die Merkmale der Texte, die zum jeweiligen Sprachregister gehören decken sich weitgehend mit den Eigenschaften der gemeinsprachlichen Texte (auf dem Gebiet der Lexik und Grammatik). Das Register schreibt vor, auf welche Art und Weise die Aussagen formuliert werden, wobei diese Formulierung situationsbedingt ist. Die Unterscheidung der Register erfolgt also im Bereich des Sprachgebrauchs. Gizbert-Studnicki (1986: 83) hebt hervor, dass man von mehreren Sprachregistern im Rahmen der Rechtssprache sprechen kann, die sich auf einzelne Rechtsgebiete beziehen.
- als *Idiolekt des Gesetzgebers* – als Idiolekt wird normalerweise individuelle Sprache jedes einzelnen Menschen verstanden, die von seiner Herkunft, Bildung oder Sprachkenntnissen abhängt. Wenn die Gesetzessprache als Idiolekt

betrachtet wird, muss angenommen werden, dass Rechtstexte von einem idealisierten, »rationalen« Gesetzgeber formuliert werden. Dieser Ansatz stößt oft auf Kritik, denn Idiolekte sind Sprachen von Individuen und nicht von theoretischen Gebilden, wie der in der Wirklichkeit nicht existierende »rationale Gesetzgeber«.

- als *Sprache des Gesetzgebers*, also ebenfalls als Sprache des idealisierten Gesetzgebers, diesmal aber werden keine individuellen Merkmale seiner Sprache in Betracht gezogen. Das Produkt der Aussagen, die von staatlichen Organen der Legislative (also dem Gesetzgeber) formuliert werden, bilden die Rechtsvorschriften, die u. a. im Gesetzblatt zu finden sind.
- als *Text der Rechtsvorschriften* – der Rechtstext wird hierbei als die Art eines literarischen Werks verstanden, das interpretiert werden soll. Die Rechtssprache basiert also auf einer Sammlung der Rechtstexte, die mit Hilfe linguistischer Werkzeuge untersucht werden können. Andererseits steht dieser Ansatz im Widerspruch mit der heutigen Sprachwissenschaft, in der die Sprache ein Kommunikationsmittel ist und ein System von Regeln bildet, das charakteristisch für konkrete Sprecher und Hörer ist. Darüber hinaus sind Rechtstexte nicht als eine Sprache, sondern als das Produkt der Sprache zu verstehen (vgl. auch Brodziak, 2004: 64–65).
- als *Wortcode* – bei dieser Herangehensweise wird die Rechtssprache als ein System von konventionellen Zeichen betrachtet, das zur Übermittlung der Rechtsnormen dient. Die Aufgabe der Rechtsaulegung besteht darin, dass sie die Rechtsnormen, die in den Texten der Rechtsvorschriften vom Gesetzgeber codiert wurden, wiedergibt. Der verwendete Code bildet die Rechtssprache.

Die genannte Zusammenstellung von Malinowski kann um noch einen Blickpunkt ergänzt werden, und zwar um die Auffassung der Rechtssprache als fachlich geprägte Ausdifferenzierung der Umgangssprache, die von Opałek und Wróblewski (1969: 43–44) postuliert wird. Ihnen zufolge kann man das Wesen der Rechtssprache auf diese Weise verstehen, weil sie sich von der Umgangssprache nur durch semantische Merkmale der Ausdrücke unterscheidet (vgl. Siewert, 2010: 62).

Zieliński (1999: 57) hält jedoch diese Ansicht für inakzeptabel, denn erstens ist die Umgangssprache die gesprochene und die Rechtssprache weitgehend geschriebene Sprache, zweitens sind in juristischen Texten keine für die Umgangssprache charakteristischen Mittel zu finden. Per Definition vermeidet der Gesetzgeber z. B., Slogan-, Jargonausdrücke oder Vulgarismen.

Des Weiteren weist Malinowski (2006: 29) darauf hin, dass viele polnische Rechtstheoretiker wegen der Zweifel an der Existenz der Rechtssprache auf diesen Begriff völlig verzichten.

Auch in der deutschen Literatur gibt es mehrere Ansichten, die die linguistische Stellung der Rechtssprache bestimmen. Somit wird die Rechtssprache folgendermaßen verstanden (vgl. Siewert, 2010: 61–66):

- als *Kunstsprache* – zu Beginn der intensiven Forschung der Rechtssprache, wurde sie von Juristen als »stilisierte Kunstsprache« aufgefasst (Neumann-Duesberg, 1949: 121). Sie wird auf der Grundlage der natürlichen Sprache gebaut, wobei die rechtssprachliche Bedeutung einzelner Termini von ihrer Bedeutung in der natürlichen Sprache abweicht. Diese Ansicht ist aber heutzutage bestritten, weil Kunstsprachen dazu konstruiert werden, um mit eindeutigen Symbolen die natürliche, mehrdeutige Sprache zu ersetzen. Angesichts der Tatsache, dass die Rechtssprache auf der natürlichen basiert, kann sie als Kunstsprache nicht betrachtet werden.
- als *fachlich geprägte Ausdifferenzierung der natürlichen Sprache* – dieser Blickpunkt resultiert daraus, dass viele deutsche Juristen und einige Sprachwissenschaftler die Anerkennung der Rechtssprache als Fachsprache in Frage stellen (vgl. Kirchhoff, 1987: 5–6). Sie behaupten, dass die Terminologie der Rechtssprache von der der Gemeinsprache zwar abweicht, aber trotzdem kann sie als Sprache nur einer Berufsgruppe nicht verstanden werden. Sie soll nämlich dem ganzen Volk dienen und muss für das ganze Volk verständlich sein. Die Tatsache, dass die Abgrenzung der Rechtssprache von der Gemeinsprache auf Schwierigkeiten tritt, führ dazu, dass auch Lugder Hoffmann (1989) sie als keine Fachsprache, sondern lediglich als Ausdifferenzierung der natürlichen Sprache in Form von der Rechtsterminologie und dem juristischen Stil betrachtet.

> (…) dies berechtigt nicht, die Laienperspektive zur wissenschaftlichen zu machen und von einer eigenen Sprache zu reden, der Fachsprache des Rechts. Vielmehr sind Rechtsterminologie und juristischer Stil Ausdifferenzierungen der natürlichen Sprache, gebunden an spezifische Verwendungszusammenhänge (Hoffmann, 1989: 14 bei Sandrini, 1996: 12).

- als *Soziolekt*, also die Sprache einer abgrenzbaren Gruppe von Mitgliedern einer Gesellschaft – hier Juristen. Eine genauere Definition des Soziolekts gibt Löffler (1994) an:

> Wo immer eine nach sozialen, beruflichen, fachlichen, status- und ansehensbedingten Merkmalen gekennzeichnete Gruppe auch ein sprachliches Erkennungssymbol oder eine grammatisch-lexikalisch-intonatorische Varietät besitzt, sollen diese ›soziolektal‹ oder ›Soziolekt‹ heißen (Löffler, 1994: 126 bei Siewert, 2010: 63).

Die Auffassung der Rechtssprache als Soziolekt ist mit der in der polnischen Literatur vorkommenden generischen Sprache zu vergleichen. Wie bereits

erwähnt, weckt die Begrenzung der Rechtssprache ausschließlich auf die Berufsgruppe der Juristen Zweifel. Angesichts der Tatsache, dass die Kommunikation im Bereich des Rechtwesens auch unter Beteiligung der Laien (Gespräch vom Anwalt und seinem Mandanten, Verhandlung vor Gericht, Schriftstücke an Bürger etc.) erfolgt, kann diese Herangehensweise als zu eng betrachtet werden. Auch Mikołajczyk (2004: 31) definiert Soziolekte als »gruppen- und schichtspezifische Varietäten einer Gemeinsprache«, was davon zeugt, dass dieser Begriff besonders breit verstanden werden kann.
- als *Fachsprache* – mit der Anerkennung der Rechtssprache als Fachsprache hatte man in der deutschen Forschung bereits in den 1970er Jahren zu tun (vgl. Fuchs-Khakhar, 1987: 33). U. a. Daum (1981: 84) spricht sich eindeutig für die Anerkennung der Rechtssprache als Fachsprache aus, wegen der Tatsache, dass Juristen die gleiche Ausbildung haben, während deren sie mit einer einheitlichen Fachsprache arbeiteten. In allen Bereichen ihrer künftigen Tätigkeit (Gesetzgebung, Rechtsprechung, Rechtslehre) werden sie diese einheitliche Sprache weiterhin verwenden. Die Sprache ihrer Rechtspraxis bezieht sich auch weitgehend auf einheitliche Sprache der Gesetze. Auch Podlech (1975: 178) betont, dass die Existenz der Fachsprache Recht kaum bestritten ist. Dennoch gibt es einige Gründe, warum die Forscher der Rechtssprache den Status der Fachsprache verweigern. Die wichtigste Ursache ist zweifelsohne mit ihrer Nähe zur Gemeinsprache verbunden. Bereits im 18. und 19. Jh., als der Prozess der Eindeutschung lateinscher Termini stattfand, gewann man den Eindruck, dass die Rechtssprache ihren fachsprachlichen Charakter verlor, denn neue Termini wurden der deutschen Gemeinsprache weitgehend unmittelbar entnommen.

Aus den obigen Zusammenstellungen geht klar hervor, dass sowohl in der polnischen als auch in der deutschen einschlägigen Literatur eine erhebliche Diskrepanz herrscht. Die Sprach- und Rechtswissenschaftler sind sich über die linguistische Stellung der Rechtssprache nicht einig. Siewert (2010: 61) zufolge ist dies wahrscheinlich auf fehlende einheitliche Theorie der Fachsprachen in beiden Ländern zurückzuführen.

In dieser Arbeit wird trotzdem die Rechtssprache als die Fachsprache verstanden. Sie schöpft Lexik, Syntax und Grammatik aus der Gemeinsprache, zeichnet sich aber gleichzeitig durch das Vorkommen zahlreicher Fachtermini aus, basiert auf juristischen Fachtexten und dient als Kommunikationsmittel unter Fachleuten (bzw. Fachleuten und Laien) im Rahmen eines konkreten Fachgebiets.

Zum Schluss ist zu betonen, dass die Rechtssprachenforschung in letzten Jahrzehnten mit der Fachsprachenforschung weitgehend einhergeht. Zu Beginn beschränkte sich der Begriff der Rechtssprache ausschließlich auf systemlinguistische Auffassung. Bei der pragmalinguistisch orientierten Forschung wurde die Rolle der Rechtssprache als Kommunikationsmittel betont. Anschließend fokussierten die Untersuchungen im Rahmen der Kognitionslinguistik auf Rechtstexten, die in der ein- bzw. mehrsprachigen Fachkommunikation Anwendung finden. Gegenwärtig wird die Rechtssprache sogar mit ganzen Rechtsdiskursen identifiziert, denn laut der textwissenschaftlichen Forschung gibt es keine allgemeinen Kriterien der Rechtssprache, denen Texte verschiedener Rechtsdiskurse folgen könnten (vgl. Kęsicka, 2015b: 76, Siewert, 2010: 26).

Auch Lizisowa (2018: 39) betont die Notwendigkeit der Erforschung der Rechtssprache aus der Perspektive der Rechtsdiskurse. Gortych-Michalak (2013: 75–86) weist auf die Anwendung eklektischer Forschungsmethoden hin, die die Einbettung des Textes in die vom Gesetz, von der Rechtskommunikation und von der Verwirklichung der Intention des Gesetzgebers gebildete Wirklichkeit berücksichtigen (vgl. auch Lizisowa, 2018: 40).

Einen wichtigen Ansatz in polnischer Forschung zur Rechtssprache bildet aktuell die Behandlung ihrer übersetzungswissenschaftlichen Aspekte. Die Forschungsrichtungen beziehen sich u. a. auf schriftliche und mündliche Rechtsübersetzung, Gerichtsdolmetschen, beglaubigte Übersetzung oder Didaktik der Rechtsübersetzung- als Beispiel können hierbei Biel, Kielar, Kierzkowska, Siewert, Jopek-Bosiacka, Olpińska-Szkiełko, Zieliński, Szubert, Kołodziej, Kubacki, Żmudzki oder Małgorzewicz genannt werden[16].

In der gegenwärtigen deutschen Rechtslinguistik sind drei größte Forschungsrichtungen aufzuzählen. Zunächst sind das empirische Untersuchungen der Rechtskommunikation, die sich auf diskusorientierten und soziolinguistischen Aspekten konzentrieren (vgl. Siewert, 2010: 14, Szép, 2011: 175–197). Dann ist auf praktisch-semantische Analysen juristischer Probleme der Normtextbearbeitung und Auslegung von Normtexten hinzuweisen (vgl. Felder, Vogel, 2015: 367). Die dritte Richtung bildet die forensische Linguistik, in der der linguistischen Analyse verschiedene Daten (wie z. B. Erpresserbriefe, Bezichtigungen, Drohbriefe etc.) unterliegen, was Strafverfolgungsorgane auf den Täter der jeweiligen Straftat lenken soll (vgl. Felder, 2003: 16; Fobbe, 2011: 16; Siewert, 2010: 14).

2.2.2. Spezifik der Rechtssprache

Zu Beginn der Überlegungen über die Besonderheit der *Rechtssprache* ist es sinnvoll die von Oskaar (1979) erwähnte Anekdote zu zitieren.

16 Auf übersetzungswissenschaftliche Erforschung der Rechtssprache wird im weiteren Teil dieser Arbeit näher eingegangen.

> Vor mehr als 2000 Jahren ließ der Tyrann Dionysius von Syrakusa die Gesetze so hoch aufhängen, daß sie kein Bürger lesen konnte. Hegel vergleicht in seiner Rechtsphilosophie dieses Unrecht mit der Tatsache, daß das Recht seiner Gestalt nach nur denen zugänglich gemacht wird, die sich – wie er es ausdrückt – gelehrt darauf legen. Heute kann jeder Bürger, wenn er will, alle Gesetze lesen, es scheint jedoch, daß sich seit Dionysius im Prinzip nicht viel geändert hat: sind nicht Gesetze auch heute noch zu hoch aufgehängt, und zwar auf der Abstraktions- und Begriffsleiter der Sprache (Oskaar, 1979: 100)?

Theoretisch lässt sich nicht leugnen, dass die Sprache des Rechts klar und für alle Menschen verständlich sein sollte, insbesondere wegen des Prinzips *ignoratio iuris nocet* (*Rechtsunkenntnis schadet*). Niemand kann sich doch der Verantwortung wegen der Unkenntnis des geltenden Rechts entziehen, deswegen soll jeder Bürger in der Lage sein, Rechtstexte zu verstehen (vgl. Kielar, 2009: 49).

Dies ist auch rechtlich geregelt. Thormann und Hausbrand (2016: 23) betonen, dass Gesetzestexte (gemäß § 42 Abs. 5 GGO[17]) »möglichst für jedermann verständlich« formuliert werden sollen. Soweit die Theorie. In Hinsicht auf die Spezifik der Rechtssprache sieht die Wirklichkeit oft anders aus.

Die Rechtssprache zeichnet sich durch eine ganze Reihe von Merkmalen aus, die endgültig dazu beitragen, dass sie – vor allem für Laien, die paradoxerweise von Rechtsfragen auf jeden Schritt und Tritt betroffen werden – als weitgehend unverständlich erscheint.

Pieńkos (1999: 71) nennt die Eigenschaften der Rechtssprache, die sich gleichzeitig mit den Merkmalen der Fachsprachen decken. Zu ihnen gehören: Knappheit, Präzision, Depersonalisierung des Verfassers einer Aussage und das Vorkommen von Termini in Form von Substantiven.

Zu den wichtigsten charakteristischen Merkmalen der Rechtssprache auf der lexikalischen, syntaktischen und stilistischen Ebene gehören nach Siewert (2010: 65–66) und Hoffmann (1989: 14–15, bei Sandrini, 1996: 12):

- auf lexikalischer Ebene:
  - Termini, die nur zum Fachgebiet des Rechtswesens gehören und die nur in diesem Zusammenhang verständlich sind, z. B. *juristische Person*, *Rechtsverhältnis*,
  - Nutzung von Archaismen und Formeln, z. B. *Treu und Glauben*, *Grund und Boden*,
  - gemeinsprachliche Ausdrücke mit modifizierter fachsprachlicher Bedeutung, z. B. *Mensch*, *Kind* (vgl. auch Pieńkos, 1999: 67),
  - nicht idiomatische Ausdrücke der Gemeinsprache, denen idiomatische Bedeutung zugewiesen wird, z. B. *fristlose Kündigung*, *Klage erheben*,

17 Gemeinsame Geschäftsordnung der Bundesministerien.

  - Wortverbindungen, die einem durchschnittlichen Sprachbenutzer ungewöhnlich und unverständlich erscheinen, z. B *verhaftete Gegenstände*, *positive Vertragsverletzung*,
  - Vermeidung von Fremdwörtern durch ihre Eindeutschung, selbst dort, wo Fremdwörter in der Gemeinsprache gebräuchlicher sind, z. B. *Telefon – Fernsprecher*,
  - Bevorzugung von Substantiven,
  - Verwendung generalisierender Ausdrücke zur Angabe von Geltungsbereichen,
  - Verwendung von Metaphern, z. B. *der Anspruch geht unter*, *das Recht erwächst/erlöscht*, *das Gesetz tritt in Kraft* (vgl. Oskaar, 1979: 106),
  - ein – im Vergleich mit anderen Fachsprachen – hohes Maß an veralteter Lexik, z. B. die *e*-Endungn im Dativ der Maskulina und Neutra: *im Sinne*, *im Konkurse* (vgl. Shemy, 2020: 102),
- auf syntaktischer Ebene:
  - extensive Nutzung solcher syntaktischen Konstruktionen wie Satzperiode, Häufung von Attributen – insbesondere von Genitivattributen, Präpositionalgruppen, Relativsätze, die zur Erreichung des erwünschten Maßes an Präzision dienen,
  - konditionale Konstruktionen und Negationen zum Ausdruck von Einschränkungen und Bedingungen,
  - Gebrauch unpersönlicher Ausdrücke (Passiv, Indefinitpronomen etc.), um Sprecher/Autor und Hörer/Leser zurücktreten zu lassen,
  - Nominalstil,
- auf stilistischer Ebene:
  - Vermeidung von Synonymen und Umformulierungen,
  - Wortwiederholungen, weitgehender Verzicht auf Weglassung zugunsten von referentieller Eindeutigkeit,
  - Gefühlneutralität und emotionslose Sachlichkeit[18].

Als Beispiel der syntaktischen Kompliziertheit der Rechtssprache kann folgende bekannte, durch das Reichsgericht formulierte Definition des Begriffs *Eisenbahn* genannt werden.

> Ein Unternehmen, gerichtet auf wiederholte Fortbewegung von Personen oder Sachen über nicht ganz unbedeutende Raumstrecken auf metallener Grundlage, welche durch ihre Konstistenz [sic!], Konstruktion und Glätte den Transport großer Gewichtsmassen beziehungsweise die Erzielung einer verhältnismäßig bedeutenden Schnelligkeit der Transportbewegung zu ermöglichen bestimmt ist und durch diese Eigenart in Ver-

18 Zur obigen Zusammenstellung siehe auch Dieckmann (1975), Daum (1981), Joisten (1981), Oskaar (1988, 1989), Neumann (1992), bei Siewert (2010: 65).

bindung mit den außerdem zur Erzeugung der Transportbewegung benutzten Naturkräften (Dampf, Elektrizität, tierischer oder menschlicher Muskeltätigkeit, bei geeigneter Ebene der Bahn auch schon durch eigene Schwere der Transportgefäße und deren Ladung usw.) bei dem Betriebe des Unternehmens auf derselben eine verhältnismäßig gewaltige (je nach den Umständen nur in bezweckter Weise nützliche oder auch Menschenleben vernichtende und die menschliche Gesundheit verletzende) Wirkung zu erzeugen fähig ist. (Entscheidungen in Zivilsachen, Bd. 1, 247, Definition des Reichsgerichts für den Begriff der *Eisenbahn* im Haftpflichtgesetz bei Oskaar, 1979: 103)

Die Anhäufung der grammatischen Konstruktionen, die aus der Tatsache resultieren, dass diese Definition aus nur einem Satz besteht, bildet für Laien eine beträchtliche Herausforderung bei der Rezeption dieses Textes. Dies geschieht, obwohl sie sich eigentlich ausschließlich dem gemeinsprachlichen Wortschatz bedient und auch kein abstraktes Objekt der außersprachlichen Wirklichkeit beschreibt.

Neben den genannten Eigenschaften, aus denen die Kompliziertheit und zumindest partielle Unverständlichkeit der Rechtssprache hervorgeht, weist Siewert (2010: 72–73) auf noch ein Phänomen dieser Sprachvarietät hin. Die Rechtssprache erfüllt gleichzeitig sozialregulative Funktion und Funktion, die aus ihrem Staus als Fachsprache resultiert. Dies hat zur Folge, dass sie oft ganz konträren Anforderungen gewachsen sein muss.

Tabelle 3. Funktionen der Rechtssprache. Quelle: Siewert, 2010: 73, Fettdruck A.P.

	Rechtssprache	
Funktion als Fachsprache		**sozialregulative Funktion**
- **Fachlichkeit** (Präzision, Eindeutigkeit und Ausdrucksökonomie)	↔	- **Allgemeinverständlichkeit** (Geltung des Rechts für die gesamte Rechtsgemeinschaft)
- **Abstraktion** (Abdeckung möglichst vieler Fälle)	↔	- **Detailliertheit** (Regelung von Ausnahmen, Einzelfällen, Härtefällen)
- **Präzision** (Genaue Festlegung der Rechtsnormen)	↔	- **Unbestimmtheit** (Sicherung der Geltung des Rechts über längere Zeiträume je nach den jeweils herrschenden Verhältnissen)
- **Konservatismus** (Aufrechterhaltung der bestehenden Rechtsordnung und der Rechtsgleichheit)	↔	- **Flexibilität** (Anpassung an die sich ständig wandelnde gesellschaftliche Wirklichkeit)

Bei der Bearbeitung der Charakteristik von der Rechtssprache ist es von Belang, ihre semantische Nähe zur Gemeinsprache und die zwischen ihnen bestehende Wechselbeziehung – was bei anderen Fachsprachen viel seltener der Fall ist – anzusprechen. Auf die Verflechtung der Rechts- und der Gemeinsprache weist u. a. Oskaar (1979) hin:

> Die juristische Fachsprache, die Rechtssprache, unterscheidet sich von mancher anderen Fachsprache vor allem dadurch, daß sie Ausdrücke enthält, die der Form nach mit denen der Gemeinsprache übereinstimmen, auf der Inhaltsebene aber von der semantischen Struktur der Gemeinsprache abweichen können (Oskaar 1979: 101).

Aus dem angeführten Zitat geht klar hervor, dass die Rechtsbegriffe polyseme (gleichzeitig juristische und gemeinsprachliche) Bedeutung haben können, was zahlreiche Schwierigkeiten bei der Interpretation der Rechtstexte bereiten kann[19].

Es gibt natürlich eine Fülle von Fachbegriffen, die allgemeinverständlich sind und auch von Nicht-Juristen ohne weiteres entschlüsselt werden können. Wenn man als Beispiel den Begriff *Rechtsverletzung* in Betracht zieht, kann man annehmen, dass die Laien ihn mehr oder weniger als *Verletzung geltenden Rechts* verstehen, ohne den breiteren juristischen Kontext zu brauchen (vgl. Eckardt, 2000: 26).

Eine wesentliche Gruppe bilden Begriffe, die gleichzeitig in der Gemein- und Rechtssprache auftreten. Lexeme wie *das Kind* oder *die Entscheidung* gehören zweifelsohne zum gemeinsprachlichen Wortschatz, erst wenn sie um entsprechendes qualifizierendes Adjektiv ergänzt werden, erhalten sie die fachsprachliche Bedeutung, z. B. *uneheliches Kind*, *gerichtliche Entscheidung* (vgl. Pieńkos, 1999: 67).

An dieser Stelle ist auf eine Inkonsequenz hinzuweisen, die manchmal für die Rechtssprache charakteristisch ist und zahlreiche Interpretationsprobleme mit sich bringt. Die Bedeutung eines Terminus kann je nach der Rechtsnorm, in der er vorkommt, variieren, weil er von verschiedenen Gesetzen unterschiedlich definiert wird. Bis 1969 galten laut § 1589 BGB[20] der Vater und sein uneheliches Kind als nicht verwandt, doch im Strafrecht (§ 173 StGB[21]) gelten sie seit jeher als verwandt. Für Laien, insbesondere für Biologen, kann dieser Unterschied in der Auffassung des Begriffs der Verwandtschaft einfach unverständlich sein (vgl. Oskaar, 1979: 102).

Ein anderes Beispiel, wo sich die Bedeutung desselben Terminus je nach dem Rechtsgebiet unterscheidet, bildet das *Verbundurteil.* Wenn er im Strafrecht

19 Zum unten erörterten Thema der Mehrdeutigkeiten im Bereich der deutschen Rechtssprache – siehe Pietrzak (2018).

20 Deutsches Bürgerliches Gesetzbuch.

21 Deutsches Strafgesetzbuch.

auftritt, ist er ins Polnische als *wyrok łączny* und im Zivilrecht als *wyrok rozwodowy z orzeczeniem dotyczącym spraw okołorozwodowych* zu übersetzen. Auch dem polnischen *wyrok zoaczny* entspricht einerseits im Zivilrecht das *Versäumnisurteil* und im Strafrecht das *Urteil in Abwesenheit des Angeklagten* (vgl. Kubacki, 2009b: 83).

Andererseits ist hierbei anzumerken, dass das scheinbar völlig nachvollziehbare Wort *Kind* auch durch Gesetze definiert wird, was verursacht, dass der Laie ohne Rechtskenntnis es nicht hundertprozentig korrekt versteht. Er könnte nämlich falsch annehmen, dass es sich bei einer 15-jährigen Person um ein Kind handelt, weil sie die Volljährigkeit noch nicht erreichte. Doch nach dem Jugendschutzgesetz:

»1. sind Kinder Personen, die noch nicht 14 Jahre alt sind,
2. sind Jugendliche Personen, die 14, aber noch nicht 18 Jahre alt sind« (Abschnitt 1 §1 (1) JuSchG).

Eine wichtige Gruppe bilden Termini, die dieselbe Form sowohl in der Gemein- als auch in der Rechtssprache haben, aber ihre Bedeutungen sich voneinander signifikant unterscheiden – um sie korrekt zu verstehen, muss der Empfänger über konkrete Rechtskenntnisse verfügen. Diese Mehrdeutigkeit der Rechtssprache kann ein bedeutendes Hindernis im Interpretationsprozess der Rechtstexte von Laien verursachen. Die Beispiele dieser Erscheinung bilden folgende Termini (vgl. Pietrzak, 2018: 140):

<u>Erinnerung:</u>
- Bedeutung in der Gemeinsprache: Fähigkeit, sich zu erinnern; bewusstes Wiederhervorbringen von Vergangenem, Erlebtem, im Gedächtnis bewahrter Eindruck,
- Bedeutung in der Rechtssprache: Rechtsbefehl gegen Entscheidungen und Maßnahmen von Justizbehörden (vgl. Olpińska, 2009: 83).

<u>Frucht:</u>
- Bedeutung in der Gemeinsprache: pflanzliches Produkt, Ertrag, Ergebnis,
- rechtssprachliche Bedeutung: Erzeugnis einer Sache (z. B. eines Grundstücks) und sonstige aus ihr gewonnene Ausbeute, z. B. Äpfel (vgl. Olpińska, 2009: 83).

<u>Haftung:</u>
- Bedeutung in der Gemeinsprache: Haften, Verbindung, Kontakt,
- Bedeutung in der Rechtssprache: Verantwortung für den Schaden eines anderen (vgl. Stawikowska-Marcinkowska, 2020: 111).

An dieser Stelle soll ebenfalls auf das Phänomen hingewiesen werden, dass derselbe Terminus in der Gemein-, Rechtssprache aber auch in anderen Fachsprachen gleichzeitig vorkommt und überall differente Bedeutung hat, so ist er als der interfachliche Begriff zu verstehen (vgl. Flinz, 2019: 7), z. B.:

Konstitution:
- Sprache des Rechts: Verfassung, Satzung.
- Sprache der Medizin: Summe aller angeborener Eigenschaften, Körperbau.
- Sprache der Chemie: Aufbau eines Moleküls.
- Sprache der Religion: päpstlicher Erlass, Beschluss eines ökumenischen Konzils in Glaubenssachen (Olpińska, 2009: 83).

Bei der Behandlung der charakteristischen Eigenschaften der Rechtssprache auf der terminologischen Ebene ist auf Begriffe zu verweisen, die in der Gemeinsprache synonyme Bedeutung haben und im juristischen Kontext relevante Unterschiede aufweisen.

Ein anschauliches Beispiel dafür bildet das Paar *Leihe* und *Darlehen.* In der Gemeinsprache sind sie mit *etwas geliehenem* verbunden und können von Laien als mehr oder weniger Synonyme betrachtet werden. In der juristischen Fachsprache bedeutet *Leihe* unentgeltliche Gebrauchsüberlassung. Dies definiert § 598 BGB: »Verleiher einer Sache [ist] verpflichtet, dem Entleiher den Gebrauch der Sache unentgeltlich zu gestatten«. Also wenn jemand einen Leihwagen nimmt, kann man nicht sagen, dass er leiht, sondern mietet, denn er ist zur Zahlung eines bestimmten Entgelts verpflichtet (vgl. § 535 II BGB). Nach dem Ablauf des Leihvertrages soll der Entleiher dieselbe Sache zurückgeben. Wenn jemand aber vom Nachbar ein paar Eier fürs Kuchenbacken leiht, ist das keine *Leihe*, sondern das *Darlehen* (vgl. § 607 Abs. 1 BGB), denn er ist nicht im Stande, nach dem Gebrauch dieselben Eier zurückzugeben (vgl. Arntz, Picht, Mayer, 2002: 214, Neumann, 1992: 110–111, bei Stawikowska-Marcinkowska, 2020: 62).

Auch das Paar *Genehmigung* und *Einwilligung* veranschaulicht die angesprochene Erscheinung. Obwohl sie in der Gemeinsprache als Synonyme gelten können, bedeutet *Genehmigung* in der Rechtssprache eine nachträgliche und die *Einwilligung* eine vorherige Zustimmung (vgl. Stawikowska-Marcinkowska, 2020: 62).

Obwohl sich die ideale Rechtssprache durch Schlichtheit und Allgemeinverständlichkeit auszeichnen sollte, bereiten die genannte Polarität der Gemein- und Rechtssprache, die Mehrdeutigkeit der juristischen Terminologie sowie die Kompliziertheit vom Aufbau der rechtssprachlichen Fachtexte wesentliche Schwierigkeiten nicht nur bei dem Verstehen und der korrekten Interpretation der in der Rechtssprache formulierten Texte, sondern widerspiegeln sich auch äußerst deutlich in Hindernissen, die bei der Übersetzung der Rechtstexte in eine andere Sprache auftauchen[22].

22 Auf andere Merkmale der Rechtssprache, die besonders deutlich bei der Übersetzung der juristischen Fachtexte zum Vorschein kommen, wird in dem den Übersetzungen gewidmeten Kapitel hingewiesen.

3. Rechtsübersetzung

3.1. Zum Begriff der Übersetzung

Das Funktionieren jeder Gesellschaft basiert auf der Kommunikation zwischen ihren Mitgliedern, welche den Austausch von Gedanken, Übermittlung von Anweisungen oder Weitergabe von Informationen möglich macht. Dies erfolgt mit Hilfe semiotischer Systeme – einerseits vor allem der Sprache, andererseits auch anderer Zeichensysteme, wie Brailleschrift, Piktogramme oder Gebärdensprache (vgl. Kvam at al., 2018: 9).

In der globalen Perspektive erfolgt die zwischenmenschliche Kommunikation über Sprach-, Kultur-, aber sogar auch Sinnesgrenzen (in der Kommunikation mit Blinden oder Gehörlosen) hinweg. In allen diesen Situationen ist entweder der Einsatz eines Dritten (*Übersetzer*, *Dolmetscher*, *Sprachmittler*) oder eine zusätzliche Handlung (*Übersetzen*, *Dolmetschen*, *Sprachmitteln*) erforderlich (vgl. Kvam at al., 2018: 9).

Im Zusammenhang damit geht Stolze (2005: 13) von der Annahme aus, dass Dolmetschen[23] und Übersetzen seit immer zur Überwindung der Sprachbarrieren in verschiedenen Situationen: im wirtschaftlichen oder politischen Verkehr, bei territorialen Expansionen und beim Reisen diente. Er betont ihre wesentliche Rolle bei der Übermittlung von Wissenschaft, Religion, Literatur und Philosophie.

Die Auffassung vom Wesen des Begriffs der Übersetzung ist nicht einheitlich, was sich in folgenden Definitionen deutlich widerspiegelt.

In der Brockhaus Enzyklopädie (1974) wurde die *Übersetzung* folgendermaßen definiert:

---

23 Sowohl das deutsche Lexem *dolmetschen* als auch das polnische *tłumaczyć* haben wahrscheinlich ihren Ursprung im 2. Jahrhundert vor Christus in der Mitannissprache (*talami*), wovon das nordtürkische Wort *tilmaç* (Mittelsmann, der die Verständigung von zwei Parteien, die verschiede Sprachen sprechen, möglich macht) stammt. Es gelangt über das Magyarische ins Mittelhochdeutsche als *tolmetsche* (vgl. Stolze, 2005: 14, Kluge, 1975: 137, Pieńkos, 2003: 18).

> die Übertragung von Gesprochenem oder Geschriebenem aus einer Sprache (Ausgangssprache) in eine andere (durch einen Übersetzer oder Dolmetscher). Dabei ist die Gefahr einer Bedeutungsverschiebung dort am geringsten, wo die Wiss. bereits durch eine einheitl. Terminologie die beste Vorarbeit für eine Ü. geleistet hat: die eindeutige Zuordnung der Wörter zu den gemeinten Sachen oder Vorstellungen. (...) Freie Ü. oder Nachdichtung ist der Versuch, das Original im anderen sprachlichen Medium gleichsam neu zu erschaffen (Brockhaus, 1974: 562, bei Stolze, 2005: 13).

Albrecht (2000: 512) versteht sie auf folgende Art und Weise:

> Übersetzung, in ihrer allgemeinsten Ausprägung die Wiedergabe der unter den gegebenen Umständen für mitteilenswert gehaltenen Aspekte eines an eine vorgegebene sprachliche Ausdrucksform (Ausgangssprache) gebundenen Inhalts mit Hilfe einer anderen sprachlichen Ausdrucksform (Zielsprache) (Albrecht, 2000: 512, bei Albrecht, 2005: 26).

In Meyers Enzyklopädischem Lexikon (1979) wurde zusätzlich zwischen dem Übersetzen und Dolmetschen unterschieden:

> Die Übersetzung ist die Wiedergabe eines Textes in einer anderen Sprache. Sie ist Form der schriftlichen Kommunikation über Sprachgrenzen hinweg im Gegensatz zur aktuellen mündlichen Vermittlung des Dolmetschers (Meyers Enzyklopädisches Lexikon, 1979: 76, bei Stolze, 2005: 13).

Selbst die Vielfältigkeit der Bezeichnungen, die sich auf die Leistung des Übersetzers beziehen, wie *Übertragung*, *Nachdichtung*, *Wiedergabe* oder *Form der Kommunikation* zeugen vom Mangel an einer einheitlichen Auffassung der *Übersetzung*.

Auf die oben erwähnte Differenzierung zwischen *Dolmetschen* und *Übersetzen* hat Otto Kade in seiner bekannten Definition hingewiesen:

> Wir verstehen daher unter Übersetzen die Translation eines fixierten und demzufolge permanent dargebotenen, bzw. beliebig oft wiederholbaren Textes der Ausgangsprache in einen jederzeit kontrollierbaren und wiederholt korrigierbaren Text der Zielsprache.
>
> Unter Dolmetschen verstehen wir die Translation eines einmalig (in der Regel mündlich) dargebotenen Textes in der Ausgangssprache in einen nur bedingt kontrollierbaren und infolge Zeitmangels kaum korrigierbaren Text der Zielsprache (Kade, 1968: 35).

Reiß und Vermeer (1991: 8) ergänzen im Anschluss an Kade, dass *Übersetzen* solch eine Translation ist, bei der der Ausgangs- und der Zieltext präsent bleiben und das Resultat der Handlung des Übersetzers von ihm korrigierbar bleibt, was in schriftlich fixierten Texten der Fall ist. Demgegenüber ist Dolmetschen als eine solche Translation zu verstehen, in der das Resultat der Handlung nicht korrigierbar bleibt, weil Ausgangs- oder/und der Zieltext nur mündlich existieren.

Auch Stolze (2005: 15) hebt hervor, dass mündliche Übersetzung als Dolmetschen bezeichnet werden soll. Er nennt auch verschiedene Varianten dieser

Übersetzungsart, z.B. *Simultandolmetschen* (anders *Kabinendolmetschen* genannt), *Konsekutivdolmetschen* (die Rede ist anzuhören, der Inhalt zu merken und dann in der Zielsprache wiederzugeben) und *Verhandlungsdolmetschen* (die Rede ist dialogisch zu dolmetschen). Von besonderer Relevanz ist in heutiger Zeit das *Kommunaldolmetschen*, das als die Sprachmittlung für Ausländer bei staatlichen Behörden zu verstehen ist.

Tomaszkiewicz (1999: 77) weist neben den schriftlichen und mündlichen Übersetzungen auch auf die Existenz der Mischtypen auf, die sich an der Grenze zwischen Dolmetschen und Übersetzen befinden, wie das *Blattdolmetschen* (oder *Vom-Blatt-Übersetzen*), wo die Wiedergabe des Textes in der Zielsprache fast parallel mit der Aufnahme des gelesenen Ausgangstextes erfolgt.

Reiß und Vermeer (1991: 6) betonen, dass der u. a. in der Definition von Kade vorkommende, von der Leipziger Schule übernommene Begriff *Translation* den Oberbegriff für *Dolmetschen* und *Übersetzen* bildet.

Andererseits bemerken Kvam et al. (2018: 12–13), dass das *Übersetzen* und *Dolmetschen* im heutigen Sprachgebrauch, außer dem wissenschaftlichen Diskurs häufig synonym verwendet werden.

Jäger (1975: 36) geht in seiner Definition davon aus, dass die Sicherung der Kommunikation das Wesen der Translation bildet.

> Wesen der Translation besteht darin, die Kommunikation zu sichern, und zwar auf die spezielle, sie von der heterovalenten Sprachmittlung abgrenzende Weise, daß der kommunikative Wert eines Textes z.B. einer Sprache L_A bei der Umkodierung in beispielsweise eine Sprache L_B erhalten bleibt, so daß L_A-Text und L_B-Text kommunikativ äquivalent sind. Das Wesen der Translation – wie der Kommunikation überhaupt – liegt somit im Extralinguistischen, im linguistischen (sprachlichen) Bereich vollzieht sich aber die Translation: Sie ist in ihrer Erscheinungsform ein sprachlicher Prozeß, bei dem einem Text einer Sprache L_A ein Text einer Sprache L_B zugeordnet wird, der dem Text der Sprache L_A kommunikativ äquivalent ist (Jäger, 1975: 36, bei Pieńkos, 2003: 22).

Lukszyn definiert im Thesaurus der translatorischen Terminologie (1993) den polnischen Begriff *tłumaczenie* auf zweierlei Weise – als einen Prozess und als das Resultat dieses Prozesses (vgl. auch Wojtasiewicz, 2007: 18).

> Übersetzung [ist] ein linguistisches Verfahren, das auf der Ersetzung des Textes in der Ausgangssprache durch den Text in der Zielsprache unter Berücksichtigung von Äquivalenzbeziehungen, beruht (Lukszyn 1993: 349–350, Übers. A.P.).

Als deutsche Entsprechungen des so aufgefassten Begriffs *tłumaczenie* nennt er *die Übersetzung, die Übertragung, das Übersetzen* und *das Übertragen* (vgl. Lukszyn, 1993: 350). Als polnische Synonyme dagegen gelten hierbei *przekład* und *translacja* (vgl. Lukszyn, 1993: 252, 375).

In der zweiten Definition wird *tłumaczenie* als »der Text, der im Resultat des eingesetzten Übersetzungsverfahrens entsteht« verstanden (Lukszyn, 1993: 350, Übers. A.P.).

Lukszyn (1993: 350) zufolge gehören zu polnischen Synonymen der zweiten Auffassung von *tłumaczenie: przekład* und *translat*, die deutschen Entsprechungen bilden Begriffe *die Übersetzung* und *der ZS-Text.*

Reiß und Vermeer (1991: 11) fügen hinzu, dass das Ergebnis des Übersetzungsprozesses auch als *das Translat* bezeichnet wird.

Pieńkos (2003: 17–18) stellt vier Definitionen des Begriffs der *Übersetzung* dar:

1. Übersetzung als das Resultat der Handlung des Übersetzers, also der Text, der aus einer Sprache in eine andere Sprache übertragen wurde.
2. Übersetzung als die Tätigkeit oder eine Reihe von Tätigkeiten, also eine intellektuelle Operation, die auf der Formulierung einer im Ausgangstext enthaltenen Nachricht beruht.
3. Übersetzung als translatorische Praxis, also Sammlung von Regeln und Erfahrungen in der gesamten Übersetzungstätigkeit.
4. Übersetzung als Vergleich von zwei Sprachen.

In Anbetracht der oben dargelegten Blickpunkte und Definitionen wird in der vorliegenden Arbeit die Terminologie im genannten Bereich folgendermaßen systematisiert:

- der Prozess der Translation wird als *die Übersetzung*, *das Übersetzen* oder *das Dolmetschen* bezeichnet,
- das Resultat der Handlung des Übersetzers wird als *die Übersetzung* oder *das Translat* bezeichnet,
- *die Translation* gilt als Oberbegriff für *Übersetzen* und *Dolmetschen*,
- *das Dolmetschen* bezieht sich auf mündliche Translation, *das Übersetzen* bzw. *die Übersetzung* dagegen vor allem auf schriftliche Translation, wobei es auch als mündlich fixierte Form der Translation (evtl. auch mit expliziter Anmerkung *mündliche Übersetzung*), im Gegensatz zur nicht akzeptablen Kollokation *schriftliches Dolmetschen*, verstanden werden kann,
- derjenige, der dolmetscht wird *der Dolmetscher* und derjenige der (mündlich oder schriftlich übersetzt) *der Übersetzer* bzw. *der Translator* genannt.

Der Übersetzungsvorgang findet im Rahmen eines Übersetzungsmodells statt. Schematisch kann er auf folgende Weise abgebildet werden (vgl. Kielar, 2013: 7).

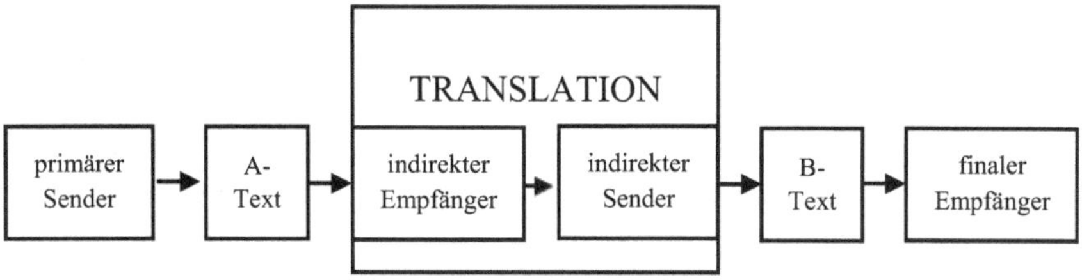

Abbildung 2. Translationsmodell von Grucza. Quelle: Grucza, 1998, bei Małgorzewicz, 2015: 76.

Zu den bekanntesten Typen der Modelle, die den Übersetzungsprozess beschreiben, gehören nach Albrecht (2005: 27):
- abstrakt-statische Modelle – dargestellt werden Faktoren und Relationen, die an der Übersetzung beteiligt sind, wobei der reale Übersetzungsvorgang in Erwägung nicht gezogen wird,
- konkret-dynamisch-psychologische Modelle – der dargestellte Vorgang modelliert den realen Übersetzungsvorgang, d. h. er bildet ab, »was in Köpfen von Übersetzern vorgeht« (vgl. auch Krings, 1986b).

Albrecht (2005: 27–28) erarbeitete das Modell des Übersetzungsvorgangs, das eine Kombination der oben genannten Typen bildet und auf wohlvertrauten Begriffen der Kommunikationstheorie basiert.

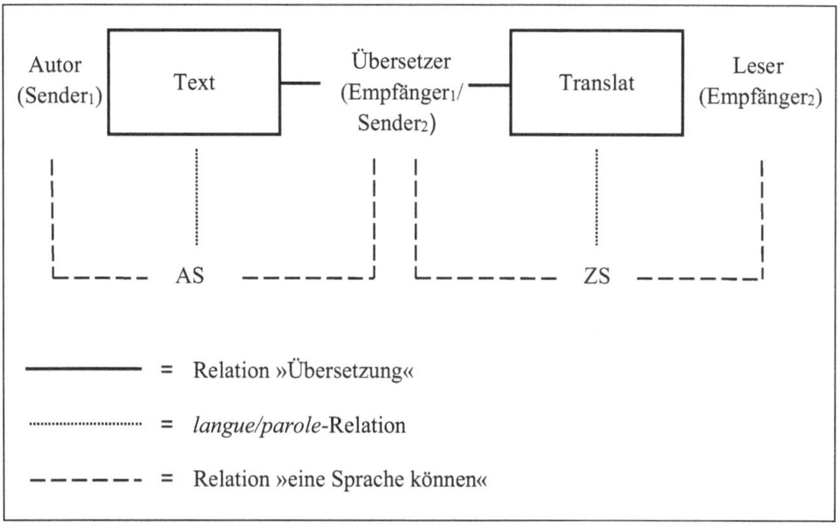

Abbildung 3. Modell des Übersetzungsvorgangs von Albrecht. Quelle: Albrecht, 2005: 27.

Das angeführte Modell fokussiert auf Relationen zwischen Elementen des Übersetzungsvorgangs. Der Sender einer Nachricht hat eine Ausdrucksintention, da er aber nicht frei kommunizieren kann, teilt er sich mit Hilfe des Sprachmittlers (d. h. des Übersetzers) mit. Der Übersetzer entschlüsselt die Nachricht in der Ausgangssprache und verschlüsselt sie erneut in der Zielsprache, wodurch er de facto zum Sender_2 wird. Damit dies möglich ist, müssen im Kopf des Übersetzers drei Phasen ablaufen: die Phase des Verstehens (in der der Übersetzer sein ganzes linguistisches und außerlinguistisches Wissen mobilisiert, um gelesene, gesehene oder gehörte Zeichen wahrzunehmen), die Phase der Deverbalisierung (in der der Übersetzer den Sinn erkennt) und die Phase der erneuten Expression (in der der Übersetzer das Translat konstruiert, d. h. den erkannten Sinn mit den linguistischen Mitteln übermittelt, die ihm die Zielsprache zur Verfügung stellt). Letztendlich gelangt die ursprüngliche Nachricht zum Empfänger in Form des Translats (vgl. Albrecht, 2005: 28–29, Pisarska, Tomaszkiewicz, 1998: 80). Es muss hierbei hervorgehoben werden, dass dieses Schema nur eine Skizze des Übersetzungsvorgangs ist, in der die Elemente wie Ausgangs- und Zielkultur, die bei der Rechtsübersetzung eine entscheidende Rolle spielen, weggelassen wurden.

Der genannte schematische Übersetzungsvorgang kann auf verschiedenem Wege erfolgen. Zu differenzieren sind hierbei die interlinguale, intralinguale und 1959 von Jakobson eingeführte intersemiotische Übersetzung (vgl. Kvam et al., 2018: 9).

Unter interlingualen Übersetzung ist die am häufigsten auftretende Form der Translation, also die Translation zwischen verschiedenen Sprachsystemen (Sprachen) zu verstehen (vgl. Kvam et al., 2018: 9). Auch die vorliegende Arbeit beschäftigt sich mit dieser Art der Übersetzung.

Die intralinguale Übersetzung erfolgt im Bereich ein und desselben Sprachsystems, z. B. von einer Sprachstufe in eine andere (vom Althochdeutschen ins Neuhochdeutsche oder vom Dialekt in die Standardsprache) (vgl. Stolze, 2005: 14). Von der interlingualen Übersetzung spricht man auch, wenn ein fachsprachlicher Text in eine einfachere, für Laien verständliche Version »übertragen« wird. Als Beispiel können ein komplizierter medizinischer Text und dessen vereinfachte Version zur Information des Patienten dienen. Dabei wird die fachsprachliche Terminologie durch den allgemeinsprachlichen Wortschatz ersetzt (vgl. Koller, 2011: 79).

Als intersemiotische Übersetzung wird die Translation von einem (sprachlichen bzw. nichtsprachlichen) Zeichensystem in ein anderes betrachtet. Beispiele dieser Translationsart können die Wiedergabe einer Gebrauchsanleitung in graphischer Form, die Umkodierung eines Textes ins Morsealphabet oder die Übermittlung von Informationen, Verbote oder Warnungen mittels Piktogrammen bilden (vgl. Tomaszkiewicz, 2006: 86–96).

Als Zusammenfassung der obigen übersetzungswissenschaftlichen und rein terminologischen Betrachtungen soll festgestellt werden, dass den Gegenstand dieser Arbeit das polnische Strafgesetzbuch und dessen drei deutsche Translate bilden, die in Folge drei Übersetzungsprozesse im Rahmen der interlingualen Übersetzung entstanden.

Zum Schluss ist noch auf die Bezeichnung der Wissenschaft hinzuweisen, deren Gegenstand sowohl der Übersetzungsvorgang als auch Translate, also fertige Umsetzungsprodukte, bilden.

In der polnischen einschlägigen Literatur spricht man von *translatoryka* (u. a. Grucza), *przekładoznawstwo* (u. a. Wojtasiewicz, Lebiedziński, Pieńkos, Dąmbska-Prokop), *translatologia* oder *trauduktologia* (Pisarska, Tomaszkiewicz, Krysztofiak), *nauka o przekładzie* (Urbanek) (vgl. Urbanek, 2007: 327).

Im deutschen Sprachraum haben sich die Bezeichnungen *Translationswissenschaft*, *Translatorik*, *Translatologie* und *Übersetzungswissenschaft* durchgesetzt, wobei der letzteren manchmal vorgeworfen wird, dass sie das Dolmetschen ausschließt. In Anbetracht der Tatsache, dass in dieser Arbeit unter Übersetzung sowohl schriftliche als auch mündliche Translation verstanden werden kann, umfasst die Übersetzungswissenschaft konsequent das Übersetzen und Dolmetschen (vgl. Prunč, 2002: 9–13).

Da die genannten polnischen und deutschen Bezeichnungen der besprochenen Wissenschaft weitgehend ähnliche Bedeutung haben, werden sie auch in der vorliegenden Arbeit synonym verwendet.

3.2. Abriss der Forschung zur (Rechts)übersetzung in Deutschland und in Polen

Die ältesten erhaltenen Übersetzungen stammen aus dem 3. Jahrtausend v. Ch. (altbabylonische religiöse Inschriftentafeln), in dieser Periode domminierten Übersetzungen erster wissenschaftlicher, administrativer Texte und religiöser Literatur. Dies hatte zur Folge, dass auch die Translationswissenschaft ihren Ursprung in der Antike hat, als manche Autoren (z. B. Cicero, Hieronymus) die theoretischen Überlegungen, die sich auf ihre praktische Sprachmittlung bezogen, niederschrieben (vgl. Sandrini, 2011: 1095, Schreiber, 2017: 1, Stolze, 2005: 15).

Im Mittelalter spielte die Übersetzung von wissenschaftlichen und philosophischen Texten aus dem Arabischen ins Lateinische eine wesentliche Rolle. Im Nachhinein reflektierte auch Martin Luther theoretisch über seine praktische Tätigkeit, die er bei der Bibelübersetzung einsetzte (vgl. Sandrini, 2011: 1095).

Die Revolution der Drucktechniken in der Renaissance hatte einen direkten Einfluss auf die Entwicklung von Übersetzungen, weil sich der Zugang zu Manuskripten deutlich verbesserte. In dieser Periode ist auf den französischen

Übersetzer und Drucker Étienne Dolet hinzuweisen, dem die heutige Translationswissenschaft die Termini *traduction* und *traducteur* verdankt. Als einer der ersten ging er davon aus, dass die Übersetzung geschickt und elegant sein muss, der Übersetzer dagegen im Stande sein soll, die Intention des Autors zu erraten (vgl. Gwóźdź, 2016: 253).

In der Aufklärung und Romantik wurde dagegen einerseits die Übersetzung literarischer Texte aber andererseits auch das Verhältnis zwischen dem Original und dem Translat thematisiert (vgl. Sandrini, 2011: 1095). In dieser Zeit bereicherte die Theorie der Übersetzung Alexander Tytler, der in seinem Werk »Essay on the Principles of Translation« von 1797 drei bekannte Übersetzungsgesetze formulierte:

1. Translation should give a complete transcript of the ideas of the original work.
2. The style and manner of writing should be of the same character with that of the original.
3. Translation should have all the ease of the original composition (Gwóźdź, 2016: 254).

Trotzdem kann angenommen werden, dass erst im 19 Jh. die Grundlagen für die Disziplin Übersetzungswissenschaft gelegt wurden. Dies ist dem deutschen Theologen und Philosophen Friedrich Schleiermacher zu verdanken, der die bereits in der Antike angesprochene Problematik der Dichotomie zwischen wortgetreuer und freier Übersetzung aufgriff und die Frage der Übersetzung zum Thema theoretischer Erörterungen machte (vgl. Sandrini, 2011: 1095).

In der ersten Hälfte des 20 Jh. versteht Benjamin in seinem Aufsatz »Die Aufgabe des Übersetzers« (1923) das Vermitteln des Fremden im literarischen Werk als die wichtigste Tätigkeit des Übersetzers. In der zweiten Hälfte des 20 Jh. weitete sich jedoch die Forschungsperspektive aus – die Translationswissenschaft beschäftigte sich nämlich nicht nur mit literarischen Texten, sondern auch allerlei Gebrauchstexten. In Anbetracht dessen wurden der Übersetzungsprozess und die fertigen Translate zum Forschungsgegenstand von diversen Disziplinen, vor allem der Linguistik, Soziologie, sowie den Literatur- und Kulturwissenschaften (vgl. Sandrini, 2011: 1095).

Im Zusammenhang damit lässt sich feststellen, dass die Anfänge der heutigen Translationswissenschaft bis in die 50er Jahre des 20 Jh. zurückgehen und mit dem in der Sprachwissenschaft präsenten Strukturalismus weitgehend verbunden waren. Laut strukturalistischen Schulen basiert der Übersetzungsprozess auf dem Vergleich der sprachlichen Strukturen und der Lexik von zwei Sprachen. Von daher wird die Übersetzung als der Übergang von der A-Sprache zur B-Sprache verstanden (vgl. Tomaszkiewicz, 2016: 45):

Ausgangssprache → Zielsprache

An dieser Stelle ist Olgierd Wojtasiewicz zu erwähnen, der nicht ohne Grund als »Vater der polnischen Übersetzungswissenschaft« bezeichnet wird. Obwohl zur Zeit seiner Tätigkeit erst die Grundlagen der gegenwärtigen Translatorik entstanden, war er dem damaligen Wissensstand voraus. Einerseits passen sich seine Thesen in die zu diesem Zeitpunkt eigentlich unbekannte kognitive Linguistik ein, andererseits spricht er von *Entsprechungen*, die sich noch vor Jakobson auf den Begriff der Äquivalenz zu beziehen scheinen (vgl. Gwóźdź, 2016: 256, Wojtasiewicz, 2007: 8–9[24]).

In den 70er Jahren entwickelt sich die Soziolinguistik, Jakobson erforscht die Akte der verbalen Kommunikation und seine Funktionen, Austin und Searle stellen die Theorie der Sprechakte dar – alle diese Ansätze beeinflussen die damalige Translatorik. Pergnier (1978) geht davon aus, dass sich der Übersetzungsprozess nicht auf Sprachsysteme, sondern auf *parole* bezieht. So ist das oben dargestellte Schema durch das folgende zu ersetzen (vgl. Tomaszkiewicz, 2016: 45):

Ausgangs-Botschaft → Ziel-Botschaft

In den 80er Jahren standen einerseits die Texte, andererseits die Kommunikation im Fokus der Untersuchungen. Einer der Vertreter dieses neuen Ansatzes ist die Leipziger Schule mit Kade, Jäger und Neubert. Reiß (1976) geht von der Annahme aus, dass der Übersetzer vor allem das Kommunikationsziel des Zieltextes erkennen und eine entsprechende Übersetzungsstrategie zu ihm anpassen soll. Dies ist mit der von Vermeer und Reiß erarbeiteten Skopostheorie verbunden, in der im Mittelpunkt jeder Translation sein Zweck (Skopos) steht. Der Übersetzungsprozess wird hierbei nicht mehr als Operation zwischen zwei Sprachen oder zwei Aussagen, sondern zwischen Aussagen verstanden, die charakteristisch für konkrete Typen der Texte sind (vgl. Tomaszkiewicz, 2016: 47):

Ausgangstext → Zieltext

Angesichts des in der Forschung vorhandenen kommunikativen Aspekts verlagert sich der Schwerpunkt auf den Empfänger. Die wichtigste Rolle spielt die gelungene Kommunikation, die dank dem Einsatz des Übersetzers möglich ist.

24 Es handelt sich hierbei um die Einleitung von Krzeszowski.

Dadurch wird der Empfänger der Übersetzung zum richtigen Teilnehmer der zwischensprachlichen Kommunikation (vgl. Tomaszkiewicz, 2016: 47).

In der folgenden Tabelle wird die Entwicklung der Übersetzungswissenschaft in der zweiten Hälfte des 20 Jh. zusammengefasst.

Tabelle 4. Entwicklung der Translatorik in der zweiten Hälfte des 20 Jh. Quelle: Tomaszkiewicz, 2016: 49, Bastin, Cormier, 2007, Übers. A.P.

	1950 - 1960 - 1970 - 1980 - 1990		
	Objektivität → Subjektivität		
Forschungsgegenstand	Text	Empfänger	Übersetzer
Ziel	Transfer	Kommunikation	Handlung/ Kreativität
Fokus der Reflexion	Sinn	Funktion	Freiheit
Werkzeug	sprachliche Äquivalenz	kommunikative Äquivalenz	Unterschiedlichkeit
	unsichtbarer Übersetzer → sichtbarer Übersetzer		

Die obige Zusammenstellung zeigt, wie sich die Rolle des Übersetzers – vom unsichtbaren Werkzeug des zwischensprachlichen Transfers zum Teilnehmer des Kommunikationsaktes – ändert. Im Laufe der Zeit evolviert auch das Objekt der Untersuchung – vom Produkt des Übersetzungsprozesses zum Prozess, der im Kopf des Übersetzers abläuft (vgl. Tomaszkiewicz, 2016: 49).

Seit den letzten Jahren des 20 Jh. wird die Translationswissenschaft an vielen westeuropäischen Universitäten als eigenständige Disziplin betrachtet. Immer häufiger wird sie als *Translation Studies* bezeichnet – die Pluralform zeugt vom vielseitigen Charakter dieses Gebiets. Hierbei darf die Interdisziplinarität der Translatologie nicht außer Acht gelassen werden. Die bereits genannten Disziplinen, die mit ihr im engen Zusammenhang stehen, sollten von u. a. kognitiver Sprachwissenschaft, Komparatistik, Semiotik, Soziologie, Philosophie, Filmwissenschaft und Informatik ergänzt werden. Als Beispiele der neuen Ansätze sind Übersetzungsmarktanalyse und Verlagspolitik zu nennen. Auch soziolinguistische Aspekte, wie Feminismus, kommen in der heutigen Übersetzungswissenschaft zum Vorschein (vgl. Gwóźdź, 2016: 262, Tomaszkiewicz, 2016: 50).

Im Fokus der Untersuchungen bleibt der Übersetzer – seine intellektuelle Arbeit, Arbeitsmethoden, Rolle auf dem Arbeitsmarkt, emotionale Intelligenz, Organisation von Arbeitsabläufen und Umgang mit Stress werden immer häufiger zum pragmatisch und didaktisch orientierten Forschungsgegenstand (vgl. Tomaszkiewicz, 2016: 50).

Nach 2000 ist das wachsende Interesse an der Forschung im Bereich Dolmetschen zu verzeichnen. Zu nennen sind hierbei vor allem »Tłumaczenia symultaniczne i konsekutywne« (2013) von Florczak, »Przekład ustny środowiskowy« (2006) und »Przekład ustny konferencyjny« (2019) von Tryuk sowie »Dolmetschen: Komplexität, Methodik, Modellierung« (2020) von Behr. In diesem Kontext ist auch die Forschung zum Eye-Tracking (geführt u. a. von Płużyczka, 2011 und Żmudzki, 2013) zu erwähnen, die bei der Optimierung des Blattdolmetschens Anwendung findet.

Eine weitere Richtung, die die Translationswissenschaft im 21. Jh. besonders stark beeinflusst und von ihrer Interdisziplinarität zeugt, bildet die audiovisuelle Übersetzung. Die Tatsache, warum diese Art der Übersetzung erst in den letzten Jahren in der Übersetzungswissenschaft auftauchte, ergibt sich aus der Tatsache, dass die audiovisuelle Übersetzung durch Multimodalität gekennzeichnet ist. Die für diese Translation charakteristische Kopplung von Bild und Wort und das Ersetzen des Unsagbaren durch Bild waren zu schwierige Themen in der früheren Übersetzungswissenschaft, die hauptsächlich auf der Festlegung von Äquivalenzkriterien zwischen dem Ausgangs- und dem Zieltext basierte. Genannt werden sollen hier »Przekład audiowizualny« (2006) von Tomaszkiewicz, »Amerykańska kultura (nie)materialna w polskim przekładzie filmowym« (2014) von Gwóźdź, »Areas and Methods of Audiovisual Translation Research« (2019) von Bogucki und »Audiovisuelles Übersetzen« (2010) von Jüngst (vgl. Gwóźdź, 2016: 261).

Zum Schluss ist noch auf drei Bereiche hinzuweisen, die in der heutigen Übersetzungsforschung immer häufiger diskutiert werden. Dazu gehören korpusbasierte Translationswissenschaft (u. a. Biel, 2010), computergestützte Übersetzung, CAT (u. a. Bogucki, 2009) und die Audiodeskription (Untersuchungen von u. a. Benecke, 2014 und Bittner, 2012). In diesem Zusammenhang sind auch die Untersuchungen zur Rolle des Übersetzers bei der Audiodeskription zu nennen, die für die barrierefreie Kommunikation sorgt[25].

Einen wichtigen Schwerpunkt in translatorischer Forschung bilden Übersetzungen von fachsprachlichen Texten. Dazu gehören u. a. Rechtsübersetzungen[26], auf die wegen der Spezifik dieser Arbeit tiefer eingegangen wird.

Obwohl man von der Existenz der Rechtsübersetzung, die z. B. Geschäftskontakte zwischen zwei Staaten ermöglichte, schon seit mehreren hundert Jahren sprechen kann (die älteste erhaltene juristische Übersetzung – der zweisprachige Ägyptisch-Hethitische Friedensvertrag – stammt aus dem 13. Jh v. Chr.), wurde sie zum Gegenstand der Forschung erst in der 2. Hälfte des 20 Jh. (vgl. Krzywda, 2014: 12, Šarčević, 1997: 23).

Die erste Publikation weltweit, die das Thema der Rechtsübersetzung behandelte, erschien 1963 in den USA. »Language of the Law« von Mellinkoff

25 Ausführlicher dazu Stawikowska-Marcinkowska, Michoń (2018).

26 Als Rechtsübersetzung wird in der vorliegenden Arbeit die Übersetzung aller juristischen Texte (u. a. Gesetzbücher, Urteile, Verordnungen, Verträge, etc.) verstanden.

konzentrierte sich sowohl auf einige charakteristische Aspekte der Rechtssprache, als auch auf die Übersetzung der Rechtstexte (vgl. Kołodziej, 2014: 67–68).

Der erste Artikel, der in der deutschen Forschung der Problematik der Rechtsübersetzung gewidmet wurde, ist »Zum Problem von Sprache und Recht. Verwaltungsgerichtliche Grundbegriffe im Sprachenpaar Französisch-Deutsch – Mitteilungsblatt für Dolmetscher und Übersetzer« von Paepcke aus dem Jahre 1986 (vgl. Kołodziej, 2014: 68).

Wegen der Transformation des politischen Systems kann das zunehmende Interesse an juristischen Übersetzungen in Polen erst auf die 1990er Jahre datiert werden. Die Rolle der Übersetzer bestand weitgehend darin, einerseits die Menschen, die des Polnischen nicht mächtig waren, über die aktuellen politischen Veränderungen und andererseits die Polen über die Realitäten anderer Länder, aus denen Bürger zu Handels- oder touristischen Zwecken nach Polen kamen, zu informieren. Im Zusammenhang damit mussten sowohl juristische als auch vereidigte Übersetzer diesen neuen Aufgaben angesichts der fehlenden Literatur zur Methodologie der Rechtsübersetzung gewachsen sein. Zur Verfügung standen ihnen lediglich Publikationen wie »Angielskie ekwiwalenty polskich terminów prawnoustrojowych« (1973), »Language of the Law in the Aspect of Translation« (1977) von Kielar und »Vademecum tłumacza przysięgłego« (1985) von Kierzkowska, die gleichzeitig die ersten der Rechtsübersetzung gewidmeten Arbeiten in polnischer Literatur waren (vgl. Kierzkowska, 2008: 9–10).

In den 1990er Jahren steigt das Interesse an der Forschung zur Rechtsübersetzung deutlich, was sich in den ersten Monographien widerspiegelt, die vollumfänglich die Problematik dieser Art Übersetzung betrafen. In diesem Zusammenhang sind vor allem zwei folgende Werke zu nennen: »Terminologiearbeit im Recht. Deskriptiver, begriffsorientierter Ansatz vom Standpunkt des Übersetzers« von Sandrini aus dem Jahr 1996, wo der Vergleich von Termini aus verschiedenen Rechtssystemen angesprochen wurde und »New Approach to Legal Translation« von Šarčević aus dem Jahr 1997, wo die Autorin die Geschichte und die Theorie der Rechtsübersetzung sowie die Rolle des juristischen Übersetzers darstellt (vgl. Krzywda, 2014: 12–13).

Zu Beginn des 20. Jahrhunderts nimmt die Anzahl der Publikationen zu juristischen Übersetzungen stetig zu. Zu unbestrittenen Klassikern wurden »Rechtsübersetzung und Rechtsvergleichung« (2006) von Pommer, »Tłumaczenie prawnicze« (2002) von Kierzkowska und »Przekład prawny i sądowy« (2006) von Jopek-Bosiacka.

Einen wichtigen Schwerpunkt bilden in den letzten Jahren die Untersuchungen im Bereich der beglaubigten Übersetzung. An dieser Stelle ist vor allem »Tłumaczenie poświadczone. Status, kształcenie, warsztat i odpowiedzialność tłumacza przysięgłego« (2012b) von Kubacki anzuführen – die Monographie behandelt die Spezifik vom Beruf des vereidigten Dolmetschers und Übersetzers in Polen und in Europa. Die vor kurzem veröffentlichte Arbeit »Egzamin na tłumacza przysięgłego. Tłumaczenie ustne« (2020) von Gościński ist die erste Publikation, die den mündlichen Teil der Prüfung zum vereidigten Dolmetscher und Übersetzer auf der Grundlage der authentischen Aufnahmen so gründlich bearbeitet.

Aus der Übersicht der oben dargestellten Literatur geht klar hervor, dass sich ihr großer Teil auf rein praktische Problemstellungen konzentriert. Die Bemerkung von Pommer (2006: 63), dass die Autoren der Veröffentlichungen zur Rechtsübersetzung vor allem den terminologischen Aspekt behandeln, bleibt auch heute in hohem Maße aktuell. Zahlreiche Artikel zu diesem Thema sind in wissenschaftlichen Zeitschriften »Lingua Legis« (Universität Warschau), »Comparative Legilinguistics« (Adam Mickiewicz Universität) und in der Reihe Handbücher Sprachwissen: Sprache und Recht (de Gruyter) zu finden.

Die Übersetzung konkreter Rechtsterminologie, die Suche nach korrekten Äquivalenten, Rechtsvergleich und die Problematik der Unübersetzbarkeit gehören zu wichtigsten Themenbereichen, die von deutschen und polnischen Forschern auf dem Gebiet der Rechtsübersetzung angesprochen werden.

Darüber hinaus soll zum Schluss der Übersicht des Forschungsstandes noch kurz auf einen für die deutsche Forschung charakteristischen Schwerpunkt hingewiesen werden, und zwar auf die u. a. von Rink geführten Untersuchungen zur Übersetzung der juristischen Fachtexte in Leichte Sprache (vgl. Rink, 2016: 257–273).

An dieser Stelle sollen auch die wichtigsten Ansätze im Bereich der Rechtsübersetzung kurz angesprochen werden.

Matulewska (2013) versteht die Rechtsübersetzung als eine Prozedur, d. h. eine geordnete Reihe von Tätigkeiten, die einen Übersetzungsalgorithmus bilden. Der Einsatz der genannten Prozedur ermöglicht, das korrekte Äquivalent auf der terminologischen, syntagmatischen und grammatikalischen Ebene zu finden. Der Algorithmus besteht aus acht Schritten – von der Feststellung der potenziellen Bedeutung eines ausgangssprachlichen Rechtsterminus, über die Auswahl der möglichen Äquivalente und die Kontrolle des ausgangssprachlichen Terminus und seines optimalen Äquivalents bis zum eventuellen Einsatz von Techniken bei der Null-Äquivalenz.

Kielar (2007) betrachtet die Rechtsübersetzung als eine Art sprachlicher, kultureller und kommunikativer Vermittlung. Der Rechtsübersetzer ist zuerst ein indirekter Empfänger des ausgangssprachlichen Textes in der A-Kultur, dann wird er zum indirekten Sender der erstellten Übersetzung, die für die Mitglieder der B-Kultur bestimmt ist. Diese Übersetzung zeichnet sich durch doppelte Intertextualität aus – sie ist gleichzeitig mit der Textkonvention der A-Sprache, in der der Ausgangstext formuliert wird und der B-Sprache verbunden, in der das

Translat angefertigt wird (vgl. Kielar, 2013: 150). Eine gelungene, adäquate Übersetzung ist erst dann möglich, wenn der Rechtsübersetzer entsprechende sprachliche, kulturelle, kommunikative und translatorische Kompetenzen besitzt und über das juristische Fachwissen verfügt. Idealerweise sollte jeder Rechtsübersetzter juristische, linguistische und translatorische Ausbildung haben (vgl. Gościński, 2019: 106, Kielar, 2007: 25).

Šarčević (1997: 5) geht davon aus, dass der Prozess der Rechtsübersetzung mit der Transkodierung – also der Ersetzung von Lexemen einer Sprache durch Lexeme einer anderen Sprache – nicht gleichgesetzt werden kann, weil die Übersetzungseinheit ganze Texte und nicht einzelne Lexeme bilden. Das größte Problem der Rechtsübersetzung sieht sie in der Nichtübereinstimmung der Rechtssysteme in verschiedenen Ländern. Die Erstellung einer Übersetzung, deren Bedeutung mit dem Original identisch wäre, ist nach Šarčević unmöglich. Von daher sollte der Rechtsübersetzer solch ein Translat anfertigen, das dieselbe Rechtswirkung erzeugt, welche die Intention des Autors war (vgl. Gościński, 2019: 110–112).

Pieńkos (2003) nimmt an, dass die Übersetzung aller Arten von Rechtstexten möglich ist, obwohl die Übersetzbarkeit mancher Termini begrenzt ist. Den Übersetzungsprozess fängt man mit dem Verständnis einerseits der Bedeutung einzelner Lexeme und andererseits der Intention des Autors des Ausgangstextes an. Dazu braucht der Rechtsübersetzer nicht nur die Sprachkompetenz, sondern auch das juristische Fachwissen, das nicht immer aus dem Kontext des zu übersetzenden Textes resultiert. Darüber hinaus sollte der Übersetzer den intendierten Einfluss des Originals auf den Empfänger und die eingesetzten sprachlichen Mittel möglichst treu wiedergeben. Auch Pieńkos betont, dass die Kenntnis der Rechtssysteme beider Staaten von ausschlaggebender Bedeutung ist – dadurch ist der Übersetzer im Stande, die Termini in beiden Systemen zu vergleichen. Eine solche Rechtsvergleichung muss der eigentlichen Operation der Übersetzung vorausgehen, damit der Rechtsübersetzer in der Lage ist, korrekte Äquivalente zu finden (vgl. Gościński, 2019: 114–115).

Eine ähnliche Betrachtungsweise über die Rechtsübersetzung vertritt auch de Groot (2006: 423–433), der betont, dass die wichtigste Tätigkeit, die der Rechtsübersetzer auszuführen hat, sich auf die Rechtsvergleichung der Terminologie beider Rechtssysteme bezieht. Darüber hinaus weist de Groot darauf hin, dass jeder Staat so viele Rechtssprachen hat, wie viele Rechtssysteme auf seinem Gebiet funktionieren. Von daher übersetzt man nicht aus einer Sprache in eine andere Sprache, sondern aus einer Rechtssprache in eine andere Rechtssprache (vgl. Gościński, 2019: 127).

Pommer (2008: 17–21) geht von der Annahme aus, dass das Recht in der Kultur jeder Gesellschaft fest verankert ist. Sie bilden ein unzertrennliches Paar – ohne Kenntnis der Kultur kann man die Bedeutung der Rechtsinstitute nicht verstehen. Pommer betrachtet die Rechtsübersetzung als einen interkulturellen Transfer des juristischen Fachwissens. Die Rechtsübersetzer übernehmen die Rolle der Vermittler zwischen zwei verschiedenen Rechtskulturen. Ihre Aufgabe besteht hauptsächlich darin, die Informationen über die Rechtssysteme trotz bestehender Barrieren, die aus Unterschiedlichkeit der Rechtstraditionen und Sprachen resultieren, zu vermitteln (vgl. Gościński, 2019: 138).

Stolze (2002: 279–291) basiert bei der Erarbeitung der Problematik der Rechtsübersetzung auf dem hermeneutischen Ansatz. Der Rechtsübersetzer kann ein gelungenes Translat anfertigen, erst wenn er den Ausgangstext gründlich versteht und interpretiert. Im Übersetzungsprozess muss er zwei Perspektiven verbinden: die Perspektive des juristischen Hintergrundes und die Textperspektive. Der juristische Hintergrund bezieht sich auf die Analyse des Ausgangstextes, wobei auf das Rechtssystem, das konkrete Rechtsgebiet und die typische Terminologie fokussiert wird. Die Textperspektive betrifft dagegen die Analyse der Funktion des Textes sowie der Sprache selbst, vor allem auf der Ebene der Lexeme, Sätze, Kollokationen und fester Syntagmen (vgl. Gościński, 2019: 137).

Obwohl die vorgestellten Ansätze die Charakteristik der Rechtsübersetzung aus unterschiedlichen Perspektiven bearbeiten, enthalten sie einige Analogien. Zu den wichtigsten Punkten, auf die die Forscher hinweisen, gehören:
- die Koexistenz verschiedener Rechtskulturen und Rechtsysteme, die für die Anfertigung eines äquivalenten Translats ausschlaggebend sind,
- die Rechtsvergleichung als eine der wichtigsten Tätigkeiten, die der Rechtsübersetzer auszuführen hat,
- die Bedeutung der Fachkompetenz, die dem Übersetzer dabei hilft, korrekte Äquivalente zu finden und den Text des Translats an den zielsprachlichen Empfänger anzupassen.

3.3. Spezifik der Rechtsübersetzung

Enge wirtschaftliche und soziale Verflechtungen zwischen verschiedenen Staaten, die unmittelbar aus der Erscheinung der Globalisierung resultieren, haben zur Folge, dass die Übersetzung zahlreicher Rechtstexte eine funktionierende Kommunikation zwischen Akteuren dieses internationalen Umfelds garantiert.

Wie bereits angesprochen, gehören zu Besonderheiten der Rechtssprache und der rechtssprachlichen Fachkommunikation ihr präskriptiver Charakter, Transdisziplinarität und Adressatenpluralität, was sich unmittelbar in der Charakteristik der Translation von rechtsgebundenen Texten widerspiegeln muss (vgl. Sandrini, 1999: 14).

Darüber hinaus bildet die Rechtsübersetzung – im Vergleich zu anderen fachsprachlichen Texten – eine besondere Art der Translation. Bei juristischer Übersetzung geht es nämlich nicht nur um den Transfer fachsprachlicher Inhalte einer Ausgangssprache in fachsprachliche Inhalte einer Zielsprache, sondern um Übertragung konkreter Sachverhalte einer Rechtsordnung in eine andere, in der sie praktisch verwendet werden (vgl. Daum, 2003: 38).

Auf diese Tatsache weisen auch Reiß, Vermeer (1984) und Sandrini (1999) hin:

> Translation von Recht stellt damit im eigentlichen Sinn eine »Sondersorte kulturellen Transfers« (Reiß, Vermeer 1984: 13) dar, insofern als rechtliche Inhalte einer Rechtsordnung und damit einer Kulturgemeinschaft zur Verwendung in einer anderen Rechtsordnung übertragen werden (Sandrini, 1999: 15).

Von daher lässt sich feststellen, dass die Translation aus einer Ausgangsrechtssprache und einer Ausgangsrechtsordnung in eine Zielrechtssprache und eine Zielrechtsordnung erfolgt (vgl. Sandrini, 1999: 15).

Dieser Prozess ist umso schwieriger, als sich die Unterschiede im Bereich der Rechtsordnungen einerseits auf Unterschiede in Regelungsinhalten, als auch auf verschiedene Definitionen der Rechtstermini beziehen. Die Übersetzer der technischen oder naturwissenschaftlichen Texte haben dieses Problem normalerweise nicht zu bewältigen, weil die genannten Texte auf einheitlichen Naturgesetzen basieren, was verursacht, dass die übertragenen Inhalte und die damit verbundene Terminologie weitgehend übereinstimmend sind (vgl. Daum, 2003: 38).

Die größten Übersetzungsschwierigkeiten tauchen selbstverständlich auf, wenn der Zieltext auf einer völlig anderen Rechtsordnung als der Ausgangstext basiert. Die Übersetzbarkeit hängt nämlich mit der Verwandtschaft der Rechtsordnungen zusammen – siehe die nachstehende Abbildung 4 (vgl. Sandrini, 1999: 17). Wenn der Ausgangs- und der Zieltext demselben Rechtskreis angehören, ist relative Nähe der Rechtsinhalte anzunehmen. Falls sie aber aus unterschiedlichen Rechtskreisen kommen, führt die Tradition und die Rechtsauffassung zu unterschiedlichen Lösungen, was sich auf die Übersetzbarkeit auswirkt. Ein Beispiel für diese Erscheinung kann die Übersetzung aus dem angelsächsischen in einen der kontinentaleuropäischen Rechtskreise bilden (vgl. Daum, 2003: 38, Sandrini, 1999: 17).

Darüber hinaus muss darauf hingewiesen werden, dass ebenfalls die Sorte des gegebenen Rechtstextes den Einfluss auf den Übersetzungsprozess hat. Diesbezüglich differenziert Daum (2003: 35) die Typen juristischer Fachtexte nach dem Kriterium ihrer Funktion.

Zunächst soll aber die Texttypologie nach Reiß (1984: 18–19) kurz angeführt werden. Wenn man die genannte Typologie in Betracht zieht, erweist es sich, dass die Textfunktion Ausdruck keine wesentliche Funktion im Rahmen der vorlie-

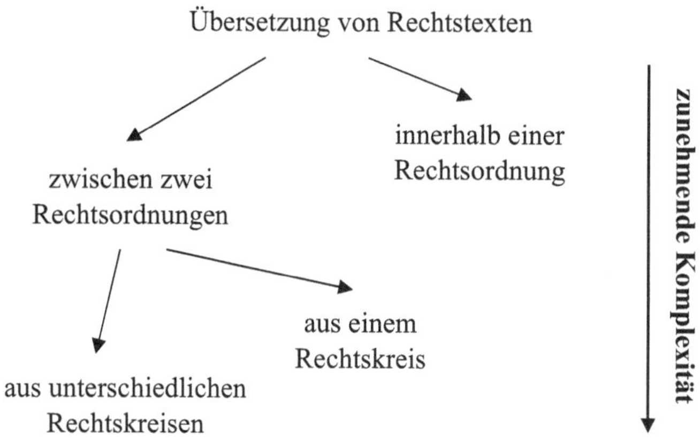

Abbildung 4. Übersetzung von Rechtstexten in Bezug auf Rechtskreise und Rechtsordnungen. Quelle: Sandrini, 1999: 18.

genden Arbeit darstellt, weil sie vor allem bei mündlichen Übersetzungen z. B. einer Gerichtsverhandlung eine Rolle spielt. Die Textfunktion Appell wird auch nicht besonders oft in juristischen Texten manifestiert. Viele Prozessschriftsätze haben zwar manchmal einen appellativen Charakter, doch sie sind normalerweise eher sachlicher Art. Bei dieser Klassifizierung überwiegt eindeutig die Textfunktion Darstellung, die den informativen, inhaltsbezogenen Texttyp darstellt (vgl. Daum 2003: 35).

Es muss hierbei betont werden, dass der Texttyp Normtext, zu dem Gesetzestexte gehören, die aus der Perspektive dieser Arbeit eine wesentliche Rolle spielen, in keine von den genannten Kategorien passt. Das Gesetz appelliert zwar in gewisser Weise an den Empfänger, doch vor allem verlangt es, befolgt zu werden. So kann man das z. B. mit dem appellativen Charakter eines Werbetextes nicht vergleichen. Normtexte dienen auch nicht in erster Linie dazu, über die Rechtslage zu informieren, sondern sie begründen die Rechtsregel, indem sie z. B. etwas verbieten, gestatten oder zu etwas ermächtigen (vgl. Daum 2003: 35).

In Anbetracht dessen teilt Daum (2003: 36–37) die Rechtstexte ein, indem er *Normtexte, rechtsanwendende Entscheidungen, Formulartexte* und *informative Texte* unterscheidet:

- Normtexte:
  - Texte, die sich auf allgemeine Normen beziehen (Rechtsnormen): Gesetze, Verordnungen,
  - Texte, die individuelle Normen bestimmen: Verträge, Vereinssatzungen.

  Für diese Gruppe ist einerseits ein hoher Abstraktionsgrad der Texte, andererseits häufige Zitierbarkeit charakteristisch, was zur Folge hat, dass der Übersetzer in die Makrostruktur dieser Texte nicht eingreifen soll. Die äußere

Gliederung der Normtexte nach Paragraphen, Absätzen, Abschnitten, Ziffern oder Sätzen muss unberührt bleiben. In diesem Zusammenhang, wenn man die Rechtstextsorten nach dem Grad der Konkretheit und Abstraktion sowie nach Individualisierung und Generalisierung des Empfängers differenziert, werden die Texte, die zu dieser Kategorie gehören, als generell-abstrakte Texte bezeichnet. Die bestehende Personenferne wirkt sich auf die Arbeit des Übersetzers auf diese Weise aus, dass er beispielsweise die Geschlechtsneutralität seines Translats sicherstellen muss[27] (vgl. Daum 2003: 36–37).

- Rechtsanwendende Entscheidungen:
  - von Justizbehörden: Urteile, Verfügungen, Beschlüsse,
  - von Verwaltungsbehörden: Verwaltungsakte.

  Diesen Entscheidungen kommt ein besonderes Gewicht zu, weil sie in der Regel vollgestreckt werden müssen. Bei der Übersetzung muss darauf geachtet werden, dass die Vollstreckung genau wie intendiert erfolgt, und dass es zu keiner Entstellung des Ausgangstextes - z. B. des Tenors eines Urteils - kommt, was schwerwiegende Folgen haben könnte (vgl. Daum 2003: 36).
- Formulartexte:
  - Texte, die über rechtsrelevante Tatsachen informieren: gerichtliche oder behördliche Formulare,
  - Mustertexte für Rechtsanwälte, Notare und andere Rechtsanwender, z. B. Formularverträge (z. B. Kaufvertrag über ein gebrauchtes Kraftfahrzeug) (vgl. Daum 200: 36).
- Informative Texte:
  - Fachtexte, die über die Rechtslage informieren: Kommentare, Rechtsgutachten, Lehrbücher, Merkblätter.

  Die Gestaltung der Texte kann danach differenziert werden, ob Laien oder Fachleute die Zielgruppe bilden oder, ob sie von amtlichen oder privaten Einrichtungen ausgestellt wurden.
  - gesamter Schriftverkehr.

  Er kann auch formlos ablaufen, abhängig davon, ob es sich um Schriftsätze von Behörden an Bürger, von Bürgern an Behörden, von Fachleuten an Fachleute oder von Fachleuten an Laie handelt. Der Stil des Ausgangstextes soll vom Übersetzer nachgeahmt werden (vgl. Daum 2003: 37).

27 An dieser Stelle ist auf das Phänomen der genderneutralen Sprache in Deutschland hinzuweisen, das deutsche Rechtstexte, auch Gesetzbücher, immer stärker beeinflusst. Ein anschauliches Beispiel dieser relativ neuen Erscheinung ist die geschlechtsneutrale Fassung der deutschen Straßenverkehrs-Ordnung, die seit 2013 gilt. Dort wurde beispielsweise *Fußgänger* durch die Formulierung *wer zu Fuß geht* ersetzt, auch aus *den Radfahrern* wurden *die Rad Fahrenden* (vgl. deutsche StVO i. d. F. von 06.03.2013).

3.4. Problematik der Rechtsübersetzung am Beispiel exemplarischer translatorischer Schwierigkeiten

Translatorische Schwierigkeiten, die die bei der Übersetzung der deutschen und polnischen Rechtstexte auftauchen, betreffen verschiedene Bereiche - Stilistik, Textaufbau, Syntax und sogar gemeinsprachliche Lexik.

Ein zutreffendes Beispiel für die letzte Kategorie bilden die polnischen Entsprechungen der deutschen Konjunktion *oder*, also: *lub* und *albo*. Kotarbiński plädierte, die Konjunktion *albo* zu verwenden, wenn nur eine von zwei (oder mehreren) Alternativen zugelassen wird (wie *oder*), die Konjunktion *lub* kann sich dagegen auf beide Alternativen gleichzeitig beziehen (*und/oder*) (vgl. Jopek-Bosiacka, 2009: 36, Wronkowska, Zieliński, 2004: 176).

Veranschaulicht werden kann das am Beispiel des Art. 58 des polnischen Übertretungsgesetzbuches:

> § 2. Kto żebrze w miejscu publicznym w sposób natarczywy lub oszukańczy, podlega karze aresztu albo ograniczenia wolności[28] (Hervorhebungen A.P.).

Da hierbei nur eine Strafe zugelassen wird, wurde die Konjunktion *albo* verwendet (vgl. Jopek Bosiacka, 2009: 36).

Interessanterweise wird diese in der polnischen Rechtskultur verankerte Unterscheidung zwischen den Konjunktionen *lub* und *albo* in der Übersetzung des genannten Gesetzbuches ins Deutsche nicht berücksichtigt:

> § 2. Wer an einem öffentlichen Ort aufdringlich oder betrügerisch bettelt, wird mit Arreststrafe oder mit Freiheitsbeschränkungsstrafe bestraft[29] (Hervorhebungen A.P.).

Trotzdem beziehen sich die meisten Schwierigkeiten, die dem Rechtsübersetzer bevorstehen, auf die Terminologie. Exemplarische translatorische Probleme im Sprachenpaar Polnisch-Deutsch können in folgende Kategorien gegliedert werden, die anschließend kurz besprochen werden:
- Nichtübereinstimmung des polnischen und deutschen Rechtssystems,
- die Koexistenz der deutschen Sprache und ihrer schweizerischen und österreichischen Varianten,
- lateinische Einflüsse auf die Rechtstexte,
- das Vorkommen zahlreicher Abkürzungen,
- falsche Freunde des Rechtsübersetzers.

---

28 Art. 58 § 2 Kodeks wykroczeń.

29 Strafgesetzbuch und Übertretungsgesetzbuch, C.H. Beck, S. 296.

3.4.1. Nichtübereinstimmung des deutschen und polnischen Rechtssystems

Die Tatsache, dass die Rechtssysteme von verschiedenen Staaten nicht einheitlich sind, ist zweifelsohne eine der wichtigsten Ursachen für die Entstehung der Übersetzungsschwierigkeiten im Bereich der Rechtstexte. Dieses Phänomen ist so umfangreich, dass es aus verschiedenen Perspektiven betrachtet werden kann. Wegen der genannten Vielfalt der Schwierigkeiten und des begrenzten Umfangs der vorliegenden Arbeit wird hierbei auf nur drei Beispiele hingewiesen.

Zunächst wird die Problematik der offenkundigen Unterschiede in Rechtsordnungen kurz angesprochen. Es wird die Situation analysiert, in der dasselbe Verfahren – hier als Beispiel die Ehescheidung – in verschiedenen Verfahrensarten in Polen und Deutschland läuft, was sich unmittelbar auf den Übersetzungsprozess auswirkt. In diesem Zusammenhang entstehen u. a. die Schwierigkeiten bei der Translation der Parteien in den Scheidungssachen.

Im streitigen Zivilverfahren (also im Verfahren, welchem die Klage zugrunde liegt), werden die Parteien *Kläger* (*powód*) und *Beklagter* (*pozwany*) genannt. Wenn ein Antrag das Verfahren einleitet (nichtstreitiges Verfahren), heißen die Parteien *Antragsteller* (*wnioskodawca*) und *Antragsgegner* (*uczestnik postępowania*) (vgl. Siewert, 2011: 67).

Obwohl sowohl das deutsche als auch das polnische Recht zu kontinentalen Rechtssystemen gehören, wodurch sie als relativ ähnliche Ordnungen betrachten werden sollen, kann manchmal dem deutschen nichtstreitigen Verfahren das polnische streitige Verfahren entsprechen, was die vom Übersetzer verwendete Terminologie im Bereich der Parteien beeinflussen kann (vgl. Zielnik-Kołodzińska, 2017: 36). Mit dieser Erscheinung hat man u. a. in Scheidungs- oder Unterhaltssachen zu tun – von daher gehören in Polen zu Verfahrensbeteiligten in genannten Sachen *Kläger* und *Beklagter*, in Deutschland dagegen *Antragsteller* und *Antragsgegner*. Dieser Unterschied kann für den angehenden Übersetzer irreführend sein, vor allem, wenn er das polnische Scheidungsurteil und den deutschen Scheidungsbeschluss als Paralleltexte mit der Hoffnung analysiert, dass ihnen die richtigen Äquivalente der Parteien entnommen werden können (vgl. Siewert, 2011: 67).

Das zweite Beispiel bezieht sich auf die Situation, in der sich die Bedeutungen der ausgangs- und zielsprachlichen Termini nur teilweise überlappen.

Im polnischen Verwaltungsrecht gehören *decyzja* und *postanowienie* zu Verwaltungsakten, die im Rahmen des Verfahrens erlassen werden. Das deutsche Verwaltungsrecht sieht jedoch solch eine Unterscheidung nicht vor, in Gesetzen wird lediglich der allgemeine Terminus *Verwaltungsakt* verwendet, dessen Bedeutung sowohl *decyzja* als auch *postanowienie* umfasst (vgl. Zielnik-Kołodzińska, 2017: 41).

Der erste, selbstverständliche Übersetzungsvorschlag für *decyzja* scheint die *Entscheidung* zu sein. Nach Weber (2014: 380–381) kann sie aber lediglich als gerichtliche Entscheidung verstanden werden, die durch Urteil, Verfügung oder Beschluss ergeht. Im Zusammenhang damit kann die *Entscheidung* als polnische *roztrzygnięcie* betrachtet werden, die jedoch im Kontext der Handlung der Organe der öffentlichen Verwaltung nicht verwendet wird (vgl. Zielnik-Kołodzińska, 2017: 42).

Eine ähnliche Funktion erfüllt in Deutschland der *Bescheid*, wobei dieser Terminus im deutschen Verwaltungsverfahrensgesetz nicht vorkommt. Nach der Definition von Weber (2014: 190) ist der Bescheid

> eine in der Praxis häufige, vielfach auch gesetzlich vorgesehene Bezeichnung der Entscheidung von Verwaltungsbehörden (z. B. Baubescheid = Entscheidung über einen Antrag auf Baugenehmigung). Ein Bescheid kann die Merkmale des Verwaltungsaktes erfüllen, doch wird die Bezeichnung auch für bloße Mitteilungen, Auskünfte u. dgl. verwendet (Weber, 2014: 190, bei Zielnik-Kołodzińska, 2017: 42).

Darüber hinaus verwendet auch das österreichische Allgemeine Verwaltungsverfahrensgesetz den Terminus *Bescheid* in dem dem polnischen Terminus *decyzja* entsprechenden Kontext. In Anbetracht der Tatsache, dass der *Bescheid* weitgehend ähnliche Institutionen im deutschen und österreichischen Verwaltungsrecht bezeichnet, kann er als eine korrekte Entsprechung für *decyzja* betrachtet werden – auch wenn seine Bedeutung etwas breiter ist (vgl. Zielnik-Kołodzińska, 2017: 42).

Den Übersetzungsvorschlag für *postanowienie* liefert ebenfalls nicht das Verwaltungsverfahrensgesetz, sondern die Verwaltungsgerichtsordnung. Der da vorkommende Terminus *Beschluss* ist keine Sachentscheidung und findet z. B. bei der Festsetzung der Geldbuße oder des Ordnungsgelds Anwendung, was sich mit der Bedeutung von *postanowienie* deckt (vgl. Zielnik-Kołodzińska, 2017: 43, § 95 VwGO).

Das dritte Beispiel bezieht sich auf die Situation, in der die zielsprachliche Rechtsordnung die ausgangssprachliche Institution nicht vorsieht, so hat der Übersetzer mit dem Mangel an einer direkten Entsprechung zu tun. Hierbei kann die *Nichtzulassungsbeschwerde* genannt werden. Da dieser Terminus für das polnische Verfahrensrecht fremd ist, kann hier das beschreibende Äquivalent *zażalenie na niedopuszczenie środka odwoławczego* verwendet werden. Die in der polnischen Rechtsordnung unbekannte Institution *sofortige Beschwerde* lässt sich dagegen wortwörtlich als *natychmiastowe zażalenie* übersetzen, was die nächste Übersetzungsstrategie für solche Situation darstellt (vgl. Guziak, 2019: 57).

Die Tatsache, dass das polnische und deutsche Rechtssystem Unterschiede aufweisen, bildet ein äußerst facettenreiches Problem, das der Übersetzer in seiner Arbeit zu bewältigen hat. Die oben angeführten Beispiele bilden nur einen Bruchteil des genannten Phänomens und betonen lediglich die Existenz dieser Problematik.

3.4.2. Die deutsche Sprache und ihre nationalen Varietäten

Bis zu den 80er Jahren des 20 Jh. galt die deutsche Sprache als eine monozentrische Sprache. Ihr Zentrum war direkt in Deutschland angesiedelt – ihre nationalen Varianten wurden lediglich als eine Abweichung von der Norm angesehen. In letzter Zeit fing man an, die deutsche Sprache als eine plurizentrische Sprache zu verstehen, deren Zentren nicht nur in der Bundesrepublik Deutschland, sondern auch in der Schweiz sowie in Österreich und Lichtenstein zu finden sind, also dort wo Deutsch als die Amtssprache funktioniert. Dieser neue Gesichtspunkt betrifft ebenfalls die deutsche Rechtssprache und die damit zusammenhängende Existenz ihrer schweizerischen (schweizerisch-deutschen) und österreichischen (österreichisch-deutschen) Varietäten (vgl. Kubacki, 2016: 69–73, Utri, 2018: 13).

Auch Lohse (2002: 393) weist in seinen Untersuchungen auf diese Erscheinung hin. Er bezeichnet unterschiedliche deutsche Termini, die übereinstimmende, in den deutschsprachigen Rechtstexten vorkommende Tatbestände benennen, als *Mehrdeutschigkeiten.*

Der polnische Terminus *komornik sądowy* ist ein Beispiel für nationale Varietäten, die in der deutschen Rechtssprache auftauchen. In Deutschland wird er als *Gerichtsvollzieher*, in Österreich als *Exekutor* und in der Schweiz als *Betreibungsbeamter* bezeichnet.

Eine für den deutsch-polnischen Übersetzer interessante Gruppe bilden österreichische Rechtstermini, die wahrscheinlich wegen des historischen österreichischen Teilungsgebiets jetzt im Polnischen als österreichische Entlehnungen fungieren, wie z. B. *Evidenz* (A) – *Register* (D), *Strafmandat* (A) – *Geldstrafe* (D), *Kommissariat* (A) – *Polizeidienststelle* (D), *Konsument* (A) – *Verbraucher* (D) oder *Arbeitsinspektion* (A) – *Gewerbeaufsicht* (D) (vgl. Kubacki, 2011: 220, Paluszek, 2014: 38–44).

Mit lexikalischen Unterschieden in der deutschen und schweizerischen Rechtssprache beschäftigt sich u. a. Kubacki (2016). Das besprochene Phänomen veranschaulichen folgende Termini:

- *urząd stanu cywilnego: Zivilstandsamt* (CH), *Standesamt* (D),
- *zupełny i trwały rozkład pożycia małżeńskiego: tiefe und unheilbare Zerrüttung der Ehe* (CH) – *Scheitern der Ehe* (D),
- *majątek wspólny: Errungenschaft* (CH) – *Endvermögen* (D),
- *majątek osobisty: Eigengut* (CH) – *Anfangsvermögen* (D),

- *kancelaria adwokacka: Advokaturbüro* (CH) – *Rechtsanwaltskanzlei* (D) (vgl. Kubacki, 2016: 73–74).

Diatopische Varietäten im Bereich der Rechtssprache sind manchmal auch bei den Verben zu erkennen. In den schweizerischen und deutschen Urteilen bedeutet das Verb *berechtigen* »jemandem das Recht oder die Befugnis zu etwas geben«, in österreichischen Entscheidungen taucht *berechtigt* dagegen einfach statt *begründet* auf (vgl. Messina 2013: 76).

Paluszek (2014: 43–44) hebt bei dieser Problematik hervor, dass die Autoren der zweisprachigen Fachwörterbücher in erster Linie die Termini aus der bundesdeutschen Rechtssprache darstellen. Von daher beinhalten manche Wörterbücher keine schweizerischen oder österreichischen Varianten der Rechtstermini. In vielen Wörterbüchern, die sie doch beinhalten, werden sie oft als solche nicht gekennzeichnet, was eine wesentliche Schwierigkeit für die Übersetzer bildet.

3.4.3. Lateinische Einflüsse auf die Rechtstexte

Die gegenwärtigen Rechtssysteme sind durch das kulturelle Erbe des antiken Griechenlands und des antiken Roms geprägt. Die Spuren dieser Einflüsse, die sich aus der Rezeption des römischen Rechts ergaben, lassen sich in heutigen Rechtssprachen in Form von Latinismen erkennen. Darunter werden Termini, Phrasen und Parömien lateinischer Herkunft verstanden, die ihren ursprünglichen Wortlaut und Schreibweise beibehielten (vgl. Woźniak, 2017: 71).

In den europäischen Rechtssprachen dominierte jahrhundertelang Latein. Erst im 18. und 19. Jahrhundert führte das Aufblühen nationaler Ideen in vielen europäischen Ländern zur Veränderung dieser Tendenz, also zur Popularisierung der nationalen Rechtssprachen. In Deutschland führte der allmähliche Verzicht auf Latein zur Standardisierung des Bürgerlichen Gesetzbuches und zur Ersetzung vieler lateinischer Termini durch deutsche Äquivalente (vgl. Woźniak, 2017: 72). So wurde aus dem *Zivilgesetzbuch* das *Bürgerliche Gesetzbuch*, aus dem *Protest* der *Einspruch* und aus dem *Defizit* der *Fehlbetrag* (vgl. Arntz, 2010: 78–79).

Wegen der Tatsache, dass das 18. und 19 Jh. in Polen die Zeit des Verlusts der Staatlichkeit war, entwickelten sich erst nach der Wiedererlangung der Unabhängigkeit, in den 1920er Jahren, Bewegungen, die darauf abzielten, die Latinismen durch polnische Termini zu ersetzen (vgl. Mattila, 2006: 128, Woźniak, 2017: 72).

Munske (1996: 94) zählt die Latinismen zu den sogenannten Phraseologismen lateinischen Ursprungs und unterscheidet zwischen:

- phraseologischen Entlehnungen, d. h. Phraseologismen und Sprichwörter lateinischen Ursprungs, die meist wortwörtlich in die Zielsprache übersetzt wurden.
  Beispiel: *Errare humanum est. / Błądzić jest rzeczą ludzką. / Irren ist menschlich.*
- Latinismen, d. h. den Strukturen, die in ihrer ursprünglichen lateinischen Form verwendet werden.
  Beispiel: *nomen est omen, ultima ratio.*
  Darüber hinaus gehören zu Latinismen Parömien und Sentenzen, d. h. Strukturen in Form von Sätzen, die ein semantisches Ganzes bilden.
  Beispiel: *In dubio pro reo. / W razie wątpliwości na korzyść oskarżonego. / Im Zweifel für den Angeklagten.*
- hybride Phraseologismen, in denen neben den lateinischen Elementen auch zielsprachliche Lexeme vorkommen.
  Beispiel: *etwas ad acta legen / odłożyć coś ad acta* (vgl. Woźniak, 2017: 73–74).

Matilla (2006: 136–137) betont, dass Latinismen in den Rechtstexten drei Funktionen erfüllen. Erstens bilden sie axiologische Grundsätze, auf denen die Gesetzgebung basieren sollte, zweitens erfüllen sie die Darstellfunktion, indem sie auf Gebäuden der öffentlichen Verwaltung oder der Gerichte platziert werden, was von ihrer Gewichtigkeit zeugen soll, drittens haben sie die stilistische bzw. rhetorische Funktion, weil sie lediglich den fachsprachlichen Charakter des Textes erhöhen (vgl. Wołodkiewicz, 2006: 8, Woźniak, 2017: 72).

Latinismen treten viel häufiger in Texten auf, die in der Juristensprache formuliert werden (z. B. Urteile, Kommentare), als in Texten, in denen die Gesetzessprache vorkommt (z. B. Gesetzbücher). Diese Diskrepanz ist wahrscheinlich darauf zurückzuführen, dass Gesetze an alle Bürger gerichtet sind und deswegen möglichst verständlich sein sollen, die Urteile und Kommentare gehören dagegen in erster Linie zur Fachkommunikation zwischen Juristen (vgl. Kmiecik, Skrętowicz, 2009: 35–36, Woźniak, 2017: 76).

An dieser Stelle ist zu bemerken, dass die Verwendung von Latinismen im Recht durch die Tradition und den Sprachgebrauch bedingt ist. Die Häufigkeit, mit der sie in der jeweiligen Rechtssprache vorkommen, variiert von Sprache zu Sprache, was für die Übersetzer von besonderer Bedeutung ist. Romanische Länder und Polen stellen in ihren Wörterbüchern eindeutig mehr Beispiele lateinischer Sentenzen dar, als zum Beispiel Deutschland oder Großbritannien (vgl. Mattila, 2006: 153). Als Beispiel für die genannte Diskrepanz zwischen polnischer und deutscher Rechtssprache kann man auf die lateinische Parömie *Lex retro non agit* (*Rückwirkungsverbot des Gesetzes. / Prawo nie działa wstecz.*) hinweisen, die in polnischen Rechtstexten häufig verwendet wird und in deutschen äußerst selten vorkommt. Ein weiteres Beispiel ist der Terminus *vacatio legis*, der im Polnischen angewendet wird, um den Zeitraum zwischen der Verabschiedung und dem Inkrafttreten eines Rechtsaktes zu beschreiben. Im Deutschen wird auf den lateinischen Terminus zugunsten der hybriden Version *Legisvakanz* verzichtet (vgl. Woźniak, 2017: 78).

Die angeführten Beispiele zeugen davon, dass die in der polnischen Rechtssprache üblichen Latinismen in fremden Rechtssprachen unbekannt oder nicht so weit verbreitet sein können, was sich zweifelsohne auf die Entscheidungen des Übersetzers auswirken muss (vgl. Woźniak, 2017: 86).

3.4.4. Abkürzungen

Die Abkürzungen, die in den Rechtstexten vorkommen, bilden für die Übersetzer zweifelsohne eine Schwierigkeit, denn ihre Entschlüsselung ist nicht immer einfach. Sie können sich nämlich auf unterschiedliche Bereiche des Rechts und der gesamten juristischen Kommunikation beziehen. Die Abkürzungen betreffen häufig die Titel der Gesetze, ihren äußeren Aufbau, Bezeichnungen der juristischen Institutionen sowie die Bezeichnungen der Posten, die in ihnen innegehabt werden. Exemplarische Abkürzungen, die auf oben genannten Gebieten verwendet werden, wurden von Kubacki (2009b: 81–82) gesammelt:

– die Abkürzungen in Rechtsakten

sygn. akt	sygnatura akt	AK GZ	Aktenzeichen Geschäftszeichen
ust.	ustęp	Abs.	Absatz
pkt.	punkt	Ziff.	Ziffer
nr rep.	numer repertorium	UR-Nummer	Urkundenrollen-nummer

– die Abkürzungen der Posten oder Funktionen

SSO	Sędzia Sądu Okręgowego	RaBG	Richter am Bezirksgericht
-	adwokat	RA	Rechtsanwalt
-	skretarz wymiaru sprawiedliwości	JSin.	Justizsekretärin

– die Abkürzungen der Rechtsvorschriften

k.k.	kodeks karny	StGB	Strafgesetzbuch
k.p.c.	kodeks postępowania cywilnego	ZPO	Zivilprozessordnung
-	ustawa o ustroju sądów	GVG	Gerichtsverfassungsgesetz

– die Abkürzungen der Rechtsinstitutionen

KMP	Komenda Miejska Policji	-	Städtisches Polizeipräsidium
ETS	Europejski Trybunał Sprawiedliwości	EuGH	Europäischer Gerichtshof

Die dargestellten Beispiele veranschaulichen, dass der Übersetzer nicht immer die analoge Abkürzung in der Zielsprache bilden kann. Von daher sollte er den entschlüsselten Inhalt übersetzen, ohne ihn abzukürzen.

Darüber hinaus sollte sich der Übersetzer dessen bewusst sein, dass manche Abkürzungen mehrdeutig sein können. *AG* kann sowohl *Amtsgericht* als auch *Aktiengesellschaft* bedeuten. Auch die polnische Abkürzung *KRS* kann sich auf *Krajowy Rejestr Sądowy* oder auf *Krajowa Rada Sądownictwa* beziehen.

Zum Schluss sollte auch kurz auf das Vorkommen der lateinischen Abkürzungen hingewiesen werden, die selbstverständlich eine weitere Schwierigkeit für die Übersetzer bilden können. Zu nennen sind beispielsweise *i. e.* (*id est*), *a. a.* (*ad acta*) oder *p. p.* (*per procura*) (vgl. Kubacki, 2009: 82).

3.4.5. Falsche Freunde des Rechtsübersetzers

Der Terminus *faux amis du traducteur* (*falsche Freunde des Übersetzers*) erschien zum ersten Mal in den 1920er Jahren in der französischen Sprachwissenschaft. Seitdem steht diese Erscheinung im Fokus von Interessen der Sprachwissenschaftler, Übersetzungswissenschaftler, Glottodidaktiker und Übersetzungsdidaktiker (vgl. Kiermeier, Kubacki, 2017: 88).

Kuczyński (2003: 279) definiert *falsche Freunde* als sich auf mindestens zwei Sprachen beziehende Lexeme, die ähnliche oder identische graphische bzw. lautliche Form haben, was zur falschen, häufig auf der Interferenz beruhenden Verwendung dieser Lexeme beiträgt. Diese Definition entspricht nach Lipczuk (1992: 139; 2000: 14; 2001: 9) den falschen Freunden im engeren Sinne. Im weiteren Sinne können sie auch breiter verstanden werden, z. B. als (a) orthografische falsche Freunde – Lexeme mit gleicher Bedeutung, doch verschiedener Schreibweise (*Aggression* – *agresja*), (b) Lexeme mit grammatischen Unterschieden (*das Haus* <Neutrum> – *ten dom* <Maskulinum>), (c) Lexeme mit unterschiedlicher Wortbildungsstruktur (*absurd* – *absurdalny*), (d) diachronische falsche Freunde, d. h. Wörter einer Sprache, die in Vergangenheit eine andere Bedeutung als gegenwärtig hatten (*List* – heute: *Schlauheit*, früher: *Fähigkeit, Wissen*), (e) pragmatische falsche Freunde, d. h. Äußerungen mit ähnlicher Form, die aber verschiedene kommunikative Funktionen erfüllen (*Tschüs!* <nur beim Abschied> – *Cześć!* <Begrüßung und beim Abschied>) (vgl. Kiermeier, Kubacki, 2017: 89).

Die Ursache für das Auftreten von falschen Freunden im Bereich der deutschen und polnischen Rechtssprache sind Entlehnungen aus anderen Sprachen, am häufigsten sind das Latinismen, die – wie bereits angesprochen – aus der historischen Nähe der europäischen Rechtssysteme, die auf lateinischen Mustern basierten, resultiert. Die auf diesem Wege entstandene Erscheinung ist für die Rechtsübersetzer ein großer Stolperstein, denn sie kann zur Begehung semantischer Interferenzfehler führen (vgl. Krzemińska-Krzywda, 2006: 2).

Exemplarische falsche Freunde im Bereich der deutschen und polnischen Rechtssprache werden in vier Gruppen dargestellt, die ihre Relation zueinander beschreiben.

- *Exklusion*

  Zu dieser Gruppe gehören Lexeme, die ähnliche Form aber unterschiedliche Bedeutungen haben – dieser Gesichtspunkt entspricht den falschen Freunden im engeren Sinne, also der Auffassung, die von Lipczuk vorgeschlagenen wurde. Hierbei können folgende Beispiele genannt werden (vgl. Krzemińska-Krzywda, 2006: 3):

  (1) kryminalista ≠ der Kriminalist
  kryminalista = der Kriminelle
  der Kriminalist = Lehrer des Strafrechts, Sachverständiger, Mitarbeiter der Kriminalpolizei

  (2) kwota ≠ die Quote
  kwota – die Summe, der Betrag
  die Quote = Anteil, der bei Aufteilung eines Ganzen auf jmdn. etw. entfällt, im Verhältnis zu einem Ganzen bestimmte Anzahl, Menge (Krzemińska-Krzywda, 2006: 3).

- *Polysemie*

  Die zweite Gruppe bilden Termini, die im Polnischen und Deutschen polysem sind. Manche von ihren Bedeutungen decken sich, manche dagegen fehlen (vgl. Krzemińska-Krzywda, 2006: 3). Dieses Verhältnis kann folgendermaßen abgebildet werden:

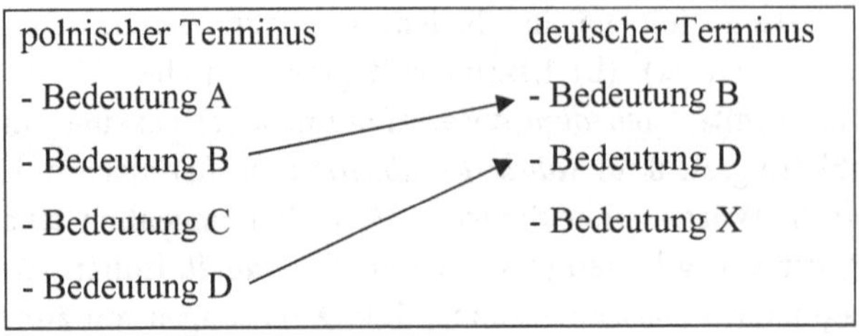

Abbildung 5. Relation: Polysemie. Quelle: Eigene Bearbeitung auf der Grundlage von Krzemińska-Krzywda, 2006: 4.

Das folgende Beispiel veranschaulicht die oben beschriebene Relation:

kadencja und ***Kadenz***:

die Kadenz:

1. (Musik): Akkordfolge als Abschluss oder Gliederung eines Musikstücks.
2. (Musik): improvisierte oder [vom Komponisten] ausgeschriebene solistische Ausschmückung eines Themas am Schluss [einzelner Sätze] eines Konzerts, die dem Künstler bzw. der Künstlerin die Möglichkeit bietet, ihr virtuoses Können zu zeigen.
3. (Sprachwissenschaft): das Abfallen der Stimme.
4. (Verslehre): metrische Form des Versschlusses.
5. (Waffentechnik): Feuergeschwindigkeit.

kadencja:
Außer den in der deutschen Sprache bekannten Bedeutungen ist im Polnischen noch eine weitere Bedeutung bekannt: kadencja = *die Amtszeit, die Wahlperiode.* (Krzemińska-Krzywda, 2006: 5; DUDEN-online: Kadenz[30]).

- *Partielle Synonymie*
  Zu dieser Kategorie der falschen Freunde gehören polnische Termini lateinischer Herkunft, die zwei zielsprachliche Entsprechungen haben – eine lateinische und eine deutsche. Dies ist ein wichtiges Merkmal der deutschen Rechtssprache, das in den Rechtsbereichen besonders sichtbar ist, die aus dem römischen Recht reichlich schöpften. Gemeinsame lateinische Herkunft des deutschen und polnischen Terminus kann für den Übersetzer irreführend sein, denn er kann falsch annehmen, dass ihre Bedeutungen gleich sind (vgl. Krzemińska-Krzywda, 2006: 3, Simon, Funk-Baker, 1999: 29). Graphisch kann diese Art der Relation folgendermaßen dargestellt werden:

30 https://www.duden.de/rechtschreibung/Kadenz, Zugriff am 9.02.2021.

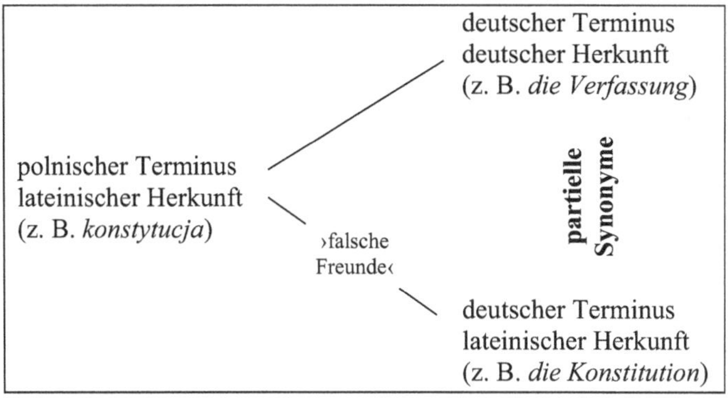

Abbildung 6. Relation: partielle Synonymie. Quelle: Krzemińska-Krzywda, 2006: 7.

Die unten angeführten Wortpaare sind ein Beispiel der partiellen Synonymie, weil es zwischen dem deutschen Lexem und dem Lexem lateinischer Herkunft den Unterschied in ihrer konnotativen Bedeutung gibt:

- *konstytucja* – *die Verfassung* vs. *die Konstitution* (veraltet),
- *apelacja* – *die Berufung* vs. *die Appellation* (veraltet, in der Schweiz verwendet),
- *rezerwy* – *die Rückstellungen* vs. *die Reserven* (nur in der Gemeinsprache verwendet) (vgl. Krzemińska-Krzywda, 2006: 7).

- *Inklusion*

  Die letzte Gruppe bilden Rechtstermini, bei denen die Bedeutung eines Terminus enger oder breiter als die Bedeutung eines ihm entsprechenden Terminus in der anderen Sprache ist – häufig kommt hier auch die Relation der Hyponymie vor (vgl. Krzemińska-Krzywda, 2006: 8). Die genannte Relation zwischen den Lexemen kann auf folgende Wiese abgebildet werden:

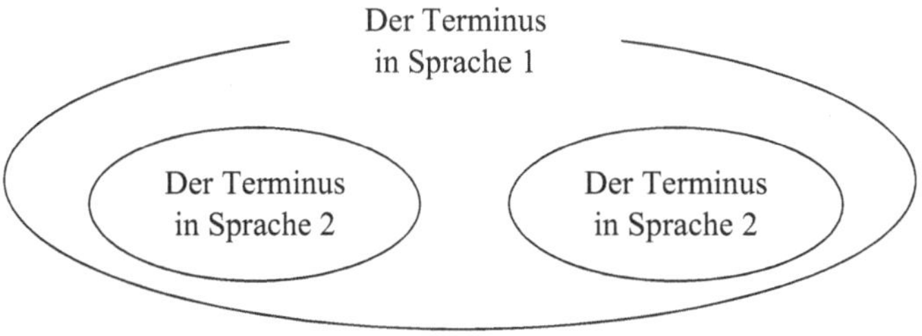

Abbildung 7. Relation: Inklusion. Quelle: Krzemińska-Krzywda, 2006: 8.

Da die Sprachen nicht isomorph sind, wird die Wirklichkeit von ihnen unterschiedlich beschrieben. Von daher können auf diesem Gebiet falsche Freunde entstehen, z. B.
- *klient ≠ der Klient*
- *klient = der Kunde*

Zwischen den Lexemen *klient* und *der Klient* ist die Relation der Inklusion vorhanden. *Der Klient* ist nur eine Art von einem *Kunden*, d. h. er ist eine Person, die beim Rechtsanwalt oder Steuerberater Hilfe oder Beratung sucht. Der Mandant ist ein noch präziseres Lexem, das den Kunden des Rechtsanwalts bezeichnet, also die Wirklichkeit noch exakter beschreibt (vgl. Krzemińska-Krzywda, 2006: 8).
Auch das Wortpaar *renta* und *die Rente* ist an dieser Stelle zu nennen. Das deutsche Lexem hat eine breitere Bedeutung als das polnische – es bezieht sich nämlich auf zahlreiche Leistungsarten der Sozialversicherung, es gibt *Erziehungs-*, *Waisen-*, *Witwen-*, *Behindertenrente*, *Rente wegen Erwerbsminderung* oder *Altersrente*. Die letztere Leistung wird im Polnischen als *emerytura* und nicht als *renta* bezeichnet (vgl. Krzemińska-Krzywda, 2006: 8–9).

Bei der Besprechung der falschen Freunde des Übersetzers ist kurz auch auf Internationalismen hinzuweisen, die von Kątny (2016: 145) als wahre Freunde des Übersetzers bezeichnet werden.

Unter Internationalismen werden Lexeme aus mehreren Sprachen verstanden, die die gleiche oder zumindest ähnliche Schreibung, Lautung und Bedeutung aufweisen (vgl. Kątny, 2016: 145). Einige Bedeutungsunterschiede sind also möglich, was bei der Übersetzung von Rechtstexten zu Missverständnissen führen kann.

Darüber hinaus ist zu betonen, dass Internationalismen vor allem für die Juristen- und nicht für die Gesetzessprache charakteristisch sind. Demnach ist es nicht auszuschließen, dass wenn der Übersetzer einen Internationalismus findet, der in der Juristensprache nur parallel zu einem typisch deutschen usuellen Äquivalent funktioniert, versucht er nicht mehr, diese usuelle Entsprechung zu suchen. Im Zusammenhang damit können auch Internationalismen – also auf den ersten Blick wahre Freunde des Übersetzers – eine Herausforderung für ihn darstellen.

3.5. Didaktik der Rechtsübersetzung

Obwohl übersetzt und gedolmetscht »schon immer« wurde, gingen in der Vergangenheit diese Tätigkeiten mit Fachausbildung nicht einher. Der Grund dafür war die verbreitete Ansicht, dass jede Person, die zwei Sprachen beherrscht, auch im Stande ist, ohne Weiteres zu übersetzen. Mit diesem Argument wurde die Ablehnung einer speziellen Ausbildung für Übersetzer auch an Universitäten begründet (vgl. Kautz, 2002: 419).

Doch wegen zunehmender internationaler Kontakte zwischen Mitgliedern moderner, globalisierter Gesellschaften stieg in letzten Jahrzehnten der Bedarf an hochqualifizierte Dolmetscher und Übersetzter gemeinsprachlicher, aber vor allem fachsprachlicher – darunter juristischer – Texte rapide (vgl. Kautz, 2002: 420). Von daher erfreut sich auch die Didaktik der Rechtsübersetzung immer größerer Beliebtheit. Davon zeugt die Vielzahl der angebotenen Kurse, Schulungen und postgraduellen Studiengängen sowie zahlreiche Publikationen, die sich diesem Thema widmen (vgl. Sekuła, 2016: 96).

Ihre große Zielgruppe bilden hier Studierende, die bereits im Rahmen ihres BA- und MA-Studiums die ersten translatorischen Kompetenzen erwerben sollten, um diese in Zukunft als professionelle Übersetzer, Dolmetscher, vereidigte Übersetzer und Dolmetscher oder Mitarbeiter von Gerichten, Polizei oder Staatsanwaltschaft anzuwenden (vgl. Dunin-Dudkowska, 2016: 61).

Die erwähnten Schlüsselkompetenzen werden in der übersetzungswissenschaftlichen Literatur häufig thematisiert. Pisarska und Tomaszkiewicz (1998) nennen vier Typen der Kompetenzen des Übersetzers:

- Sprachkompetenz – u. a. lexikalische, syntaktische, stilistische Kompetenz, die grundlegend für das Verstehen und Formulieren von Aussagen ist,
- Sachkompetenz – das Fachwissen, enzyklopädisches Wissen,
- logische Kompetenz – die Fähigkeit, logisch zu denken, basierend auf der Kenntnis der zielsprachlichen kulturellen Gegebenheiten – dies sollte beispielsweise ermöglichen, Wortspiele zu übersetzen,
- rhetorisch-pragmatische Kompetenz – die Kenntnis der Regeln des Diskurses und des Kommunikationsprozesses (vgl. Dunin-Dudkowska, 2016: 62).

Ein weiteres Modell der Translationskompetenz wurde von der PACTE-Forschungsgruppe (2008) formuliert (vgl. Dybiec-Gajer, 2013: 81–83). Diese Gruppe definiert Translationskompetenz als ein Wissenssystem, das für die erfolgreiche Übersetzung erforderlich ist. Nach dem genannten Modell umfasst die Translationskompetenz vier Subkompetenzen:

- bilinguale Subkompetenz – das Wissen, das zur Verständigung in zwei Sprachen notwendig ist,
- instrumentelle Subkompetenz – Wissen im Bereich von modernen Technologien und Werkzeugen, die die Arbeit des Übersetzers unterstützen,
- Wissen über die Übersetzung – das Wissen über den Übersetzungsprozess und die Arbeit des Übersetzers,
- außersprachliches Wissen – allgemeines Wissen: Weltwissen und Fachwissen (vgl. Sekuła, 2016: 97).

Auch Göpferich (2008: 148) betont, dass der Begriff der Translationskompetenz aus verschiedenen Teilkompetenzen besteht und in der einschlägigen Literatur unterschiedlich definiert wird. Die meisten Auffassungen erwähnen jedoch die kommunikative Kompetenz in der Ausgangs- und Zielsprache, die Sach- und Fachkompetenz, sowie die Hilfsmittelbenutzungs- und Recherchierkompetenz.

Wegen des in der Translatorik bestehenden *cultural turn* wird die interkulturelle Kompetenz des Übersetzers zusätzlich betont. Das bedeutet die Kenntnis von beiden Kulturen, das Wissen im Bereich ihrer Geschichten, Rechts- und politischen Systemen, Mentalitäten oder Traditionen, damit der Empfänger der Übersetzung in der Lage ist, die fremde Weltwahrnehmung zu verstehen (vgl. Bukowski, Heydel, 2009, bei Dunin-Dudkowska, 2016: 62).

Aus den obigen Erwägungen geht klar hervor, dass es für Kandidaten zum Beruf des Übersetzers (darunter des Rechtsübersetzers) neben perfekter Beherrschung der Sprache unerlässlich ist, dass sie die Sachkompetenz erwerben, also über das Fachwissen auf konkreten Fachgebieten verfügen. Solche Studierenden sind in der Regel Geisteswissenschaftler – Absolventen eines neophilologischen Studiums oder der angewandten Linguistik. Ihr Wissen stammt hauptsächlich aus den Bereichen der Geisteswissenschaften und umfasst kein tieferes Fachwissen im Bereich der wirtschaftlichen Phänomene oder Rechtssysteme (vgl. Dunin-Dudkowska, 2016: 61).

Selbstverständlich können diese Defizite durch entsprechende Lehrveranstaltungen ergänzt werden, die das konkrete Fachwissen vermitteln. Da die Übersetzungskompetenz mit der Sachkompetenz einhergeht, scheint notwendig zu sein, dass neben der Lehrveranstaltung Fachübersetzung auch die Lehrveranstaltung im Bereich der jeweiligen Fachsprache angeboten wird.

Im Zusammenhang damit wurden die Studienprogramme des Studiengangs Germanistik an allen polnischen klassischen[31] Universitäten analysiert. In der nachfolgenden Tabelle wurden die von den Universitäten angebotenen Lehrveranstaltungen *Rechtsübersetzung*, wo die Übersetzungskompetenz im Bereich der Rechtstexte und die Lehrveranstaltungen *Fachsprache Recht*, wo die Sachkompetenz und das juristische Fachwissen erworben wird, gesammelt. Aus Platzgründen wird hierbei auf die Unterscheidung der BA-/MA-Stufen und der Spezialitäten verzichtet, die Analyse soll nämlich nur einen Überblick über die rechtsbezogenen Lehrveranstaltungen an polnischen Universitäten liefern.

31 Als klassische Universitäten werden hier Universitäten verstanden, die sich auf der ministerialen Liste der öffentlichen akademischen Hochschulen befinden. Ausgeschlossen wurden technische, ökonomische, pädagogische, landwirtschaftliche/naturwissenschaftliche, theologische Universitäten und Sportakademien (online: https://www.gov.pl/web/edukacja-i-nauka/wykaz-uczelni-publicznych-nadzorowanych-przez-ministra-wlasciwego-ds-szkolnictwa-wyzszego-publiczne-uczelnie-akademickie, Zugriff am 15.02.2021).

Tabelle 5. Lehrveranstaltungen Rechtsübersetzung und Fachsprache Recht an polnischen klassischen Universitäten. Die Bezeichnungen der Lehrveranstaltungen, die auf Polnisch formuliert wurden, wurden von A.P. übersetzt. Quelle: Studienprogramme auf Webseiten der jeweiligen Universitäten / Fakultäten / Institute / Lehrstühle – Adressen in Fußnoten. Eigene Bearbeitung.

Universität	**Lehrveranstaltungen ≈ *Rechtsübersetzung***	**Lehrveranstaltungen ≈ *Fachsprache Recht***
Jagiellonen-Universität Krakau[32]	Übersetzung von Rechtstexten und behördlichen Texten (30)	-
Universität Wrocław[33]	Gerichtsdolmetschen (30)	Rechtssprache in der Fachkommunikation (30)
Universität Warschau[34]	Urkundenübersetzung (60)	-
Adam-Mickiewicz-Universität Posen[35]	-	Fachsprache: Recht/Verwaltung (30)
Maria-Curie-Skłodowska-Universität Lublin[36]		Deutsche Behördensprache (60)
Universität Lodz[37]	Fachübersetzen: Geschäfts- und Rechtssprache (56)	-
Nikolaus-Kopernikus-Universität Toruń	-	-
Schlesische Universität Katowice[38]	-	Ausgewählte Probleme im Bereich von Ökonomie/ Recht (30)
Universität Gdańsk[39]	Übersetzung von Verwaltungs- und Rechtstexten (60)	-

32 https://ifg.filg.uj.edu.pl/s2s/filologia-germanska (Zugriff am 20.12.2020).
33 http://www.ifg.uni.wroc.pl/wp-content/uploads/dydaktyka/progrS/na2021/stacjonarne_mag_202021_trans.pdf (Zugriff am 20.12.2020).
34 https://www.germanistyka.uw.edu.pl/wp-content/uploads/2020/06/Program-studio%CC%81w-II-stopnia_2019.pdf (Zugriff am 20.12.2020).
35 http://germanistyka.amu.edu.pl/pl/images/studia_stac/plany_studiow/20-21/20-21-plan_studiow_filologia_germanska_BA_standard_2020_21.pdf (Zugriff am 20.12.2020).
36 https://www.umcs.pl/pl/program-studiow,7654.htm (Zugriff am 20.12.2020).
37 http://germanistyka.uni.lodz.pl/opisy-zajec (Zugriff am 20.12.2020).
38 https://www.ifg.us.edu.pl/programy-studiow-punkty-ects/ (Zugriff am 20.12.2020).
39 https://fil.ug.edu.pl/studenci_8/plany_i_komunikaty/filologia_germanska/plany_studiow (Zugriff am 20.12.2020).

(Fortsetzung)

Universität	Lehrveranstaltungen ≈ *Rechtsübersetzung*	Lehrveranstaltungen ≈ *Fachsprache Recht*
Universität Stettin[40]	-	Grundlagen des Wirtschaftsrechts (30)
Universität Oppeln[41]	-	Einführung in das Handelsrecht (30) Einführung in das Verwaltungsrecht (15)
Universität Białystok	Der Studiengang Germanistik wird nicht angeboten.	
Universität Ermland-Masuren Olsztyn[42]	Übersetzung von behördlichen Texten (30) Übersetzung von Rechtstexten (30)	-
Kardinal-Stefan-Wyszyński-Universität Warschau	Der Studiengang Germanistik wird nicht angeboten.	
Universität Rzeszów[43]	Übersetzung von Rechtstexten/ populärwissenschaftlichen Texten (55)	-
Universität Zielona Góra	-	-
Kazimierz-Wielki-Universität Bydgoszcz[44]	Übersetzung von Verwaltungs- und Rechtstexten (30)	Deutsche Sprache im Recht und in der Verwaltung (30)

40 https://hum.usz.edu.pl/wp-content/uploads/FG_II_S-2020_2021.pdf (Zugriff am 20.12.2020).

41 http://ger.wfil.uni.opole.pl/harmonogramy-studiow/ (Zugriff am 20.12.2020).

42 http://www.uwm.edu.pl/germanistyka/index.php?option=com_content&view=article&id=882&Itemid=199 (Zugriff am 20.12.2020).

43 https://www.ur.edu.pl/storage/file/core_files/2020/9/7/2bdd2d0d885290356d768b72caf33d6b/Harmonogram%20studi%C3%B3w%20na%20kierunku%20Filologia%20germa%C5%84ska,%20studia%20stacjonarne%20II%20stopnia,%20spec.%20translatoryczna,%20obowi%C4%85zuj%C4%85cy%20od%20roku%20akad.%202020%202021.pdf (Zugriff am 20.12.2020).

44 https://jezykoznawstwo.ukw.edu.pl/download/54276/germanistyka-1-charakterystyka.pdf (Zugriff am 20.12.2020).

(Fortsetzung)

Universität	Lehrveranstaltungen ≈ *Rechtsübersetzung*	Lehrveranstaltungen ≈ *Fachsprache Recht*
Jan-Kochanowski-Universität Kielce[45]	Übersetzung und Analyse von ökonomischen Texten und Rechtstexten (35)	-

In der obigen Zusammenstellung wurde auf die Lehrveranstaltungen *Fachübersetzung* und *Fachsprache*, die von den meisten Universitäten im Umfang von 30 bis sogar 120 Stunden angeboten werden, verzichtet. Sie können sich nämlich auf verschiedene Fachbereiche, u. a. Medizin, Recht, Ökonomie, Business oder Technik beziehen. Auf der Grundlage der veröffentlichten Studienprogramme kann nicht festgestellt werden, ob und eventuell inwieweit sich die jeweilige Veranstaltung explizit mit der Rechtsübersetzung und der Vermittlung des Fachwissens im Bereich der Fachsprache Recht beschäftigt.

Die grundlegende Schlussfolgerung, die sich aus der vergleichenden Analyse ziehen lässt, betrifft die Tatsache, dass 14 von 16 Universitäten mit der Studienrichtung Germanistik irgendwelche rechtsgebundenen Fächer einführen, die sich entweder auf die Übersetzung der Rechtstexte oder auf das Kennenlernen des juristischen Fachwortschatzes und den Erwerb des juristischen Fachwissens konzentrieren.

Doch die wichtigste Bemerkung, die aus der dargestellten Zusammenstellung resultiert, bezieht sich darauf, dass nur zwei Universitäten gesonderte Lehrveranstaltungen sowohl im Bereich der Rechtsübersetzung als auch der Fachsprache Recht anbieten, die – was in der Übersetzungsforschung deutlich betont wird – ein unzertrennliches Paar bilden sollen:

- *Gerichtsdolmetschen + Rechtssprache in der Fachkommunikation* (Universität Wrocław),
- *Übersetzung von Verwaltungs- und Rechtstexten + Deutsche Sprache im Recht und in der Verwaltung* (Kazimierz-Wielki-Universität Bydgoszcz).

Darüber hinaus wurde bei der Analyse der Studienprogramme festgestellt, dass einige Universitäten zahlreiche Lehrveranstaltungen auf dem Gebiet der Fachübersetzung und der Fachsprache[46] parallel anbieten, die jedoch thematisch nicht einheitlich sind, weil sie sich auf verschiedene Fächer beziehen. Als Beispiel kann hier die Germanistik in Olsztyn angeführt werden, wo die Verteilung der

45 https://ilij.ujk.edu.pl/plan-studiow-filologia-germanska/ (Zugriff am 20.12.2020).
46 Ausführlicher zu Lehrveranstaltungen im Bereich der Fachsprachen, die an polnischen Universitäten angeboten werden, sieh Grzybowska (2020).

Lehrveranstaltungen im Bereich der Fachübersetzung und der Fachsprache im Rahmen des MA-Studiums folgendermaßen aussieht[47]:

- Semester 1:
  Übersetzung von behördlichen Texten + Deutsche Sprache im Tourismus,
- Semester 2:
  Übersetzung von wissenschaftlichen Texten + Deutsche Sprache in der Medizin,
- Semester 3:
  Übersetzung von Rechtstexten + Deutsche Sprache im Business,
- Semester 4:
  Übersetzung von Texten im Bereich der Kultur und des nationalen Erbes + Deutsche Sprache im Business 2.

Obwohl die Anzahl der angebotenen Lehrveranstaltungen im genannten Bereich in diesem konkreten Falle beeindruckend ist, kann angenommen werden, dass die Verbindung derselben Fachbereiche (z. B. *Übersetzung von medizinischen Texten + Deutsche Sprache in der Medizin*) mehr Nutzen bringen könnte. Auch andere Kombinationen, wie die Zusammenstellung der Fächer *Übersetzung von Texten im Bereich der Kultur und des nationalen Erbes* und *Deutsche Sprache im Tourismus* in einem Semester könnte sich höchstwahrscheinlich auf eine bessere Qualität der angefertigten Translate auswirken.

Es besteht kein Zweifel, dass das Angebot von parallelen Lehrveranstaltungen Fachübersetzung und Fachsprache, die gleichzeitig auf demselben Fachbereich basieren und sich dadurch thematisch ergänzen (hier Rechtsübersetzung + Rechtssprache), die Studierenden für die Spezifik und Komplexität des Fachübersetzungsprozesses (hier des Rechtsübersetzungsprozesses) sensibilisieren kann.

Obwohl dies in gewissem Sinne ein Truismus ist, sollte an dieser Stelle betont werden, dass sich eine so geringe Anzahl von Stunden, die der Rechtsübersetzung und der Fachsprache Recht im Rahmen der Germanistik-Studiengänge gewidmet wird, einigermaßen auf die Qualität der von den zukünftigen Rechtsübersetzern angefertigten Translate auswirken muss.

Nidaye (2011: 188) geht davon aus, dass die Ausbildung von Fachübersetzern, besonders von Rechtsübersetzern, im Rahmen der BA- und MA-Studiengänge wegen der Spezifik des Bologna-Prozesses gar nicht möglich ist. Die Erreichung der angestrebten Lernziele und der Erwerb der notwendigen Kompetenzen wird nämlich nicht gewährleistet, weil die Realisierung der in den Curricula enthaltenen ehrgeizigen Annahmen während der angebotenen Lehrveranstaltungen

47 http://www.uwm.edu.pl/germanistyka/index.php?option=com_content&view=article&id=882&Itemid=199 (Zugriff am 20.12.2020).

geradezu ausgeschlossen ist. Eine solche Gelegenheit bietet lediglich das postgraduale Studium an.

Auch Sekuła (2016: 101–102) betont, dass ein deutlich breiterer Erwerb zahlreicher für die Ausübung des Berufs eines Rechtsübersetzers notwendiger Kompetenzen erst im postgradualen Studium zu verzeichnen ist. Die Schwerpunkte liegen dort vor allem auf der Kenntnis des Übersetzungsprozesses, der Erweiterung von sprachlichen und interkulturellen Kompetenzen, der Entwicklung der IT-Fähigkeiten sowie der Fähigkeiten, nach konkreten Informationen zu suchen und diese richtig zu verarbeiten.

Im Kontext der Ausbildung der Rechtsübersetzer sind auch postgraduale Studienrichtungen und zahlreiche Schulungen bzw. Kurse zu erwähnen, die auf die Prüfung und die Ausübung des Berufs des vereidigten Dolmetschers und Übersetzers vorbereiten. Obwohl der vereidigte Dolmetscher und Übersetzer mit einem unbegrenzten Spektrum an sowohl allgemeinen Texten als auch Fachtexten arbeitet, nehmen die Rechtstexte eine besondere Stellung in seiner beruflichen Tätigkeit ein. Davon zeugt u. a. die Tatsache, dass zwei von vier Texten, die während der schriftlichen Prüfung zum vereidigten D. u. Ü. zu übersetzen sind, gerichtliche Schriftstücke, amtliche Schriftstücke oder Rechtstexte[48] sein müssen (vgl. Biel, 2017: 38, Kubacki, 2009a: 13).

In diesem Zusammenhang muss jede der genannten Formen der Bildung mit der Rechtsübersetzung eng verbunden sein. Auch die Änderungen im Verlauf der Prüfung zum vereidigten D. u. Ü. aus dem Jahre 2018[49], die die Prüfung an die Realitäten dieses Berufs heranführten, trugen dazu bei, dass sich die Kandidaten bei der Vorbereitung auf pragmatische Aspekte des Berufs des Rechtsübersetzers stärker konzentrieren müssen[50].

48 Juristen und Übersetzungswissenschaftler weisen darauf hin, dass der polnische Gesetzgeber die Arten der zu übersetzten Texte relativ unpräzise formuliert. Gerichtliche Schriftstücke und die meisten amtlichen Schriftstücke gehören doch zu Rechtstexten, so ist diese Aufzählung nicht eindeutig (vgl. Cieślik, Laska, Rojewski, 2014: 24).

49 Rozporządzenie Ministra Sprawiedliwości z dnia 30 października 2018 r. zmieniające rozporządzenie w sprawie szczegółowego sposobu przeprowadzenia egzaminu na tłumacza przysięgłego (Dz. U. 2018 poz. 2138).

50 Die Form der Prüfung zum vereidigten Dolmetscher und Übersetzer löst Kontroversen aus. Zu den wichtigsten Postulaten, die zu Änderungen in der Durchführung der Prüfung führen sollen, gehören die Erlaubnis, während der schriftlichen Prüfung Computer mit Internetzugang zu benutzen und die Möglichkeit, juristische Lexika, Paralleldokumente und Gesetzestexte mit ihren Übersetzungen zu verwenden. Hingewiesen wird ebenso auf die Möglichkeit der Abtrennung des Berufs eines vereidigten Übersetzers und eines vereidigten Dolmetschers sowie auf die Aufteilung der Übersetzer nach Fachgebieten, z. B. Technik, Recht oder Medizin (vgl. Biel, 2017: 37–44). In der geänderten Verordnung betreffs der Prüfung zum vereidigten Dolmetscher und Übersetzer von 2018 wurde die genannte Kritik einigermaßen in Betracht gezogen. Im schriftlichen Teil der Prüfung darf der Kandidat die von ihm mitgebrachten Wörterbücher, Glossare, Lexika und Enzyklopädien in Papierform benutzen (vgl. § 3 Verordnung des Justizministers vom 30. 10. 2018). In der älteren Fassung der genannten

Zum Schluss soll deutlich betont werden, dass alle Formen der Bildung der Rechtsübersetzer lediglich als eine Art der Einführung zur Ausübung dieses Berufes zu verstehen sind. Sie ermöglichen dem Studierenden bzw. dem Kursteilnehmer, bestimmte Arbeitstechniken und berufsspezifische Gewohnheiten zu entwickeln sowie ihn mit den Besonderheiten der Rechtsübersetzung vertraut zu machen, weil der Rechtsübersetzer de facto sein ganzes Leben lang lernt.

3.6. Hilfsmittel in der Arbeit des Rechtsübersetzers

Ein integraler Bestandteil des Handwerks des Rechtsübersetzers sind Werkzeuge bzw. Hilfsmittel, die ihn bei seiner Tätigkeit unterstützen. Nord (2002: 6) zählt fünf Kategorien der Hilfsmittel des Übersetzers auf:

- Hilfsmittel zur physischen Ausübung – die Ausstattung des Arbeitsplatzes,
- Hilfsmittel zur Verwaltung – die Speicherung und Lagerung von Übersetzungen,
- Hilfsmittel zur Kommunikation – Geräte, die dem Übersetzer ermöglichen u. a. mit den Auftraggebern zu kommunizieren,
- Hilfsmittel zur Textproduktion – technische Geräte, z. B. Computersoftware, mit der der Übersetzer den Text produzieren kann,
- Hilfsmittel zur Recherche – Nachschlagewerke.

Nord (2002: 158) definiert Hilfsmittel im Übersetzungsprozess als: »externe Repräsentationen von Wissensbeständen, auf die ein Übersetzer zurückgreift, um seine eigenen Wissensbestände zu erweitern«.

Aus der Perspektive der vorliegenden Arbeit spielt die letzte der genannten Kategorien – die Hilfsmittel zur Recherche – eine besondere Rolle, weil die Recherchierkompetenz bei den Rechtsübersetzern als die Schlüsselkompetenz betrachtet werden kann.

Nord (2002: 6–7, 159–160) unterteilt die Hilfsmittel zur Recherche in primäre und sekundäre Hilfsmittel. Zu den primären Hilfsmitteln gehören vor allem Nachschlagewerke und Hilfstexte. Unter dem Begriff Nachschlagewerke sind Lehrbücher, Lexika, Wörterbücher, Enzyklopädien und eigene Materialien des Übersetzers (z. B. Dokumente, Schriftstücke) zu verstehen.

Hilfstexte können dagegen in ergänzende Informationstexte (Originaltexte und ihre Übersetzungen, die Faktenwissen enthalten, z. B. Lehrbücher oder

---

Verordnung waren alle Hilfsmittel, die einen enzyklopädischen Charakter hatten, ausgeschlossen (vgl. § 3 Verordnung des Justizministers vom 24.01.2005). Verboten waren also die Materialien, die die Grundlage der Arbeit eines Rechtsübersetzers bilden und eine entscheidende Rolle bei der Anfertigung korrekter Rechtsübersetzungen spielen.

Leitfäden) und Paralleltexte unterteilt werden (vgl. Nord, 2002: 159–160, Siewert-Kowalkowska, 2013: 215).

Zu sekundären Hilfsmitteln gehören vor allem Suchmaschinen, Terminologie-Datenbanken, Terminologie-Management-Systeme und CAT-Systeme (vgl. Nord, 2002: 7, Siewert-Kowalkowska, 2013: 215–216).

Aus den obigen Erwägungen resultiert, dass die primären Hilfsmittel dem Übersetzer das benötigte Wissen verschaffen und die sekundären Hilfsmittel ihm dabei helfen, auf dieses Wissen zuzugreifen.

Wiesmann betont, dass bei der Klassifizierung der Hilfsmittel des Rechtsübersetzers häufig auf maschinelle Übersetzung verzichtet wird – in der obigen Klassifizierung von Nord (2002) war das auch der Fall. Der Grund dafür ist die Tatsache, dass manche Forscher lediglich die Hilfsmittel in Betracht ziehen, die den Humanübersetzer unterstützen und nicht die Übersetzungen anstelle von ihm – automatisch – anfertigen (vgl. Wiesmann, 2004: 157).

Im Folgenden werden die Hilfsmittel kurz besprochen, deren Benutzung zur alltäglichen Tätigkeit des heutigen Rechtsübersetzers gehört.

In erster Linie ist auf mono- und bilinguale (bzw. mehrsprachige) Rechtswörterbücher zu verweisen. Ihre Struktur ist weitgehend ähnlich – beide enthalten normalerweise die Informationen über die lexikalische Kategorie, die Herkunft und die Aussprache des jeweiligen Lexems (vgl. Snell-Hornby 2006: 181). Das, was sie voneinander unterschiedet, ist die Tatsache, dass die monolingualen Rechtswörterbücher die Definition bzw. die Definitionen und die bilingualen Rechtswörterbücher die zielsprachigen Äquivalente des Lexems angeben. (vgl. Siewert-Kowalkowska, 2013: 217).

Obwohl die bilingualen Rechtswörterbücher ein unschätzbares Hilfsmittel sind, sollten sie mit Vorsicht behandelt werden, weil sie keine vollständige Kompilierung des Wissens über die Rechtssprache darstellen und nicht immer fertige Lösungen garantieren. Die monolingualen Wörterbücher haben dagegen den Vorteil, dass sie die Bestimmung der Bedeutung von lexikalischen Einheiten der Ausgangssprache erleichtern, da sie verschiedene Bedeutungen und semantische Unterschiede oft zusammen mit Beispielen für den Gebrauch liefern (vgl. Siewert-Kowalkowska, 2013: 217). Hierbei ist auch auf die wichtige Rolle der Rechtslexika hinzuweisen, die komplexe Definitionen der Rechtstermini enthalten. Sie ermöglichen sich der anhand von Wörterbüchern getroffenen Wahl der Äquivalente zu vergewissern.

Obgleich die Wörterbücher zu den wahrscheinlich wichtigsten Hilfsmitteln gehören, nach denen die Rechtsübersetzter besonders häufig greifen, muss betont werden, dass sie auch Nachteile haben, die von den Übersetzern in Betracht gezogen werden müssen. Eine häufige Situation ist der Mangel an Qualifikatoren bei manchen Stichwörtern, die beispielsweise auf das Rechtsgebiet, auf dem der gegebene Terminus vorkommt, hinweisen könnten. So weiß der Anwender des

Wörterbuchs nicht, in welchem Kontext er die vorgeschlagenen Äquivalente benutzen kann.

Der weitere wesentliche Nachteil der Rechtswörterbücher besteht darin, dass ihre Möglichkeiten begrenzt sind. Im Laufe der Zeit werden die in ihnen enthaltenen Informationen desaktualisiert, auch eine zwei oder drei Jahre alte Ausgabe hält nicht mit dem aktuellsten Rechtsstand Schritt – es sei denn es ist eine Online-Version, die auf dem Laufenden ergänzt werden kann.

Das nächste Hilfsmittel, das aus der Sicht des Rechtsübersetzers erwähnt werden soll, bilden Paralleltexte. Die Analyse von Paralleltexten ermöglicht sprachliche und kulturelle Unterschiede in Konventionen der Texte in der Ausgangs- und Zielsprache festzustellen. Sie hilft auch dabei, eine Übersetzung anzufertigen, die den sprachlichen und kulturellen Erwartungen der zielsprachlichen Empfänger entspricht (vgl. Göpferich, 2006: 184, Kautz, 2002: 97, Siewert-Kowalkowska, 2013: 219).

Göpferich (2006: 184) definiert Paralleltexte als

> verschiedensprachige Texte, die originär in ihrer jeweiligen Sprache – am besten von kompetenten Muttersprachlern – erstellt wurden, die also keine Übersetzungen voneinander sind, aber ein möglichst ähnliches Thema behandeln und sich in ihrer kommunikativen Funktion entsprechen, d. h. derselben Textsorte(nvariante) angehören (Göpferich 2005:184).

Daraus ergibt sich, dass Paralleltexte originale Texte in einer Sprache sind, die zu derselben Textsorte gehören, denselben Gegenstand behandeln sowie dieselbe Funktion wie der Ausgangstext erfüllen (vgl. auch Spillner, 1981: 241).

Fabricius-Hansen (2007: 232) versteht Paralleltexte als

> Originaltexte, die in verschiedenen Sprachen verfasst, aber funktional und eventuell auch thematisch vergleichbar sind, d.h. Texte, die nach relevanten textexternen Kriterien wie kommunikative Funktion, Entstehungsbedingungen, rhetorische Struktur, Medium demselben ›Genre‹ oder derselben Textsorte zugewiesen werden können oder wenigstens deutliche Ähnlichkeiten aufweisen.

Nach dieser Definition müssen die Paralleltexte thematisch vergleichbar sein und »wenigstens deutliche Ähnlichkeiten aufweisen«, so brauchen sie derselben Textsorte nicht unbedingt anzugehören.

Auch Hohnhold (1990: 24) und Albrecht (2005: 170) betonen, dass Paralleltexte zu den wichtigsten Quellen bei der Bereitstellung der Terminologie und der Äquivalenzsicherung gehören, wobei Hohnhold (1990: 24) sie auch als *Gegentexte* bezeichnet und auf ihre Rolle als Hilfsmittel hinweist:

> das natürlichste Hilfsmittel, das sich anbietet, ist der originale Fachtext in der Sprache, in die zu übersetzen ist: ein Text aus dem gleichen Fachgebiet und möglichst der gleichen Textkategorie (Hohnhold, 1990: 24).

Weigt (2010: 55) betont, dass Paralleltexte als Mustertexte dienen können, anhand derer man einerseits die globale Struktur von Rechtsnormen, ihre Makro- und Mikrostruktur vergleichen und andererseits das konkrete Rechtswissen erwerben kann. Dementsprechend sind die Paralleltexte die Quelle vom Wissen fachlicher und sprachlicher Art.

Als Zusammenfassung der dargestellten Definitionen lässt sich feststellen, dass Paralleltexte dem Rechtsübersetzer wesentliche linguistische Informationen über Terminologie und typische Kollokationen liefern können. Sie geben ebenfalls Hinweise zum Stil, dem Sprachregister, und der Struktur des zielsprachlichen Textes, was zur Produktion der mit den zielsprachlichen Textsortenkonventionen konformen Übersetzung beiträgt. Dadurch wird die Akzeptabilität des angefertigten Translats in der Zielkultur gesteigert (vgl. Shreve 1993: 188–189).

Kubacki (2013: 150) betont, dass die in den Paralleltexten vorkommende Rechtsterminologie aktueller als die in den Rechtswörterbüchern sein kann. Dies gilt nicht nur für die Terminologie, sondern auch für die in den Paralleltexten enthaltenen Informationen. Ihre Analyse ermöglicht es dem Übersetzer, immer auf dem neuesten Stand zu sein, auch in den Fachbereichen, die einem schnellen und kontinuierlichen Wandel unterliegen.

An dieser Stelle ist darauf hinzuweisen, dass die Paralleltexte auch Nachteile haben. Die größte Schwierigkeit bei der Arbeit mit diesem Hilfsmittel besteht darin, einen entsprechenden Paralleltext zum ausgangssprachlichen Text aufzufinden. Da der Titel des Textes, z. B. einer Urkunde manchmal irreführend oder nicht eindeutig sein kann, kann die Suche erst nach der terminologischen Arbeit und der Feststellung von Schlüsselwörtern erfolgreich beendet werden (vgl. Kubacki, 2013: 150). Als Beispiel kann hier die polnische standesamtliche Urkunde angeführt werden, die *zaświadczenie* heißt. Es handelt sich hierbei um eine Bescheinigung, die bestätigt, dass die jeweilige Person nach dem polnischen Recht fähig ist, die Ehe im Ausland zu schließen (vgl. Kubacki, 2012a: 154–155). Da der Titel dieser Urkunde eigentlich nichtssagend ist, kann angenommen werden, dass der angehende Rechtsübersetzer wahrscheinlich nicht im Stande wäre, den deutschen Paralleltext *Ehefähigkeitszeugnis* ohne komplexe Recherche zu finden.

Manchmal ist es auch schwierig, die Qualität und Glaubwürdigkeit eines gefundenen Paralleltextes zu bewerten. In diesem Zusammenhang ist nicht immer einfach, zwischen dem Paralleltext zu einem ausgangssprachlichen Text und seiner Übersetzung in die Zielsprache zu unterscheiden (vgl. Kubacki, 2013: 155).

Obwohl die Paralleltexte kein ideales Hilfsmittel sind, gehören sie zu den wertvollsten Werkzeugen, die dem Rechtsübersetzer zur Verfügung stehen. Wegen des konventionalisierten Charakters des juristischen Diskurses und des Vorhandenseins zahlreicher übereinstimmender Dokumente im polnischen und deutschen Recht (Geburtsurkunden, Testamente, Gesellschaftsverträge, Strafurteile etc.) spielen sie bei der Rechtsübersetzung eine viel wichtigere Rolle als z. B. bei der Übersetzung von allgemeinsprachlichen oder literarischen Texten. Von daher werden sie in der vorliegenden Arbeit als ein wichtiges Hilfsmittel betrachtet, das die Quelle der im Kontext gebetteten, usuellen Rechtsterminologie ist. Den wichtigsten Paralleltext, der bei der Analyse der Terminologie des polnischen Strafgesetzbuches verwendet wird, die im empirischen Teil dieser Arbeit durchgeführt wird, bildet das deutsche Strafgesetzbuch.

Bei der Besprechung der Hilfsmittel des Rechtsübersetzers ist wegen des technischen Fortschritts auch auf den Einsatz von Computern im Übersetzungsprozess hinzuweisen. Dabei ist vor allem zwischen maschineller Übersetzung und computerunterstützter Übersetzung (computer-assisted-translation/ computer-aided-translation[51], CAT) zu unterscheiden.

Maschinelle Übersetzungen werden von einer Maschine (einem Computer-Übersetzer) generiert, die den Menschen im Übersetzungsprozess ersetzen soll. Die computergestützte Übersetzung wird dagegen von einem Humanübersetzer mit Hilfe spezieller Computersoftware (CAT-Tools) erstellt. Hier unterstützt die Maschine (der Computer-Übersetzer) den Humanübersetzer beim Übersetzungsprozess und auf diese Wiese wird die Anzahl der Aufgaben des Humanübersetzers reduziert (vgl. Kubacki, Łomzik, 2018: 131).

Zu den wichtigsten Vorteilen, die den CAT-Tools zu verdanken sind, gehören erhöhte Arbeitseffizienz, die wegen der Automatisierung des Übersetzungsprozesses erreicht werden kann, sowie Erzielung terminologischer und struktureller Konsistenz der Texte. Da für die Rechtstexte das Vorkommen sich wiederholender Termini oder sogar größerer Textpassagen charakteristisch ist, erleichtern die CAT-Tools die Arbeit des Rechtsübersetzers, indem sie die bereits übersetzten Passagen kopieren und an gehöriger Stelle automatisch einfügen. Auch zur terminologischen Konsistenz, die im Rahmen des ganzen Textes oder einer Gruppe von Texten zu erzielen ist, tragen sie erfolgreich bei. Die CAT-Tools garantieren es nämlich, dass jedem ausgangssprachlichen Terminus ein und derselbe zielsprachliche Terminus entspricht, was zu besonders wichtigen Qualitätsmerkmalen derartiger Übersetzungen gehört[52] (vgl. Pleș, 2018: 134–137).

An dieser Stelle ist auch auf das technologische Novum und zwar auf die Kombination maschineller und computergestützter Übersetzung, die sog. maschinelle Übersetzungs-Plug-ins in CAT-Tools hinzuweisen, wo beide Hilfsmittel

51 Die Unterschiede zwischen diesen Bezeichnungen bespricht Bogucki (2009: 25–28).

52 Der Grund dafür ist es, dass konsistente Terminologie von der Synonymie absehen muss. Andererseits muss hier aber erwähnt werden, dass obwohl die Beschaffenheit der Rechtssprache darin besteht, dass sie besonders eindeutig ist und in ihrem Rahmen fast keine Synonyme auftreten, es Situationen gibt, in denen sie völlig akzeptabel sind, z. B. *dozór policji – polizeiliche Aufsicht = polizeiliche Überwachung* (vgl. Kubacki, 2009b: 84).

dem Übersetzer gleichzeitig zur Verfügung stehen (vgl. Kubacki, Łomzik, 2018: 131–132).

Hierbei ist zu erwähnen, dass manche Forscher (u. a. Bogucki, 2009: 52 und Witczak, 2016: 206) auch gängige Textverarbeitungsprogramme, wie Microsoft Word, sowie elektronische Wörterbücher und Glossare zu den übersetzungsunterstützenden Anwendungen zählen (vgl. Kubacki, Łomzik, 2018: 131).

Zum Schluss ist noch auf den immer größeren Einsatz der maschinellen Übersetzung in der Arbeit des Rechtsübersetzers wegen steigender Qualität der von Online-Übersetzern[53] generierten Translate hinzuweisen. Als in den 60er Jahren des 20 Jh. die ersten Systeme zur automatischen Übersetzung entstanden, glaubte wahrscheinlich kaum jemand, dass sie in kommenden Jahrzehnten eben bei der Fachübersetzung die Anwendung finden können (vgl. Bogucki, 2009: 38–47).

In der einschlägigen Literatur wird nämlich die größere Nützlichkeit von Systemen der maschinellen Übersetzung bei der Übersetzung von Fachtexten als bei der Übersetzung von Anwendungstexten hervorgehoben. Dies ist wahrscheinlich auf hohe Konventionalisierung von Fachtexten und reichhaltige Übersetzung-Datenbanken zurückzuführen, die die Online-Übersetzer verwenden (vgl. Kubacki, Łomzik, 2018: 148).

Świątek (2015: 188) betont, dass die maschinelle Übersetzung für künstlerische Übersetzung nicht geeignet ist, weil die Anfertigung solcher Translate ein besonderes Talent erfordert, mit dem eine Maschine nicht ausgestattet werden kann.

In diesem Zusammenhang ist eine interessante Studie von Kubacki und Łomzik (2018) zu erwähnen. Die Ergebnisse der bisher durchgeführten Untersuchungen, vor allem im Sprachenpaar Polnisch-Englisch, haben sie dazu angeregt, die Übersetzungen polnischer und deutscher Fach- und Anwendungstexte[54] zu analysieren, die durch die Online-Übersetzungssysteme: DeepL und Google Translate erstellt wurden. Im Folgenden werden einige Beispiele aus der genannten Analyse geschildert.

53 Als Online-Übersetzer wird hier ein Online-Dienst zur maschinellen Übersetzung und nicht der Humanübersetzer verstanden.

54 Als Beispiele der Fachtexte wählten Kubacki und Łomzik (2018: 135) Texte aus dem Bereich der Rechnungslegung, u. a. den Bestätigungsvermerk eines Wirtschaftsprüfers. Das Korpus der Anwendungstexte umfasst Briefe von zwei deutschen Krankenkassen, die an den Versicherten bezüglich u. a. seiner Arbeitsunfähigkeit gerichtet wurden. Kubacki und Łomzik (2018: 135) weisen darauf hin, dass die Anwendungstexte im Vergleich zu Fachtexten eindeutig weniger Fachwörter aus dem oben genannten Themenbereich enthalten.

Tabelle 6. Fehler in den von Deepl und Google Translate generierten Translaten der Fachtexte, Hervorhebungen der Fehler – Kubacki, Łomzik. Quelle: Kubacki, Łomzik, 2018: 138–144.

Position	Ausgangstext	DeepL	Google Translate	Vorschlag einer korrekten Übersetzung
1.	Die Aufstellung des Konzernabschlusses erfolgte unter Anwendung der Vorschriften der §§ 290ff. HGB.	Skonsolidowane sprawozdanie finansowe zostało sporządzone zgodnie z przepisami § 290 i nast. niemieckiego kodeksu handlowego (HGB).	Skonsolidowane sprawozdanie finansowe zostało sporządzone zgodnie z postanowieniami §§ 290 i nast. HGB	Skonsolidowane sprawozdanie finansowe zostało sporządzone zgodnie z przepisami § 290 i nast. niemieckiego Kodeksu handlowego (HGB).
2.	zasiłek rodzinny	Familiengeld	Familienbeihilfe	Kindergeld (D) / Familienbeihilfe (A)
3.	HGB	Kodeks Cywilny	HGB	Kodeks handlowy (HGB)
4.	Wir sind der Auffassung, dass unsere Prüfung eine hinreichend sichere Grundlage für unsere Beurteilung bildet.	Uważamy, że nasz audyt stanowi rozsądną podstawę do wyrażenia opinii.	Uważamy, że nasz audyt stanowi rozsądną podstawę do wyrażenia opinii	Naszym zdaniem przeprowadzone przez nas badanie stanowi wystarczająco pewną podstawę do wydania przez nas opinii.
5.	In den Zinsaufwendungen wurden solche aus Abzinsung i. H. v. 186 T€ mit Erträgen i. H. v. 24 T€ miteinander verrechnet.	Koszty odsetkowe obejmowały 186 tys. euro z dyskontowania i 24 tys. euro z przychodów.	W kosztach odsetkowych te z dyskontowania i. H. v. 186 T € z dochodem i. H. v. 24 T € kompensowane ze sobą.	W kosztach odsetek uwzględniono 186 tys. euro odsetek z dyskontowania oraz 24 tys. euro z przychodów.

Zu Position 1:

Bei Fachtexten generierten automatische Übersetzungssysteme so gute Translate, dass der Übersetzer viele Sätze ohne Korrektur oder nach kleiner Änderung eines Wortes bzw. einer Phrase übernehmen konnte. Die meisten Sätze, die aus Fachtexten stammten, wurden verständlich übersetzt, nur wenige enthielten sachliche, terminologische oder grammatikalische Fehler, die trotzdem das Verständnis ihres Inhalts nicht behinderten (vgl. Kubacki, Łomzik, 2018: 137–138).

Zu Position 2:
In Übersetzungen von Fachtexten kamen hauptsächlich terminologische und sachliche Fehler. *Zasiłek rodzinny* wurde durch Deepl als *Familiengeld* übersetzt, diese Entsprechung wird regional, und zwar nur in Bayern verwendet. Google Translate wählte dagegen das nur in Österreich vorkommende Äquivalent *Familienbeihilfe*. Kein maschineller Übersetzer verwendete den für das deutsche Recht charakteristischen Terminus *Kindergeld* (vgl. Kubacki, Łomzik, 2018: 140).

Zu Position 3:
Als Beispiele von sachlichen Fehlern sind die Übersetzungsvorschläge von *HGB* anzuführen. Deepl übersetzte es falsch als *Kodeks Cywilny*[55] Google Translate übernahm die ausgangssprachliche Abkürzung des Gesetzbuches. Es ist jedoch schwer festzustellen, ob das Übersetzungssystem das *Handelsgesetzbuch* tatsächlich erkannte oder ob es *HGB* als eine unbekannte Abkürzung oder einen Eigennamen behandelte und sie/ihn einfach in die Übersetzung einfügte.

Zu Position 4:
Die lexikalischen und stilistischen Fehler veranschaulicht das vierte Beispiel. Interessanterweise übersetzten beide Systeme den ausgangssprachlichen Satz auf dieselbe Weise, es ist also anzunehmen, dass sie auf denselben Übersetzungsdatenbanken basieren (vgl. Kubacki, Łomzik, 2018: 141).

Zu Position 5:
Auch das Problem mit der Übersetzung der Abkürzungen kommt hier zum Vorschein. Der Google-Übersetzer hat die deutschen Abkürzungen *i. H. v.* (*in Höhe von*) und *T* (*ein tausend*) in unveränderter Form gelassen.

Aus der von Kubacki und Łomzik durchgeführten Analyse, die hier aus Platzgründen nur auszugsweise dargestellt werden konnte, geht klar hervor, dass die Qualität der maschinell übersetzten Texte mit der Zeit eindeutig stieg. Abgesehen davon, ob und eventuell wann die Systeme der maschinellen Übersetzung den Humanübersetzer ersetzen oder seine Rolle nur zum Post-Editor[56] einschränken,

55 Darüber hinaus wurde hier auch ein orthographischer Fehler begangen. Die Bezeichnungen von Gesetzbüchern werden nie mit allen großen Buchstaben geschrieben. Korrekt sind die Schreibweisen *Kodeks cywilny* oder *kodeks cywilny*. Ausführlicher dazu: Jóźwiak (2016: 43–46).

56 In diesem Zusammenhang ist darauf hinzuweisen, dass die Kommission der Europäischen Gemeinschaften bereits 1978 das Übersetzungssystem SYSTRAN kaufte. Zuerst war es funktionierte er in der Sprachkombination Englisch-Französisch, mit der Zeit wurde es um weitere Sprachen erweitert. Schon damals erfüllte der Humanübersetzer die Rolle des Post-Editors der durch das System der MÜ generierten Translate (vgl. Schäfer, 2002: 23).

muss festgestellt werden, dass sie ein immer nützlicheres Hilfsmittel des Rechtsübersetzers werden.

Als Zusammenfassung der oben dargestellten Hilfsmittel, die dem Rechtsübersetzer zur Verfügung stehen, soll hervorgehoben werden, dass im empirischen Teil der vorliegenden Arbeit hauptsächlich die primären Hilfsmittel gehandhabt werden. Bei der Feststellung der Korrektheit von übersetzten strafrechtlichen Termini und bei der Suche nach optimalen Äquivalenten werden Rechtswörterbücher, Lexika und Paralleltexte verwendet.

4. Äquivalenz und Übersetzungsstrategien

4.1. Übersetzbarkeit

Die Sprache und die Kultur sind nach Koller (2011: 167) eng miteinander verknüpft. Diese Verknüpfung bezieht sich sowohl auf kulturunabhängige linguistische Phänomene (z. B. das phonologische und das grammatische System der Sprache) als auch auf nicht-linguistische, kulturbedingte Phänomene, z. B. Sitten und Bräuche, Essgewohnheiten oder Kleidung (vgl. Koller, 2011: 165).

Das Problem der Kulturspezifik widerspiegelt sich auch in Fachtexten, die landesspezifische Gegenstände, also u. a. institutionelle, soziale oder rechtliche Sachverhalte behandeln. Diesbezüglich sind auch die Rechtskulturen verschiedener Staaten zu nennen, die den Übersetzungsprozess beeinflussen und zur Übersetzbarkeit bzw. der Nicht-Übersetzbarkeit der Rechtstermini beitragen (vgl. Koller, 2011: 168). Rechtsordnungen als kulturelle Einheiten umfassen eigenständige rechtliche Inhalte in Form von Rechtsvorschriften, aber sie bedingen auch eine Tradition der sprachlichen Exteriorisierung von diesen Inhalten und der allgemeinen Kommunikation im Bereich dieser Rechtsinhalte (vgl. Sandrini, 1999: 10).

Die Verschiedenheit der Rechtskulturen (oder Rechtskreise) ist eine der wichtigsten Ursachen für die Entstehung der Übersetzbarkeitsproblematik. Ein zentraler Begriff, der den Grad der Übersetzbarkeit der Termini bestimmt, ist *der kommunikative Zusammenhang*, in dem der Ausgangstext und der Zieltext stehen (vgl. Koller 2011: 166).

Koller (2011: 166–168) nennt vier Relationen zwischen ausgangs- und zielsprachlichen kommunikativen Zusammenhängen, die sich auf den Grad der Übersetzbarkeit (bzw. auf die Nicht-Übersetzbarkeit) auswirken.

Falls die kommunikativen Zusammenhänge der Ausgangs- und der Zielsprache identisch sind, kann dann von *absoluter Übersetzbarkeit* gesprochen werden. Das bedeutet, dass in beiden Sprachen die Wirklichkeit gleich interpretiert wird, weil ein und derselbe kommunikative Zusammenhang vorliegt (vgl. Koller, 2011: 166–167).

Abbildung 8. Absolute Übersetzbarkeit. Quelle: Koller, 2011: 167.

Mit dem anderen Extremfall hat man es zu tun, wenn die kommunikativen Zusammenhänge der Ausgangs- und der Zielsprache keine Gemeinsamkeiten aufweisen. In diesem Fall ist *absolute Nicht-Übersetzbarkeit* gegeben (vgl. Koller 2011: 167).

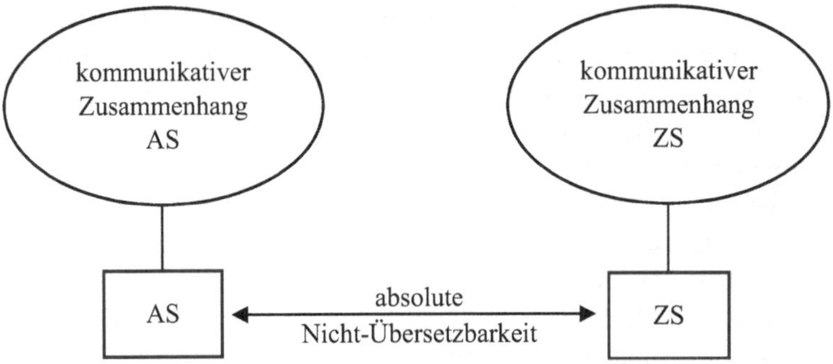

Abbildung 9. Absolute Nicht-Übersetzbarkeit. Quelle: Koller, 2011: 167.

Hinsichtlich der Rechtstexte wird diese extreme Meinung u. a. von Gizbert-Studnicki (1993: 312–313) vertreten. Um übersetzt werden zu können, müssten die Rechtstexte aus ihrer festen Rechtsverankerung herausgerissen werden, was zur Folge hat, dass sie die Bedingungen der Rechtskommunikation nicht erfüllen (vgl. Iluk, Ł., Iluk, J., 2019: 184).

Andererseits spricht Hejwowski (2007: 11–23) von »Mythen der absoluten Nicht-Übersetzbarkeit« und betont, dass diese Erscheinung äußerst selten vorkommt, weil der professionelle Übersetzer über fortgeschrittene Arbeitstechniken verfügt, die es ihm ermöglichen, etwas scheinbar Nicht-Übersetzbares doch zu übersetzen. Dieselbe Ansicht vertritt auch Jakobson (2009: 44) und begründet sie mit dem Beispiel des Lexems *Kreide*, das in der Sprache der Tschuktschen als *schreibende Seife* funktioniert.

Eine dritte Möglichkeit ist die *teilweise Übersetzbarkeit*. In diesem Fall überlappen sich die kommunikativen Zusammenhänge der Ausgangs- und der

Zielsprache. Übersetzbar sind sprachliche Elemente, die sich auf dem Überlappungsbereich befinden (vgl. Koller 2011: 167).

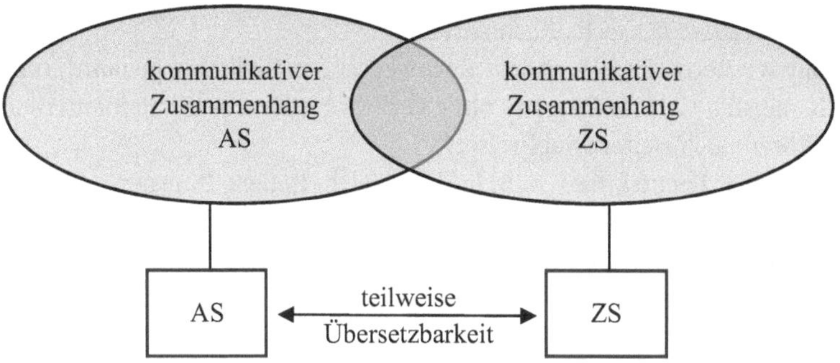

Abbildung 10. Teilweise Übersetzbarkeit. Quelle: Koller, 2011: 167.

Das letzte Verhältnis von der Sprache, der Übersetzung und dem kommunikativen Hintergrund bezieht sich auf den Abstand der kommunikativen Zusammenhänge, der mit der Übersetzbarkeit korreliert (vgl. Koller, 2011: 168).

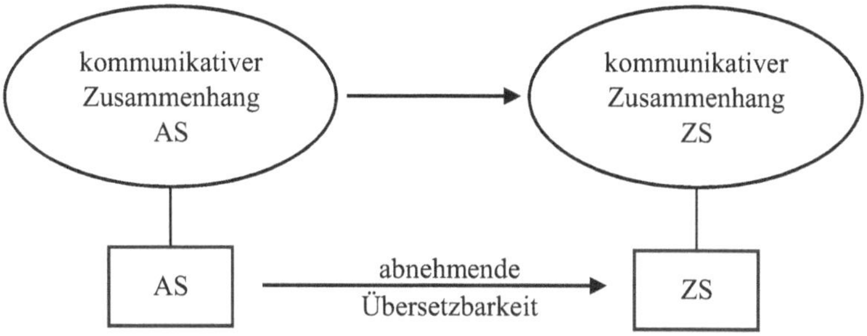

Abbildung 11. Abnehmende Übersetzbarkeit. Quelle: Koller, 2011: 168.

Auf den Zusammenhang zwischen der ausgangs- und zielsprachlichen Rechtskultur, die sich auf die Übersetzbarkeit der Rechtstermini auswirkt, weist auch Berteloot (1999) hin:

> Mit dem Verwandtschaftsgrad zwischen dem ursprünglichen Rechtssystem und dem in der Zielsprache ausgedrückten System verschiebt sich der Begriff in Richtung der völligen Übersetzbarkeit. Je weiter die Herkunfts- und Zielrechtsordnungen auseinander liegen, desto näher kommt man der völligen Unübersetzbarkeit (Berteloot, 1999: 103).

Je näher die Rechtskreise verwandt sind, desto größer ist die Chance, das entsprechende Äquivalent für einen Terminus aus der Herkunftsrechtsordnung zu finden.

Unter vielen Klassifizierungen der Rechtskreise ist die Klassifizierung am verbreitesten, zu deren Kriterien die Geschichte und die Entwicklung des Rechts, charakteristische Institute und die Rechtsquellen gehören. In dieser Unterteilung nennt Krzywda (2014: 72) sechs Rechtskreise:

1. kontinentaler Rechtskreis – anders Rechtskreis des Civil Law genannt, umfasst die meisten Gebiete Europas ohne Großbritannien und Lateinamerika; dazu gehören auch weitere Subkreise:
   a. romanischer Rechtskreis – z. B. in Frankreich, Italien, Tunesien,
   b. germanischer Rechtskreis – z. B. in Deutschland, Österreich, Griechenland, auch teilweise die Staaten, die sich nach den politischen Veränderungen den Systemen Westeuropas anglichen, z. B. Polen, Tschechen oder Ungarn,
   c. nordischer Rechtskreis – z. B. in Dänemark, Finnland, Norwegen,
   d. Systeme in Mittelosteuropa – Staaten, die den politischen Ideologien unterordnet sind oder waren, z. B. Tschechen, Polen, Bulgarien.
2. Rechtskreis des Common Law – umfasst Gebiete der westlichen Zivilisation und viele andere Staaten, was daraus resultiert, dass Großbritannien eine große Kolonialmacht war. Zu diesem Rechtskreis gehören u. a. Großbritannien, die USA, Kanada, Indien oder Kenia,
3. judaistischer Rechtskreis in Israel,
4. islamischer Rechtskreis z. B. in Saudi-Arabien, dem Irak, Ägypten, der Türkei,
5. Hindu-Rechtskreis z. B. in Indien, Birma, Tansania,
6. fernöstlicher Rechtskreis in China und Japan.

Aus der obigen Zusammenstellung geht hervor, dass die Rechtssysteme von Polen und Deutschland zu demselben – kontinentalen – Rechtskreis gehören. Das trägt dazu bei, dass die meisten Rechtstermini in diesem Sprachenpaar übersetzbar sind und die Suche nach korrekten Äquivalenten von diesen Termini am häufigsten erfolgreich verlaufen kann.

4.2. Zum Begriff der Äquivalenz und seinen wichtigsten Ansätzen

Die Problematik der Äquivalenz ist seit Jahrhunderten in Diskussionen über Übersetzbarkeit und Nichtübersetzbarkeit mehr oder weniger explizit präsent. Die theoretischen Betrachtungen zu diesem Thema wurden bereits von Cicero, Hieronymus, Luther, Humboldt oder Breitinger aufgegriffen. Natürlich auch heutzutage wird die Äquivalenz als eine mehrdimensionale Erscheinung untersucht, deren neue Konzepte weiterhin entwickelt werden (vgl. Małgorzewicz, 2018: 81–85).

Unter den Übersetzungswissenschaftlern besteht keine Einigkeit über die Etymologie des Begriffs *Äquivalenz*. Jäger (1968: 37) meint, dass dieser Begriff aus der Logik übernommen wurde, Wilss (1977: 159) behauptet dagegen, dass er aus der Mathematik überging (vgl. Sztuk, 2017: 146).

Im translatorischen Zusammenhang wurde der Begriff der Äquivalenz zum ersten Mal in den 50-er Jahren von Casagrande (1954), Nida (1959) und Jakobson (1959) verwendet (vgl. Sommerfeld, 2016: 13, Sztuk, 2017: 146). Die Äquivalenz wird unterschiedlich definiert – in der Literatur ist sie als *Invarianz* (Kade, 1980; Jäger, 1975), *Übereinstimmung* (Koller, 1973), *Implikation* (Siever, 2010), *Adäquatheit* (Wilss, 1977), *Identität* – im Sinne der Deckungsgleichheit (Wotjak, 1982) zu verstehen (vgl. Żmudzki, 1991: 26). Jedoch die vorherrschende Ansicht unter Linguisten ist, dass die Äquivalenz nicht *Gleichheit* sondern *Gleichwertigkeit* bedeutet (vgl. Albrecht, 2005: 33).

Einer der ersten Versuche, sich dem Wesen des Äquivalenzproblems im Bereich der Übersetzung anzunähern, kann das folgende bekannte Beispiel schildern. Wenn angenommen wird, dass der *Fisch* das wichtigste Nahrungsmittel in der biblischen Zeit war, das die Grundbedürfnisse von Inuit stillte und das *Brot* bei Juden dieselbe Rolle spielte, konnte eine der Bitten des *pater noster:*

Panem nostrum quotidianum da nobis hodie
Unser täglich Brot gib uns heute

in die Sprache der Inuit folgendermaßen übersetzt werden:

Unseren täglichen Fisch gib uns heute.

Brot und *Fisch* werden in diesem Zusammenhang als gleichwertig, d.h. als äquivalent betrachtet (vgl. Albrecht, 2005: 33–34).

Cole (1993: 400) versteht die Äquivalenz als »die Bezeichnung eines Begriffs durch zwei Benennungen verschiedener Sprachen«.

Nord (2007: 25) bemerkt, dass die Äquivalenz von manchen Forschern mit der Treue der Übersetzung gleichgesetzt wird.

> Von einer Übersetzung wird im allgemeinen erwartet, dass sie »treu« ist. Nicht nur im allgemeinen Verständnis des Begriffs, sondern auch unter Übersetzungswissenschaftlern wird die von einer Übersetzung erwartete »Treue« anscheinend weitgehend mit »Äquivalenz« gleichgesetzt (Nord, 2007: 25, bei Sztuk, 2017: 145–146).

Obwohl der Begriff der Äquivalenz eine entscheidende Rolle in der Translatorik spielt, wird er unterschiedlich verstanden und definiert. Eine der wichtigsten Problemstellungen auf diesem Gebiet bildet die Frage, ob die Übersetzung an der Kultur der Ausgangssprache (bzw. dem Sender) oder der Zielsprache (bzw. dem Empfänger) orientiert sein sollte (vgl. Kizińska, 2018: 1).

Eine der wichtigsten Äquivalenztheorien stellte Nida (1964) dar. Er nannte zwei Typen der Äquivalenz und unterschied zwischen der *formalen* und *dynamischen*[57] Äquivalenz. Die formale Äquivalenz hat zum Ziel, dass der übersetzte Text möglichst weit den Elementen der Ausgangssprache entspricht. Die Botschaft in der zielsprachlichen Kultur wird also ständig mit der Botschaft in der ausgangssprachlichen Kultur verglichen, um entsprechende Präzision der Übersetzung zu gewährleisten. Nida nennt die Übersetzung, bei der die formale Äquivalenz angewendet wird, *gloss translation*, weil der Übersetzer zahlreiche Fußnoten verwendet, um die Bedeutung der für die Ausgangssprache charakteristischen Formulierungen zu erklären. Dank dem Einsatz von dieser Art der Äquivalenz kann sich der Empfänger der Übersetzung mit dem ausgangssprachlichen Sender möglichst stark identifizieren (vgl. Kizińska, 2018: 1, Nida, 1964: 159).

Der formalen Äquivalenz wurde die dynamische Äquivalenz gegenübergestellt, die auf die Anwendung der natürlichen Formulierungen abzielt. Um die in solch einem Verfahren angefertigte Übersetzung zu verstehen, braucht man die Ausgangskultur nicht zu kennen (vgl. Kizińska, 2018: 2).

Nida (2009: 57) betont gleichzeitig, dass die formale und dynamische Äquivalenz zwei Extreme der Übersetzung bilden, zwischen denen noch andere Arten der Übersetzung stehen müssen. Da verschiedene Sprachen nicht in vollem Umfang einander entsprechen, ist es unmöglich, absolut genaue Übersetzungen anzufertigen. Zu erreichen ist lediglich die Annäherung der Aussage der Übersetzung zur Aussage des Ausgangstextes. Um dies zu veranschaulichen zitiert Nida West (1932), die dieses Verfahren auf eine anschauliche Weise erklärt (vgl. Gościński, 2019: 144):

> Jeder, der eine Übersetzung vornimmt, macht Schulden. Um sie zurückzuzahlen, braucht er nicht dieselben Geldscheine oder Münzen, sondern denselben Betrag zurückzugeben (West, 1932: 344, bei Nida, 2009: 53, Übers. A.P.).

Auch Venuti (1995) weist auf die erwähnte Polarität hin und führt die Bezeichnungen *domestication* und *foreignization* in die Translationswissenschaft ein. Der Übersetzer muss also entscheiden, ob er die Methode der Domestizierung anwendet und das Translat an die Zielkultur anpasst oder die Exotisierung wählt und die Elemente der Ausgangskultur in seinem Translat wiedergibt (vgl. Kizińska, 2018: 2, Venuti, 1995: 20).

Einen ähnlichen Blickpunkt vertritt House (1997), die zwischen *overt translation* und *covert translation* unterscheidet. Damit bietet sie einen Bezugsrahmen

57 1986 ersetzten Nida und de Waard die Bezeichnung *dynamische* Äquivalenz durch *funktionale* Äquivalenz, die in der heutigen einschlägigen Literatur eindeutig häufiger vorkommt (vgl. Koller, 2011: 195).

dafür, welche Bereiche des ausgangssprachlichen Textes im Translat äquivalent gehalten werden sollen. Für die verdeckte Übersetzung (covert translation) ist charakteristisch, dass sie nicht als Übersetzung zu erkennen ist und in der Zielkultur de facto als das Original betrachtet wird (vgl. Sommerfeld, 2016: 29).

Diese Betrachtungsweise lässt sich ebenfalls mit der *illusionistischen Übersetzung* von Lévy (1969) vergleichen (vgl. Sommerfeld, 2016: 29).

> Der illusionistische Übersetzer verbirgt sich hinter dem Original, das er gleichsam ohne Mittler dem Leser mit dem Ziel vorlegt, bei ihm eine übersetzerische Illusion zu wecken, die Illusion nämlich, dass er die Vorlage lese. In allen Fällen handelt es sich um eine Illusion, die sich auf ein Einvernehmen mit dem Leser oder mit dem Zuschauer stützt. Der Theaterbesucher weiß, dass das, was er auf der Bühne sieht, nicht die Wirklichkeit ist, er verlangt jedoch, dass es wie die Wirklichkeit aussehen soll; der Romanleser weiß, dass er eine gedachte Geschichte liest, aber er fordert, dass der Roman sich an die Regeln der Wahrscheinlichkeit hält. So weiß auch der Leser einer Übersetzung, dass er nicht das Original liest, aber er verlangt, dass die Übersetzung die Qualität des Originals beibehalte (Lévy, 1969: 31, bei Sommerfeld, 2016: 29).

Hierbei ist auch zu betonen, dass sowohl Venuti als auch House mit der Gegenüberstellung von *foreignization* und *domestication* sowie von *overt* und *covert translation* an die Differenzierung zwischen der *verfremdenden* und *einbürgernden Übersetzung* von Schleiermacher aus dem Jahre 1813 knüpfen (vgl. Kizińska, 2018: 2, Sommerfeld, 2016: 31).

In diesem Zusammenhang spricht Koller (2011: 194) von einer doppelten Bindung: einerseits an den Ausgangstext und andererseits an die kommunikativen Bedingungen, die sich auf der Seite des Empfängers befinden.

> Übersetzungen, die die Bindung an den Ausgangstext verabsolutieren, laufen Gefahr, unleserlich und unverständlich zu werden; den Extremfall dieses Typs stellt die Wort-für-Wort-Übersetzung dar. Übersetzungen dagegen, die die empfängerseitige Bindung verabsolutieren, laufen Gefahr, die Autonomie des Originaltextes zu verletzen, indem sie die für die Übersetzung spezifische Bindung an den AS-Text missachten; es handelt sich im Extremfall um zielsprachliche Originaltexte, die mit dem AS-Text nur noch in entfernter Beziehung stehen (Koller, 2011: 194).

Daraus resultiert, dass Koller weder eine absolut zielsprachlich noch absolut ausgangssprachlich orientierte Übersetzung befürwortet.

Im Allgemeinen definiert Koller (2011: 218) den Begriff der Äquivalenz als eine Übersetzungsbeziehung, die zwischen dem Ausgangs- und Zieltext (bzw. den Ausgangstextelementen und den Zieltextelementen) besteht.

Koller (2011: 219) nennt auch fünf folgende Bezugsrahmen, die die Art der Äquivalenz bestimmen:

1. der Äquivalenzbegriff, der sich auf den außersprachlichen Sachverhalt bezieht, wird *denotative Äquivalenz* genannt,

2. die Äquivalenz, die sich auf Konnotationen im Text bezieht (vor allem Auswahl synonymischer Ausdrucksmöglichkeiten) wird *konnotative Äquivalenz* genannt,
3. die Äquivalenz, die sich auf textspezifische Merkmale und Gebrauchsnormen der Sprache bezieht, wird *textnormative Äquivalenz* genannt,
4. die Äquivalenz, die sich auf den Empfänger der Übersetzung bezieht, wird *pragmatische Äquivalenz* genannt,
5. die Äquivalenz, die sich auf ästhetische und formale Eigenschaften des Ausgangstextes bezieht, wird *formal-ästhetische Äquivalenz* genannt.

Newmark (1988a) ist der nächste Forscher, der auch auf das erwähnte dichotomische Konzept der Übersetzung hinweist. Unter zahlreichen Übersetzungsmethoden unterscheidet er solche, die den Schwerpunkt auf die Ausgangssprache und auf die Zielsprache legen. Zur ersten Gruppe gehört die *semantische Übersetzung* und zur zweiten die *kommunikative Übersetzung* – Newmark betont, dass nur diese zwei Übersetzungsmethoden die wichtigsten Ziele des Übersetzungsverfahrens erreichen, und zwar die Präzision und die Ökonomie (vgl. Gościński, 2019: 145).

Die bisher beschriebenen Ansätze beziehen sich auf die Polarität des Äquivalenzbegriffs und werden in nachstehender Tabelle zusammengestellt. Aus den dargestellten Konzepten resultiert, dass die Äquivalenz einen Doppelcharakter aufweist und sowohl ausgangssprachlich als auch zielsprachlich orientiert sein kann.

Tabelle 7. Konzepte der Äquivalenz. Quelle: Eigene Bearbeitung anhand von Kizińska, 2018: 5, Übers. A.P.

	ausgangssprachlich orientiert	**zielsprachlich orientiert**
Nida	formale Äquivalenz	dynamische (funktionale) Äquivalenz
Venuti	*foreignization*	*domestication*
House	*overt translation*	*covert translation*
Koller	Bindung an den Ausgangstext	Bindung an die kommunikativen Bedingungen des Empfängers
Newmark	semantische Übersetzung	kommunikative Übersetzung

Catford (1965: 27) differenziert zwischen der *textuellen Äquivalenz* und der *formalen Korrespondenz.* Die formale Korrespondenz nimmt auf das Sprachsystem (*langue*) Bezug, die textuelle Äquivalenz auf die Realisierung des Sprachsystems in Texten. Unter textueller Äquivalenz versteht Catford die Situation, in der die ausgangs- und zielsprachlichen Texteinheiten in den gleichen situativen Kontexten vorkommen und dieselbe semantische Funktion erfüllen (*parole*) (vgl. Sommerfeld, 2016: 15).

Reiß und Vermeer (1991: 134) betonen, dass jede Übersetzung durch seinen Zweck (Skopos) determiniert wird, der bei der Wahl der Übersetzungsstrategie in Betracht gezogen werden muss. Reiß und Vermeer (1991: 139) weisen auf die Unterscheidung zwischen der *Äquivalenz* und der *Adäquatheit* hin. Die Adäquatheit bezieht sich auf den Übersetzungsprozess und bezeichnet die Relation zwischen dem Ausgangs- und Zieltext, wobei beim Translationsprozess der Zweck (Skopos) konsequent beachtet wird. Die Äquivalenz betrifft demgegenüber die Translate, also Produkte des Übersetzungsprozesses und bezeichnet die Relation zwischen dem Ausgangstext und dem fertigen zielsprachlichen Translat, die ähnliche kommunikative Funktion erfüllen. So kann man »adäquat übersetzen« und das Translat kann »äquivalent sein«, nicht umgekehrt (vgl. Reiß und Vermeer, 1991: 139–140).

Wilss (1996) konzentriert sich bei der Besprechung der Problematik der Äquivalenz auf der Person des Übersetzers. Im Fokus der Betrachtungen stehen die Kompetenzen, das Wissen und das Verhalten des Übersetzers sowie die Vorgänge, die in seinem Kopf ablaufen. Auf diese Weise widerspricht Wilss (1982: 145) Vermeer (1978), der behauptet, dass die Übersetzung keinen Einfluss auf den Übersetzer hat (vgl. Kizińska, 2018: 9).

Wilss (1996) bemerkt auch, dass sich der Übersetzer bei der Suche nach Äquivalenten und bei der Bewertung der gefundenen Äquivalente ausschließlich auf seine Erfahrung und Intuition verlassen muss (vgl. Gościński, 2019: 156).

Darüber hinaus betont Wilss (1982), dass sich der Begriff der Äquivalenz nicht eindeutig definieren lässt. Als Begründung seiner These weist er auf die Unmenge von Definitionen dieser Erscheinung hin, die die Äquivalenz aus verschiedenen Perspektiven betrachten und häufig in Widerspruch zueinander stehen (vgl. Gościński, 2019: 155).

Tabakowska (2001: 98) bespricht die Problematik der Äquivalenz aus der Perspektive des Kognitivismus. Sie betont, dass »die Äquivalenz wenig mit ihrer Entsprechung in der Mathematik zu tun hat und sich mit dem Status der subjektiven, mit einem intuitiven Gefühl gemessenen *Identität* begnügen muss« (Tabakowska, 2001: 98, Hervorhebung v. Tabakowska, Übers. A.P.).

Damit der Begriff der Äquivalenz überhaupt sinnvoll ist, müssen längere Einheiten als ein Satz in Betracht gezogen werden. Von daher schöpft Tabakowska aus der kognitiven Theorie der Bildhaftigkeit von Langacker (1991) und schlägt vor, die Texteinheiten als Szenen zu verstehen. Der ganze Text wäre dann als ein ganzes Netz von Szenen zu betrachten (vgl. Kizińska, 2018: 11). Infolgedessen kann die Äquivalenz als Übereinstimmung der Szenen definiert werden. In dieser Auffassung liegt die Äquivalenz vor, auch wenn bestimmte Elemente auf der sprachlichen Ebene nicht kongruent sind.

Auch Tomaszkiewicz (1998: 129) weist auf den kognitiven Aspekt bei der Besprechung der Erscheinung der Äquivalenz hin. Um den Text zu verstehen und den richtigen Kontext, in dem er vorkommt, zu erkennen, muss der Übersetzer auf eigene Wissensbestände zurückgreifen. Die Erfahrung des Übersetzers, seine Kultur und Belesenheit tragen dazu bei, dass der zu übersetzende Text von ihm richtig wahrgenommen und interpretiert werden kann.

Neben der *kognitiven Äquivalenz* nennt Tomaszkiewicz (1998: 130) *affektive Äquivalenz* und *globale Äquivalenz.* Die erste bezieht sich vor allem auf die Übersetzung der literarischen Texte. Der Übersetzer spürt die Stimmung des Textes und stellt sich mit Hilfe von sprachlichen Mitteln das vor, was der Autor vermitteln wollte.

Das Konzept der globalen Äquivalenz wird neben Tomaszkiewicz (1998: 131–132) auch von Lederer (1994) vorgeschlagen. Es entstand angesichts der Notwendigkeit, die kleinste Einheit, für die man Äquivalente suchen soll, zu definieren.

Wenn der Empfänger einen Text liest, analysiert er nicht jedes einzelne Wort, sondern erfasst die Bedeutung aus einem größeren Ganzen, also aus einer Sinneinheit. Diese Sinneinheit ist nach Lederer (1994: 56) als Übersetzungseinheit zu verstehen, also als die kleinste Texteinheit, für die man Äquivalente in der Zielsprache finden kann. Der Umfang dieser Einheiten lässt sich nicht eindeutig bestimmen, er variiert auch je nachdem, ob es sich um die schriftliche Übersetzung oder das Dolmetschen handelt. In dieser Betrachtungsweise basiert die Übersetzung vor allem auf der Übertragung von Bildern und Vorstellungen und wird nur teilweise als Transfer der sprachlichen Formen verstanden (vgl. Pisarska, Tomaszkiewicz, 1998: 131–132).

Auch Reiß und Vermeer (1984: 139–140) definieren die kleinsten Übersetzungseinheiten etwas breiter. Sie betonen, dass die Äquivalenz nicht auf der Wort- sondern auf der Textebene erreicht werden sollte. In diesem Kontext grenzen sie die Äquivalenz von der Adäquatheit ab und weisen darauf hin, dass der ausgangssprachliche und zielsprachliche Text dieselbe kommunikative Funktion erfüllen soll (vgl. Kizińska, 2018: 13).

An dieser Stelle sind auch Forscher zu nennen, die den Begriff der Äquivalenz überhaupt ablehnen. Solch eine Ansicht vertreten u. a. Holz-Mänttäri (1984), Snell-Hornby (1995), Gutt (2000) und Pym (2010). Der größte Vorwurf, den sie gegen die Erscheinung der Äquivalenz machen, bezieht sich darauf, dass sie seit Jahrzehnten nicht eindeutig definiert wurde. Snell-Hornby (1995: 22) hebt hervor, dass dieses umstrittene Konzept nur eine Illusion einer Symmetrie zwischen zwei Sprachen macht. Darüber hinaus bemerkt sie, dass sich die deutsche Bezeichnung *Äquivalenz* auf die *qualitative* Ähnlichkeit und die englische *equivalence* auf die *quantitative* Ähnlichkeit bezieht. Also wenn sogar diese Bezeichnungen nicht äquivalent sind, konkludiert Snell-Hornby, dass das Konzept der Äquivalenz abgelehnt werden muss (vgl. Kizińska, 2018: 21).

Andererseits sollte die Existenz der Äquivalenz nicht in Frage gestellt werden, nur weil eine universelle Definition dieses Phänomens noch nicht entstand. Die Äquivalenz soll eher als ein facettenreiches Problem betrachtet werden und weiterhin den Forschungsgegenstand der Übersetzungswissenschaft bilden.

4.3. Differenzierung des Äquivalenzbegriffs

Neben den genannten zahlreichen Betrachtungsweisen, die sich auf die Natur und den Charakter der Äquivalenz beziehen, gibt es auch Ansätze, die die Graduierung des Äquivalenzbegriffs betreffen. Es handelt sich hierbei um Stufen von Beziehungen zwischen den lexikalischen Einheiten in der Ausgangs- und Zielsprache. Zu unterscheiden sind hauptsächlich drei Grade der Übereinstimmung: *vollständige Äquivalenz*, *partielle Äquivalenz* und *Null-Äquivalenz.*

1. Vollständige Äquivalenz

Die vollständige Übereinstimmung wird von Kade (1968: 78–81) und Wotjak (1982: 115) als *totale Äquivalenz*, von Hohnhold (1990: 57) als *volle Äquivalenz* und von Stolze (1999: 38) als *Kongruenz* bezeichnet. Koller (2011: 231) spricht an dieser Stelle von *Eins-zu-eins-Entsprechung*, die in seinem Konzept zur bereits erwähnten, denotativen Äquivalenz gehört.

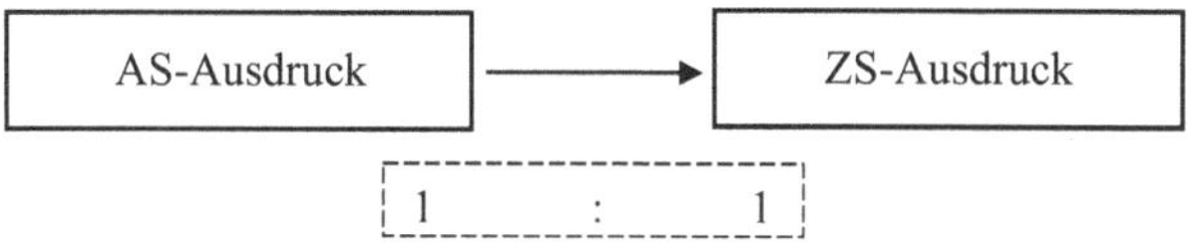

Abbildung 12. Vollständige Übereinstimmung: Eins-zu-eins-Entsprechung. Quelle: Koller, 2011: 231.

Beispiele: dt. *fünf* → poln. *pięć*
dt. *die Schweiz* → frz. *la Suisse* (vgl. Koller 2011: 231)

Hier können Übersetzungsschwierigkeiten auftreten, wenn es in der Zielsprache mehrere synonymische Varianten gibt: engl. *car* → dt. *Auto/Wagen*, poln. *sobota* → dt. *Samstag/Sonnabend.* Diese Synonyme sind aber nur auf der denotativen und nicht der konnotativen Ebene gleichwertig (vgl. Koller 2011: 231).

Es ist hervorzuheben, dass die 1:1-Beziehung besonders selten vorkommt und sich vor allem auf international standarisierte Termini technici bezieht. Auch in der Rechtssprache spricht man über die vollständige Äquivalenz vornehmlich im

Kontext der internationalen bzw. supranationalen Rechtsregelungen. In diesem Zusammenhang treten in der deutschen und polnischen Rechtssprache viele Termini auf, die nur scheinbar vollständig äquivalent sind. Solch einen Scheincharakter weist das Paar der Begriffe *Gericht* und *sąd* auf. Auf den ersten Blick könnte man annehmen, dass zwischen ihnen die 1:1-Beziehung besteht, doch es lässt sich nicht leugnen, dass die Struktur der deutschen und polnischen Gerichtsbarkeit und die Zuständigkeitsbereiche der einzelnen Gerichte markante Unterschiede aufweisen. Auch zwischen *Kapitalgesellschaft* und *spółka kapitałowa* gibt es keine vollständige Äquivalenz. In Polen gehören zu *spółki kapitałowe Gesellschaften mit beschränkter Haftung* und *Aktiengesellschaften*. In der deutschen Rechtsordnung kommen dazu noch *Kommanditgesellschaften auf Aktien* (vgl. Kołodziej, 2013: 205–209).

2. Partielle Äquivalenz

Zu dieser Kategorie gehören alle Zwischenstufen, die sich zwischen der vollständigen und der Null-Äquivalenz befinden. Wotjak (1982: 115) spricht an dieser Stelle über *partielle Äquivalenz*, Hohnhold (1990: 57) über *annähernde Äquivalenz*, Stolze (1999: 38) über *Teiläquivalenz*, Kade (1968: 78–81) über *approximative Äquivalenz* und Koller (2011: 238) über *Eins-zu-Teil-Entsprechung*. Grafisch wurde diese Relation von Koller (2011: 238) folgendermaßen abgebildet:

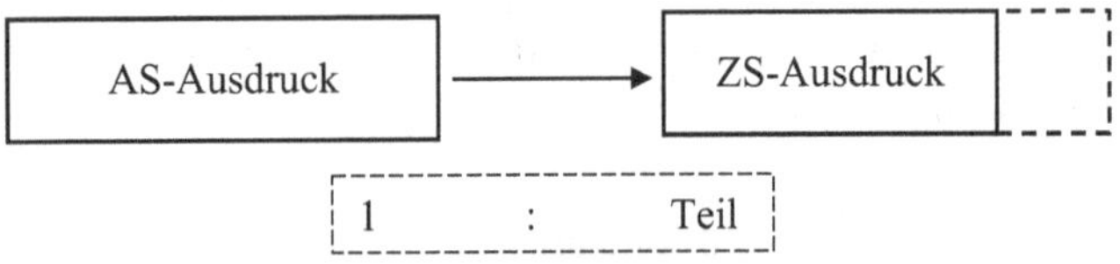

Abbildung 13. Partielle Übereinstimmung: Eins-zu-Teil-Entsprechung. Quelle: Koller, 2011: 238.

Der Bedeutungsumfang eines ausgangssprachlichen Lexems kann enger oder breiter als Bedeutungsumfang des äquivalenten Lexems in der Zielsprache sein. Das Paradebeispiel für die partielle Übereinstimmung bilden die Farbenbezeichnungen. Die rote Farbe in einer vierteiligen Skala entspricht dem Rot in einer achtteiligen Skala nicht (vgl. Koller 2011: 238).

Auch das Paar *aplikacja* und *Rechtsreferndariat* sind lediglich partielle Äquivalente. In Polen bereitet *aplikacja* die Juristen auf einen konkreten juristischen Beruf (z. B. Staatsanwalt) vor, in Deutschland können die Juristen erst nach dem *Referendariat* entscheiden, welchen Beruf sie wählen (vgl. Krzywda, 2014: 85).

Im Bereich der partiellen Übereinstimmung unterscheiden die Forscher noch eine weitere Zwischenstufe, die von Kade (1968: 80–81) *fakultative Äquivalenz* und von Barchudarov (1979: 85–99) *Undifferenziertheit* genannt wird. In dieser

Relation wird die Bedeutung einer ausgangssprachlichen lexikalischen Einheit durch zwei oder mehrere lexikalische Einheiten in der Zielsprache wiedergegeben (vgl. Kołodziej, 2013: 207). Koller (2011: 232) bezeichnet diese Art der Übereinstimmung als *Eins-zu-viele-Entsprechung* bzw. *Diversifikation.*

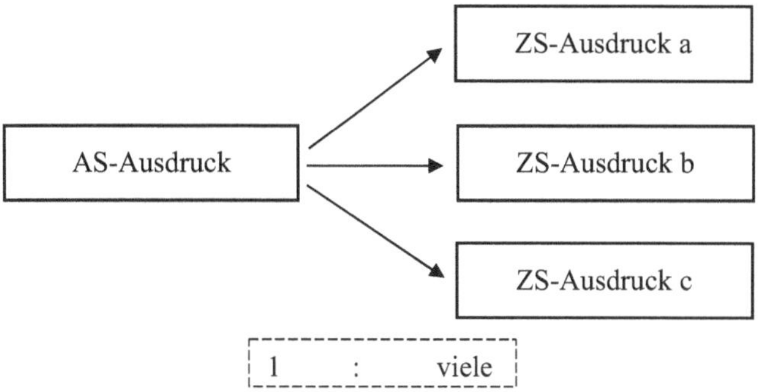

Abbildung 14. Partielle Übereinstimmung: Eins-zu-viele-Entsprechung. Quelle: Koller, 2011: 232.

Beispiele: poln. *rzeka* → fr. *fleuve - rivière*
poln. *dziadek* → schwed. *morfar - farfar*
poln. *zarząd* → dt. *der Vorstand - die Geschäftsführung*
poln. *kapitał zakładowy* → dt. *das Grundkapital - das Stammkapital*
(vgl. Koller, 2011: 232, Krzywda, 2014: 85).

Laut Koller (2011: 232) kann man dank dem Kontext oder dem Weltwissen festlegen, welche Entsprechung in der Zielsprache korrekt ist, z. B., ob es sich bei *dziadek* um *morfar* (Großvater mütterlicherseits) oder *farfar* (Großvater väterlicherseits) handelt, oder ob der *Fluss* in ein Meer mündet (*fleuve*) oder nicht (*rivière*).

Wenn dies aus dem Kontext nicht resultiert, müssen auch manchmal zwei Entsprechungen angegeben werden. Wenn in einem deutschen behördlichen Formular *verheiratet* steht, müssen in seiner polnischen Übersetzung zwei Äquivalente *żonaty* und *zamężna* genannt werden (vgl. Kołodziej, 2013: 207).

Die Beispiele der Diversifikation im Bereich der Rechtssprache bilden die Termini *zarząd* und *kapitał zakładowy. Der Vorstand* funktioniert im Rahmen der Aktiengesellschaft, *die Geschäftsführung* dagegen im Rahmen der Gesellschaft mit beschränkter Haftung. Auch *das Grundkapital* ist das Kapital in einer AG, *das Stammkapital* bezieht sich auf die GmbH (vgl. Krzywda, 2014: 85).

Darüber hinaus nennt Koller zusätzlich eine umgekehrte Beziehung, in der mehreren ausgangssprachlichen Lexemen nur ein zielsprachliches Lexem entspricht. Er bezeichnet diese Relation als *Viele-zu-eins-Entsprechung* bzw. *Neutralisation.* Koller betont, dass man bei der Übersetzung die Bedeutungsdifferenzierung der ZS-Entsprechung u. a. durch Adjektive, Adverbien oder Zusammensetzungen ausdrücken kann, z. B. *farfar* → *Großvater väterlicherseits* (vgl. Koller, 2011: 233–234).

3. Null-Äquivalenz

Die Null-Äquivalenz bildet die letzte Beziehungsart und soll als die Nichtübereinstimmung der Lexeme bzw. Termini verstanden werden. Wotjak (1982: 115), Kade (1968: 81–82) und Hohnhold (1990: 57) sprechen in diesem Fall über *Null-Äquivalenz* (bzw. *Nulläquivalenz*), Stolze (1999: 38) über *Lücke*, Barchudarov (1979: 100) über *äquivalentlose Lexik* und Koller (2011: 238) über *Eins-zu-Null-Entsprechung*. Von Koller (2011: 238) wurde diese Beziehungsart folgendermaßen abgebildet:

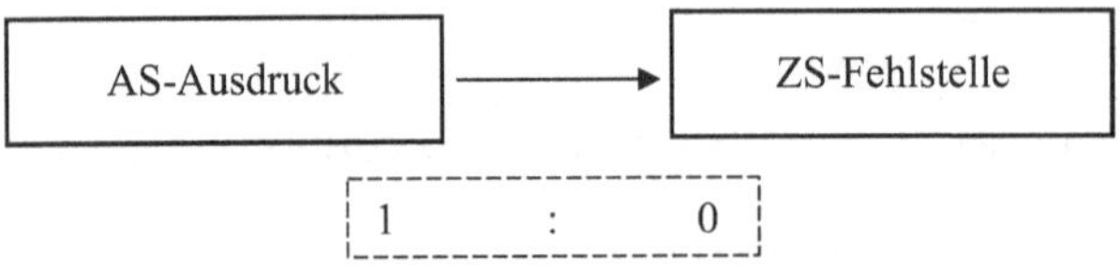

Abbildung 15. Nichtübereinstimmung: Eins-zu-Null-Entsprechung. Quelle: Koller, 2011: 234.

Beispiele: engl. *layout* → dt. ?
poln. *andrzejki* → dt. ? (vgl. Koller 2011: 234)

Bei der Eins-zu-Null-Entsprechung geht es um eine Lücke in der Zielsprache, die der Übersetzer zu schließen hat (vgl. Koller 2011: 234). Zu typischen Beispielen äquivalentloser Lexeme im Bereich der Gemeinsprache gehören die Namen von kleineren Ortschaften und Realien, z. B. die Bezeichnungen von Tänzen, Trachten, Volksliedern oder Gerichten (vgl. Barchudarov, 1979: 100, Kołodziej, 2013: 206).

In der Rechtsübersetzung bildet die Null-Äquivalenz eine der größten Schwierigkeiten, die der Übersetzer zu bewältigen hat. Im polnischen Rechtssystem funktionieren die Rechtsinstitute wie *der Langzeitarbeitslose, der Volljurist, der eingetragene Verein, der Soll-Kaufmann* oder *die Handlungsfähigkeit* nicht. Für das deutsche Rechtssystem sind dagegen Termini, wie z. B. *bezpieczeństwo i higiena pracy, druk ścisłego zarachowania* oder *ślub konkordatowy* fremd (vgl. Krzywda, 2014: 89, Poczobut, 1993: 361).

Als Beispiel wird der äquivalentlose Terminus *Handlungsfähigkeit* kurz besprochen. *Die Handlungsfähigkeit* ist die Fähigkeit, rechtswirksam zu handeln, also durch eigenverantwortliches Handeln konkrete Rechte zu erwerben und Pflichten zu begründen. Poczobut (1993: 361) schlägt hierbei das Äquivalent *zdolność do działań prawnych* vor, wobei dies weder mit *zdolność prawna*, also Rechtsfähigkeit (die Fähigkeit, Träger von Rechten und Pflichten zu sein) noch mit *zdolność do czynności prawnych*, also *Geschäftsfähigkeit* (die Fähigkeit,

Willenserklärungen rechtsgültig abzugeben und entgegenzunehmen) verwechselt werden soll (vgl. Poczobut, 1993: 361).

Manche Rechtsinstitute kamen nur in Vergangenheit als solche vor, z. B. bis 1964 fungierte in der polnischen Rechtsordnung *spółka cicha* als Rechtsbegriff, wobei *die stille Gesellschaft* in Deutschland weiterhin funktioniert (vgl. Krzywda, 2014: 89).

Eine interessante, aber enge Gruppe bilden Termini, die in einer Sprache rechtlich sanktioniert sind, in einer anderen auch bekannt sind, aber nicht zur Rechtssprache gehören. *Das Verlöbnis* und *zaręcznyny* exemplifizieren diesen Fall. In Polen ist *zaręczyny* kein Rechtsbegriff, es gehört lediglich zur Gemeinsprache, *das Verlöbnis* wird in Deutschland gesetzlich geregelt - tritt ein Verlobter vom Verlöbnis zurück, ist er verpflichtet, dem anderen Vorlobten oder seinen Eltern den entstandenen Schaden zu ersetzen (vgl. Krzywda, 2014: 89).

Eine weitere Gruppe äquivalentloser Rechtstermini bilden öffentliche Einrichtungen. Dazu gehören z. B. Einrichtungen, die sich auf ein konkretes, begrenztes Gebiet konzentrieren wie *Bundesamt für die Anerkennung ausländischer Flüchtlinge, Urząd ds. Kombatantów i Osób Represjonowanych*, Einrichtungen, die als verfassungsrechtliche, spezifische Eigennamen betrachtet werden, z. B. *Bundestag, Bundesrat, sejm, senat*, Einrichtungen der Verwaltungsstruktur, z. B. *Land, Gemeinde, województwo, powiat* oder die Bezeichnungen der Stellen, die in öffentlichen Einrichtungen bekleidet werden, z. B. *Landtagsabgeordneter, Landgerichtspräsident, wojewoda, prokurator rejonowy* (vgl. Krzywda, 2014: 90–21).

Die letzte Kategorie, auf die im Kontext der Null-Äquivalenz hingewiesen wird, bezieht sich auf die Rechtsakte. Neben den Rechtsakten, für die funktionale Äquivalente geläufig sind, wie *Strafgesetzbuch – Kodeks karny, Zivilprozessordnung – Kodeks postępowania cywilnego* oder *Straßenverkehrs-Ordnung – Kodeks drogowy*, gibt es auch mehrere Rechtsakte, die ein spezifisches Gebiet der Wirklichkeit einer Gesellschaft nur in einem Land regeln und dadurch keine direkte Entsprechung haben. Als Beispiele können folgende Akte genannt werden: *Solidaritätszuschlaggesetz, Gesetz über die Einrichtung eines Fonds »Deutsche Einheit«, Ustawa lustracyjna* oder *Kodeks spółek handlowych* (vgl. Krzywda, 2014: 92–93).

Bei der Betrachtung der Erscheinung der Null-Äquivalenz ist die Ansicht von Kołodziej (2013: 206) hervorzuheben, der betont, dass das Fehlen von zielsprachlichen Entsprechungen eines Rechtsterminus nicht mit der Unmöglichkeit der Übersetzung gleichgesetzt werden darf.

4.4. Übersetzungsstrategien

Wenn der Übersetzer das Translat anfertigt, unternimmt er bestimmte Schritte, d.h. er folgt einem konkreten Plan. Von daher basiert die Tätigkeit des Übersetzers auf der Auswahl verschiedener, ständig modifizierter Prozeduren und ständiger Entscheidungsfindung, um eine optimale Strategie zu planen, die schließlich zu einer erfolgreichen Übersetzung führt (vgl. Lewicki, 2017: 358).

In der einschlägigen Literatur kommen mehrere Bezeichnungen, die sich auf dieses Verfahren beziehen. Zu den wichtigsten gehören *Übersetzungsstrategie*, *Übersetzungstechnik*, *Übersetzungsmethode* oder *Übersetzungsprozedur* (vgl. Lewicki, 2017: 357).

Krzywda (2014: 49–51) geht davon aus, dass der Terminus *Übersetzungsstrategie* in der Translationswissenschaft in drei Bedeutungen vorkommt:

- als Gehirnoperation, die während der Übersetzung stattfindet, so wird die Übersetzungsstrategie vor allem von Forschern im Bereich der Kognitionswissenschaft und Psycholinguistik verwendet (vgl. Lörscher, 1991: 72),
- als ein allgemeiner Plan des Übersetzers, mit dem er ein bestimmtes Ziel erreichen will und der noch vor der Übersetzung festgelegt werden muss (vgl. Hönig, Kußmaul, 1999: 13),
- als Vorgehensweise, die zur Bewältigung konkreter Übersetzungsprobleme führt.

Krings (1986a: 263–275) definiert die Übersetzungsstrategie als einen bewussten Plan des Übersetzers, der dabei hilft, ein konkretes Problem im Bereich einer bestimmten Übersetzungsaufgabe zu lösen.

Lörscher (1991: 8) behauptet, dass die Übersetzungsstrategie eine potentiell bewusste Technik ist, die ein Problem löst, das beim Übersetzen eines ganzen Textes oder seines Abschnittes auftritt. So vertritt er eine ähnliche Meinung wie Krings, doch beim Definieren setzt der die *Strategie* mit der *Technik* gleich.

Nida (1964: 241–247) versteht unter Übersetzungsstrategien technische Prozeduren und organisatorische Prozeduren. Er versteht also die *Strategie* als eine *Prozedur.*

Newmark (1988b: 81) ist einer der wenigen, der auf den Unterschied zwischen *Übersetzungsmethoden* und *Übersetzungstechniken* hinweist. Er stellt fest, dass *Übersetzungsmethoden* sich auf den gesamten Text beziehen, während *Techniken* nur in Sätzen und kleineren sprachlichen Einheiten eingesetzt werden.

Eine zutreffende Zusammenfassung der oben dargelegten exemplarischen Definitionen bildet die Anschauung von Pym (2010: 88). Er bemerkt, dass *Prozeduren*, *Methoden*, *Strategien* und *Techniken* Bezeichnungen sind, die zur Beschreibung eines durchdachten Übersetzungsprozesses verwendet werden. Darüber hinaus schlägt Pym (2010: 88) vor, alle diese Bezeichnungen präzise zu definieren, da ihre derzeitige mehrdeutige und synonymische Verwendung zu einem terminologischen Chaos führen kann.

Im Anschluss an Pym (2010) werden in der vorliegenden Arbeit die oben genannten Bezeichnungen ebenfalls synonym betrachtet, wobei *die Übersetzungsstrategie* als ein Sammelbegriff am häufigsten verwendet wird.

Die Übersetzungsstrategien werden zusätzlich in weitere Subklassen gegliedert, wobei auch hier keine terminologische Einheit herrscht.

Bell (1998: 188) unterscheidet zwischen *globalen Übersetzungsstrategien*, die sich auf ganze Texte beziehen, und *lokalen Übersetzungsstrategien*, die ausgewählte, kleinere Textausschnitte betreffen. Auch Jääskeläinen (1999: 16) spricht von globalen und lokalen Strategien, wobei sie ein bisschen anders definiert werden. Die globalen Strategien werden als allgemeine Regeln und Vorgehensweisen des Übersetzers verstanden, während sich lokale Strategien auf die Lösung konkreter Probleme und Entscheidungsfindung des Übersetzers beziehen.

Kielar (1988: 31–33) unterscheidet analog *Mikro-* und *Makrostrategien*, deren Einsatz von der Größe des vom Übersetzer zu lösenden Problems abhängt. In diesem Zusammenhang versteht Risku (1998: 206) unter Mikrostrategien konkrete Tätigkeiten und Entscheidungen des Übersetzers, die er in konkreten Fällen auszuführen bzw. zu treffen hat. Sie beziehen sich auf ein Lexem, eine Phrase oder einen Satz. Makrostrategien sind für Risku mit dem Ziel der Übersetzung gleichzusetzen. Kierzkowska (2008: 113) betrachtet dagegen die Makrostrategien nur als die Entscheidung des Übersetzers darüber, ob er ausgangssprachlich oder zielsprachlich orientierte Äquivalenz einsetzen wird.

In der vorliegenden Arbeit werden unter Übersetzungsstrategien sowohl Makro- als auch Mikrostrategien verstanden.

In der Literatur werden zahlreiche Mikrostrategien dargestellt, die als Techniken der Bewältigung von Problemen auf der Ebene der einzelnen Lexeme, Phrasen oder Sätze zu betrachten sind.

Vinay und Darbelent (1958) und Marblanc (1968) formulierten sieben folgende Übersetzungsprozeduren, die näher von Wilss (1977: 111–121) und Stolze (2005: 69–73) besprochen wurden. Die ersten drei Prozeduren beziehen sich auf die wörtliche Übersetzung, die anderen vier auf die nichtwörtliche Übersetzung. Die folgende Zusammenstellung wurde anhand von Kierzkowska (2008: 119–123), Kubacki (2012b: 170–172), Matulewska (2005: 65), Stolze (2005: 69–73), Tomaszkiewicz (1998: 134–136) und Wilss (1977: 111–121) bearbeitet:

- Direktentlehnung:
  Die Übernahme eines ausgangssprachlichen Lexems in die Zielsprache, ohne graphische oder inhaltliche Veränderungen.
  Beispiele: *know how, computer, talk show, small talk.*
  Zu Beispielen der Direktentlehnungen aus dem Englischen gehören in der deutschen und polnischen Rechtssprache *Factoring, Leasing* und *Joint Venture.*
  Darüber hinaus unterscheidet Kubacki (2012b: 170) zwischen exotischen Direktentlehnungen, wo die Schreibweise unverändert bleibt (z. B. *common law, the Sejm, Bundestag*), den Direktentlehnungen, wo die Schreibweise an die Zielsprache angepasst wird (*the Seym, Woiwode, weksel*) und den Hybriden, d. h. den Direktentlehnungen, die Elemente beider Sprachen verbinden (z. B. *break key → klawisz break, nr PESEL → PESEL-Nr.*).
- Lehnübersetzung:
  Die lineare Ersetzung in der Zielsprache der morphologisch analysierbaren Syntagmen aus der Ausgangssprache (vor allem Adjektiv-Substantiv-Kollokationen und Substantiv-Zusammensetzungen).
  Beispiele: *birth control → Geburtenkontrolle,*
  developing country → Entwicklungsland,
  Kodeks karny → Strafegesetzbuch,
  prawo handlowe → Handelsrecht.
- wortgetreue Übersetzung / Wort-für-Wort-Übersetzung:
  Die Ersetzung syntaktischer Strukturen der Ausgangssprache durch syntaktisch gleiche, formal entsprechende Strukturen in der Zielsprache. Reiß und Vermeer (1991: 134) bezeichnen diese Übersetzungsstrategie als *Interlinearversion* und bemerken, dass sie bei der frühen Bibelübersetzung zum Einsatz kam. Der Grund dafür war die Tatsache, dass jedes Wort, das in der Bibel auftrat, sowie seine Stellung im Satz als heilig angesehen wurden.
  Beispiele: *He had stolen the money. → Er hatte das Geld gestohlen.*
  Ta umowa jest już zawarta. → Dieser Vertrag ist schon geschlossen.

  An dieser Stelle spricht Wilss (1977: 111–121) über *wörtliche Transferprozedur.* Darüber hinaus unterscheidet er die *wörtliche Übersetzung* von der *Wort-für-Wort-Übersetzung* (bzw. der *wortgetreuen Übersetzung*). Bei der wörtlichen Übersetzung werden nämlich die syntaktischen Regeln der jeweiligen Sprache in Betracht gezogen. Deswegen lautet die wörtliche Übersetzung des englischen Satzes *I have read a book* ins Deutsche *Ich habe das Buch gelesen*, bei der Wort-für-Wort-Übersetzung müsste das inkorrekte Konstrukt *Ich habe gelesen das Buch* gebildet werden.

- Wortartwechsel (bzw. Transposition):
  Sinngetreue Übertragung des Inhalts eines sprachlichen Zeichens in der Ausgangssprache auf sprachliche Zeichen einer anderen Wortart in der Zielsprache.
  Beispiele: *There is absolutely no truth in his claim.* → *Seine Behauptung ist absolut unzutreffend.*
  Czyn popełnia umyślnie ten, kto ma zamiar jego popełnienia. → *Vorsätzlich begeht die Tat, wer sie absichtlich begeht.*
- Modulation:
  Der Wechsel der Blickrichtung im Verhältnis zur ausgangssprachlichen Formulierung.
  Beispiel: *Da liegt der Hase im Pfeffer.* → *Tu leży pies pogrzebany.*
  Hold on please. → *Proszę czekać.* → *Bitte warten.*
- Äquivalenz:
  Die Ersetzung einer Situation in der Ausgangssprache durch eine kommunikativ vergleichbare Situation in der Zielsprache, kann z. B. Grußformel oder Sprichwörter betreffen. Diese Auffassung von Äquivalenz hebt sich signifikant von der Sichtweise anderer Übersetzungsforscher ab.
  Beispiel: *Guten Appetit!* → *Smacznego!*
  Jemanden auf den Arm nehmen. → *Nabić kogoś w butelkę.*
- Adaptation:
  Textuelle Kompensation bestimmter soziokultureller Unterschiede zwischen der ausgangssprachlichen und zielsprachlichen Sprachgemeinschaft.
  Beispiel: *graduation* → *Abitur.*

Newmark (1988) knüpft an die obigen von Vinay und Darbelent (1958) und Marblanc (1968) formulierten Übersetzungsstrategien an und schlägt eigene *translation rules* vor, die im Folgenden kurz dargestellt werden (vgl. Pisarska, 1998: 36).

- Transferenz:
  Die Übernahme eines Lexems aus der Ausgangssprache in die Zielsprache, das Lexem bleibt unübersetzt. Diese Operation ist mit der *Direktentlehnung* von Vinay und Darbelent (1958) und Marblanc (1968) gleichzusetzen.
  Beispiel: *le baccalauréat* → *the baccalauréat.*
- kulturelles Äquivalent:
  Die Substitution des Ausgangslexems durch ein ähnliches zielsprachliches Lexem. *Kulturelles Äquivalent* wird heutzutage häufiger als *funktionales Äquivalent* bezeichnet (vgl. Hejwowski, 2007, Pieńkos, 1993).
  Beispiel: *le baccalauréat* → *A level* → *matura.*

- wörtliche Übersetzung:
  Wörtliche Übersetzung der üblichen Kollokationen, z. B. der Eigennamen von Institutionen. Reiß und Vermeer (1991: 134) vergleichen die wörtliche Übersetzung mit der Wort-für-Wort-Übersetzung und betonen, dass bei der wörtlichen Übersetzung die grammatischen Regeln der Zielsprache, darunter die syntaktischen Regeln, beachtet werden.
  Beispiel: *Communauté européenne → the European Community.*
- literale Übersetzung:
  Die Ersetzung eines ausgangssprachlichen Elements durch das zielsprachliche Element, basiert auf der Wort-für-Wort-Übersetzung, so ist die *literale Übersetzung* mit der *wortgetreuen Übersetzung* gleichzusetzen.
  Beispiel: *eine Rede halten → to make a speech.*
- funktionales Äquivalent:
  Die Anwendung eines kulturneutralen Terminus in der Zielsprache, der den spezifischen ausgangssprachlichen Terminus definieren soll.
  Beispiel: *le baccalauréat → the French secondary school leaving examination → francuska matura.*
  Pieńkos (1993: 111) versteht funktionales Äquivalent etwas anders. Er geht davon aus, dass bei der Übersetzung von Rechtstexten die Suche nach Äquivalenten zur Bestimmung eines entsprechenden Terminus in der Zielsprache führen sollte, dessen Funktion im Vergleich zum Ausgangstext gleich oder ähnlich ist. Dieses Ziel ist mit Hilfe von funktionalen Äquivalenten erreichbar. Auch Hejwowski (2007: 81) betont, dass die zeitgenössische Vorstellung des Begriffs des funktionalen Äquivalents zwei Techniken von Newmark (1988) umfasst: den Einsatz von sowohl dem kulturellen als auch dem funktionalen Äquivalent. Hejwowski definiert das funktionale Äquivalent als die Ersetzung der Bezeichnung einer üblichen ausgangssprachlichen Erscheinung durch die Bezeichnung einer ähnlichen in der zielsprachlichen Sprachgemeinschaft verbreiteten Erscheinung.
  Kierzkowska (2002: 119) betont, dass funktionale Äquivalente im Bereich der Rechtsübersetzung die Termini sind, die ähnliche Definitionen haben.
  Für de Groot (1990: 124) und Schmidt-König (2005: 184) gehören zu dieser Kategorie Termini, die in der Ausgangs- und Zielsprache dieselbe oder zumindest ähnliche Funktion erfüllen.
  Kubacki (2012b: 170) betont, dass das auf diese Weise aufgefasste funktionale Äquivalent auch als *konnotatives Äquivalent* bezeichnet wird. Dem konnotativen Äquivalent wird das *denotative* bzw. *formale Äquivalent* gegenübergestellt, welches den Empfänger der Übersetzung darauf hinweist, dass der ausgangssprachliche Terminus keinem zielsprachlichen Terminus entspricht, z. B. *sąd rejonowy → Rayon(s)gericht.* Dieses Äquivalent bildet eine der Alternativen für Übersetzer und Übersetzungswissenschaftler, die davon aus-

gehen, dass das deutsche *Amtsgericht* mit dem polnischen *sąd rejonowy* nicht gleichzusetzten ist, deswegen besteht die Notwendigkeit, ein formales Äquivalent zu finden.

- deskriptives Äquivalent:
  Die paraphrasierende Erklärung eines kulturspezifischen ausgangssprachlichen Elements in der Zielsprache.
  Beispiel: *le baccalauréat → egzamin na zakończenie francuskiej szkoły średniej, w czasie którego kandydat zdaje 8–10 przedmiotów i który jest warunkiem dostania się na wyższe studia.*
- translation couplet:
  Die Strategie, bei der zwei der obigen Techniken verbunden werden. Im folgenden Beispiel wurde die Kombination von der Transferenz und dem deskriptiven Äquivalent verwendet.
  Beispiel: *le baccalauréat → the baccalauréat, egzamin zdawany po ukończeniu szkoły średniej we Francji.*

In der Fachliteratur wird viel Aufmerksamkeit den Strategien geschenkt, die bei der (scheinbaren) Null-Äquivalenz einzusetzen sind. Von Bedeutung ist dabei, dass es bei der Problematik der sog. Unübersetzbarkeit nicht um die Existenz oder Nichtexistenz eines äquivalenten Terminus in der Zielsprache geht, sondern um die Existenz oder Nichtexistenz eines Ausschnitts der außersprachlichen Wirklichkeit in der Zielsprache, auf den sich der ausgangssprachliche Terminus bezieht. Die Aufgabe des Übersetzers besteht also nicht nur darin, ein korrektes Äquivalent zu finden, sondern auch darin, dem Übersetzungsempfänger den fremden Ausschnitt der ausgangssprachlichen Wirklichkeit näherzubringen. Auch in diesem Falle steht der Übersetzer vor der Frage, ob er nach einem Substitut suchen soll, der aber zum Kontext nicht völlig passen kann oder ob er ein Element der fremden, unbekannten Wirklichkeit in die Übersetzung übernimmt, was dazu führen kann, dass der Empfänger es nicht versteht (vgl. Tomaszkiewicz, 1998: 141). So muss sich der Übersetzer wiederum entscheiden, ob er die funktionale, zielsprachlich orientierte Äquivalenz oder die formale, ausgangssprachlich orientierte Äquivalenz wählt.

In diesem Zusammenhang nennt Tomaszkiewicz (1998: 141–146) eine Reihe von Übersetzungsstrategien, die bei der Übersetzung der »unübersetzbaren« Einheiten zum Einsatz kommen:

- Paraphrase (bzw. definitorische Erweiterung):
  Der Text der Übersetzung wird um zusätzliche Informationen erweitert, damit er vom Empfänger besser verstanden werden kann.
  Beispiel: *Laß dich in den »Vier Jahreszeiten« blicken. → Pokaż się w hotelu »Cztery pory roku«.*

- Definition:
  Die Ersetzung des ausgangssprachlichen Terminus durch die Definition des Elements der Wirklichkeit, auf das er sich bezieht.
  Beispiel: *Streik bei AUA zu Ende. → Koniec strajku w liniach lotniczych AUA.*
  Eine längere Definition kann in Form der *Anmerkung des Übersetzers* in Fußnoten dargestellt werden, was gleichzeitig eine weitere Strategie bildet.
- Konversion:
  Die Substitution eines Elements der ausgangssprachlichen Wirklichkeit durch das Element der zielsprachlichen Wirklichkeit, das eine ähnliche Konnotation beim Empfänger der Übersetzung hervorruft.
  Beispiel: *Mensch ärgere dich nicht → Chińczyk,*
  rice krispies cookies → domowe ciasteczka.

Darüber hinaus nennt Tomaszkiewicz (1998: 146–153) einige Strategien, die eigentlich als keine Übersetzung zu betrachten sind, denn ausgangssprachliche Einheiten werden ins Translat direkt übernommen. Zu diesen Strategien gehören die *Lehnübersetzung*, die *Bildung eines Neologismus*, die *Kompensation* (das fremde Lexem wird an einer anderen Stelle im Text des Translats erklärt) und schlimmstenfalls die *Auslassung*. Poczobut (1993: 347–348) ergänzt die Kategorie der Übersetzungsstrategien, die bei relativer Unübersetzbarkeit einzusetzen sind, noch um die *Verwendung eines Gattungsbegriffes* bzw. die *Bildung eines Hyperonyms*. Kubacki (2012b: 171) schlägt auch in solchen Situationen die Anwendung eines lateinischen Äquivalents vor.

Auch im Bereich der Rechtsübersetzung kann mit dem Einsatz von entsprechenden Übersetzungsstrategien versucht werden, den Erwartungen der Zieltextrezipienten entgegenzukommen. Der Frage danach, ob sich dazu besser ausgangssprachlich oder zielsprachlich orientierte Übersetzungsstrategien eignen, wird immer wieder nachgegangen, doch bisher wurde sie nicht eindeutig beantwortet (vgl. Iluk Ł., Iluk J., 2019: 183).

Da die Rechtsübersetzung seit Jahrhunderten unter deutlichem Einfluss der Bibelübersetzung stand, bildeten die Texttreue und die wortgetreue Übersetzung seit langem die wichtigsten Grundsätze, die die Rechtsübersetzer zu beachten hatten. Daraus resultiert evidente Priorität ausgangssprachlich orientierter Übersetzungsstrategien bei der Translation von Rechtstexten (vgl. Šarčević, 1997: 23–24).

Auch gegenwärtig dominiert der Blickwinkel, dass das Translat eines Rechtstextes nah am Ausgangstext bleiben und die Fremdartigkeit verdeutlichen soll. Für die Methode der Verfremdung sprechen sich u. a. de Groot (2002), Sandrini (1996) und Weisfolg (1996) aus. Die möglichen Gründe für die Überlegenheit ausgangssprachlich orientierter Strategien stellt Šarčević (1990: 157, bei

Iluk Ł., Iluk J., 2019: 190) dar. Sie geht davon aus, dass sich die Rezipienten der funktionalen (dynamischen, verdeckten, einbürgernden) Übersetzung der Gefahr begeben:

- die funktionalen Äquivalente mit den Rechtsbegriffen und den Rechtsinstituten der zielsprachlichen Rechtsordnung gleichzusetzen,
- sich die Rechtsbegriffe so vorzustellen, wie sie in der eigenen Rechtsordnung fungieren,
- juristische Implikationen der zielsprachlichen Rechtsordnung in die ausgangssprachlichen Termini hineinzudeuten (vgl. Iluk Ł., Iluk J., 2019: 190).

Auch Hebenstreit (1997) schlägt die Zurückhaltung bei der Anwendung der funktionalen Äquivalenz bei der Übersetzung der Rechtstexte vor:

> Die Verwendung von funktionalen Entsprechungen hat zwar den Vorteil der leichten Verständlichkeit, bringt aber aufgrund der geschilderten Inkongruenz der Begriffssysteme einen Verlust an Genauigkeit mit sich und birgt die Gefahr falscher Implikationen. Aufgrund der Einordnung des Begriffs in das eigene Weltbild kann es dazu kommen, dass der Jurist Rechtsfolgen in ihn »hineininterpretiert«, die dem ausgangssprachlichen Weltbild fremd oder gar mit diesem überhaupt unvereinbar sind (Hebenstreit 1997: 109, bei Iluk Ł., Iluk J., 2019: 190).

Ballansat-Aebi (2018: 53) und Schroeder (2005: 241) plädieren ebenfalls für die Anwendung der Strategien der wörtlichen Übersetzung, der Umschreibung und der Hinzufügung des ausgangssprachlichen Terminus in der Originalform, was ein besseres Ergebnis als die Strategien der dynamischen Übersetzung bringt.

Dies hat zur Folge, dass die ausgangssprachlich orientierten Übersetzungsstrategien bei der Übersetzung normativer Rechtstexte, darunter auch der Gesetzbücher, Anwendung finden. Andererseits wird jedoch diese Vorgehensweise von Iluk Ł. und Iluk J. (2019: 192–193) teilweise kritisiert. Sie betonen, dass der Verzicht auf die funktionale Äquivalenz von unzureichenden Fachkompetenzen der Rechtsübersetzer zeugt, die Wahl der formalen Äquivalenz (z. B. die Anwendung einer Lehnübersetzung oder einer Paraphrase) weniger kognitiv anspruchsvoll und viel zeitsparender ist.

In diesem Zusammenhang weist Pirker (2010: 42) auf einen langsamen Wechsel des Trends, d. h. auf die Abkehr von den ausgangstextorientierten Übersetzungsstrategien auf.

Auch Pieńkos (2002: 185) spricht bereits zu Beginn des 20. Jh. von den Anfängen einer neuen Tendenz, die auf dem Einsatz der funktionalen Äquivalenz in der Übersetzung von Gesetzestexten beruht. Des Weiteren stellt Pieńkos (2002: 186) fest, dass diese neue Herangehensweise, die die Anwendung von formalen Übersetzungsstrategien begrenzt, das einzige akzeptable Verfahren darstellen soll.

Diesbezüglich betonen Iluk Ł. und Iluk J. (2019: 194–195), dass die formale Äquivalenz zahlreiche Nachteile mit sich bringen kann, die vor allem falsche Assoziationen in Bezug auf Rechtsbegriffe der ausgangssprachlichen Rechtsordnung betreffen. Diese These begründen sie mit folgenden Beispielen:

Tabelle 8. Lehnübersetzung vs. gebrauchsnormative Äquivalente bei der Übersetzung ausgewählter Termini. Quelle: Iluk Ł., Iluk J. (2019: 195).

Position	**Terminus (PL)**	**Lehnübersetzung**	**gebrauchsnormatives Äquivalent (D)**
1	obrońca z urzędu	Verteidiger von Amts wegen	Pflichtverteidiger
2	obrona konieczna	notwendige Verteidigung	Notwehr
3	pierwsza zmiana	erste Schicht	Frühschicht
4	ojciec biologiczny	biologischer Vater	leiblicher Vater

Zu Position 1:
Die Formulierung *von Amts wegen* ist nur ein Teil der usuellen verbalen Phrase *einen Verteidiger von Amts wegen bestellt bekommen/bestellen.* Doch der Rechtsanwalt im Strafprozess wird in diesem Kontext als *Pflichtverteidiger* bezeichnet.

Zu Position 2:
In Fällen der *notwendigen Verteidigung* (*obrona z urzędu*) wird der Pflichtverteidiger bestellt, was nichts mit der *Notwehr* zu tun hat. So ist die *notwendige Verteidigung* ein anderer Rechtsbegriff.

Zu Position 3:
Die Formulierung *erste Sicht* wird nicht automatisch als arbeitsrechtlicher Terminus betrachtet.

Zu Position 4:
Der Ausdruck *biologischer Vater* kommt in der Gemeinsprache vor, ist aber kein juristischer Terminus.

Aus der Analyse der dargestellten Beispiele geht hervor, dass die Lehnübersetzungen keinen Rechtsinhalt besitzen oder einen ganz anderen Rechtsbegriff indizieren. Von daher ziehen Iluk Ł. und Iluk J. (2019: 195) die Schlussfolgerung, dass sich die gebrauchsnormativen Entsprechungen, die im Rahmen der funktionalen, zielsprachlich orientierten Übersetzungsstrategien zum Einsatz kommen, besser auf die Qualität der angefertigten Rechtsübersetzungen auswirken können und dementsprechend nicht mehr unterschätzt werden sollen.

5. Analyse der Terminologie

5.1. Einführung zur Analyse

Den Gegenstand der nachstehenden kontrastiven Analyse bilden Termini, die im polnischen Strafgesetzbuch (*Kodeks karny*) und seinen drei deutschen Übersetzungen vorkommen[58]. Bevor die genannte Analyse durchgeführt wird, wird auf das Strafrecht als Rechtsgebiet hingewiesen. Des Weiteren werden die Rechtsquellen des polnischen und deutschen Strafrechts, also vor allem das polnische Gesetz *Kodeks karny* und das deutsche Strafgesetzbuch kurz angesprochen. Abschließend wird auch das Korpus der kontrastiven Analyse dargestellt.

5.1.1. Strafrecht als Rechtsgebiet

Das Leben jedes Menschen ist mit dem Funktionieren in einer Gesellschaft verbunden, er bleibt immer in Beziehungen mit anderen Menschen. Diese Beziehungen erfordern die Akzeptanz von Normen, d. h. von bestimmten Verhaltensmustern, die ein sicheres Zusammenleben der Mitglieder einer Gemeinschaft gewährleisten. Es ist auch notwendig, entsprechende Kontrollsysteme zu entwickeln, die ihre Einhaltung garantieren (vgl. Wróbel, Zoll, 2013: 21).

Das Strafrecht als ein Teil des öffentlichen Rechts erfüllt diese Rolle, indem es bestimmt, welche Handlungen der Menschen von der Staatgewalt als strafbar zu verstehen sind und welche Strafen für diese Handlungen verhängt werden können. Die Strafrechtsnormen dienen auch zum Schutz von Rechtsgütern, welche

58 Einzelne Aspekte der Methodologie und die Zusammenfassung ausgewählter Ergebnisse, die in dieser Arbeit dargestellt wurden, wurden im folgenden Artikel angesprochen: Pietrzak, Agnieszka (2022): *Fachterminologie des polnischen Strafgesetzbuches in deutschen Übersetzungen.* In: Sadziński, Witold (Hrsg.), Folia Germanica, Universität Lodz (die Publikation ist im Druck).

für das soziale Zusammenleben der Menschen von besonderer Relevanz sind (vgl. Kęsicka, 2020: 39).

Das Strafrecht erfüllt mehrere Funktionen, die auf verschiedenen Ebenen wahrzunehmen sind. Zu nennen sind hierbei vor allem die Vergeltung für das vom Täter begangene Unrecht und die Abbüßung seiner Schuld. Darüber hinaus dient das Strafrecht der Prävention, d. h. der Verhütung von Straftaten, die einerseits als Bestärkung der Bevölkerung in ihren rechtstreuen Verhaltensweisen, andererseits als Abschreckung der potentiellen Täter von der Begehung von Straftaten zu verstehen ist (vgl. Höflich, Weller, 2005: 3).

Was die Gliederung des Strafrechts anbelangt, wird das materielle, formelle Strafrecht (auf Polnisch auch *Prozessstrafrecht* genannt) sowie das Strafvollzugsrecht unterschieden. Das materielle Strafrecht bestimmt die Voraussetzungen der Strafbarkeit und stellt die Rechtsfolgen von Straftaten dar (vgl. Höflich, Weller, 2005: 11). Die wichtigsten Gesetze, die materielles Strafrecht thematisieren, sind deutsches Strafgesetzbuch und polnisches *Kodeks karny*. Daraus erfolgt, dass den Gegenstand der vorliegenden Arbeit überwiegend das materielle Strafrecht bildet.

Das formelle Strafrecht regelt dagegen den Gang des Strafverfahrens, dessen Ziel ist es, festzustellen, ob eine Straftat begangen wurde und den eventuellen Täter zu verurteilen. Die Vorschriften in diesem Bereich sind vor allem in der deutschen Strafprozessordnung und im polnischen *Kodeks postępowania karnego* zu finden (vgl. Gardocki, 2017: 1).

Das Strafvollzugsrecht regelt den Vollzug der verhängten Strafen. In Polen sind die genannten Vorschriften in *Kodeks karny wykonawczy* und in Deutschland im Strafvollzugsgesetz enthalten (vgl. Gardocki, 2017: 1).

Im Vergleich zu anderen Rechtsgebieten bildet das Strafrecht ein besonderes Rechtsgebiet. Sein Ziel besteht nämlich nicht darin, nur eine konkrete Sphäre der zwischenmenschlichen Beziehungen zu regeln, es greift nämlich in verschiedene Bereiche des gesellschaftlichen Lebens ein. Das Strafrecht ist kein isoliertes Gebiet, es ist ein Teil des gesamten Rechtssystems, welches einen deutlichen Einfluss auf das Strafrecht hat (vgl. Daniluk, 2011: 338, Gardocki, 2017: 31).

Dies wiederspiegelt sich auch in der sprachlichen Ebene des Strafgesetzbuches. Davon zeugt eine Vielzahl der Termini, die aus anderen Rechtsgebieten kommen (z. B. die Vorschriften über Doppelehe beziehen sich auf das Zivil- und Familienrecht) oder der Gemeinsprache entnommen und im strafrechtlichen Kontext verwendet wurden. Von daher wird in dieser Arbeit nicht nur über rein strafrechtliche Terminologie (wie *Diebstahl*, *Raub*, *Vergewaltigung*, *Täter* etc.), sondern auch über die im Strafgesetzbuch vorkommende Terminologie gesprochen.

5.1.2. Polnisches *Kodeks karny* und deutsches Strafgesetzbuch als Quellen des Strafrechts

Das aktuell in Polen geltende Strafrecht ist im polnischen *Kodeks karny*[59] von 1997, das zum Analysekorpus der vorliegenden Arbeit gehört, enthalten. Sein Vorgänger war das polnische Strafgesetzbuch von 1969. Früher galt das Strafgesetzbuch von 1932, welches das erste polnische Strafgesetzbuch war, weil das Strafrecht vor der Teilung Polens nicht kodifiziert war, bis 1932 waren jedoch noch die Strafgesetzbücher der drei Besatzungsmächte in Kraft (vgl. Gardocki, 2017: 30–31).

Das geltende polnische Strafgesetzbuch von 1997 besteht aus drei Teilen: dem Allgemeinen Teil, dem Besonderen Teil und dem Militärischen Teil.

Der Allgemeine Teil (Kapitel 1–15) beinhaltet Vorschriften, die sich auf die Verantwortung beziehen, die der Täter zu tragen hat, den Strafenkatalog und die Grundsätze der Verhängung von Strafen (vgl. Gardocki, 2017: 31).

Der Besondere Teil (Kapitel 16–37) enthält Vorschriften, die einzelne Straftaten betreffen. Er ist auch eine Sammlung von Definitionen von konkreten Straftaten und gleichzeitig weist er darauf hin, welche Strafe für welche Straftat verhängt werden kann. Die Vorschriften im Besonderen Teil bestehen aus zwei Teilen: der Disposition (*Wer einen Menschen der Freiheit beraubt…*) und der Sanktion *(…wird mit Freiheitsstrafe von 3 Monaten bis zu 5 Jahren bestraft*[60]) (vgl. Gardocki, 2017: 31).

Der Militärische Teil (Kapitel 38–44) beinhaltet Vorschriften, die sich auf Soldaten beziehen. Dazu gehören sowohl allgemeine Vorschriften als auch spezifische militärische Straftaten (vgl. Gardocki, 2017: 31).

Das deutsche Strafgesetzbuch als die wichtigste Quelle des deutschen Strafrechts bildet in dieser Arbeit den Paralleltext zum polnischen Strafgesetzbuch.

Das geltende deutsche Strafgesetzbuch geht auf das Strafgesetzbuch für das Deutsche Reich von 1871 zurück. Das erste Strafgesetzbuch des Deutschen Reichs war die Gerichtsordnung Karls V. aus dem Jahre 1532 (*constitutio criminalis carolina*). Wegen der politischen Zersplitterung Deutschlands galten gleichzeitig mehrere Gesetze, die strafrechtliche Fragen behandelten. Zu den wichtigsten gehörten das Preußische Allgemeine Landrecht, das Bayerische Strafgesetzbuch, das Preußische Strafgesetzbuch sowie das Strafgesetzbuch des Norddeutschen Bundes, auf welchem das Reichsstrafgesetzbuch von 1871 aufbaute (vgl. Alpmann, 2005: 1236–1237).

---

59 Im weiteren Teil dieser Arbeit wird das polnische Gesetz *Kodeks karny* als *das polnische Strafgesetzbuch* bezeichnet.

60 Art. 189 § 1 poln. Strafgesetzbuch, Übers. A.P.

Das geltende deutsche Strafgesetzbuch besteht aus zwei Teilen: dem Allgemeinen Teil und dem Besonderen Teil.

Der Allgemeine Teil (Abschnitte 1–5) beinhaltet Informationen zum Geltungsbereich des Strafrechts sowie den Katalog von Strafen und Maßnahmen. Im Besonderen Teil (Abschnitte 6–30) werden die Straftatbestände sowie die Strafandrohung dargestellt.

Das deutsche Strafgesetzbuch beinhaltet – im Gegensatz zum polnischen – den Militärischen Teil nicht. Von daher bildet das deutsche *Wehrstrafgesetz* den Paralleltext zum Militärischen Teil des polnischen Strafgesetzbuches.

Zur besseren Anschaulichkeit und als Zusammenfassung der obigen Erwägungen werden in der nachstehenden Tabelle die einzelnen Teile des polnischen Strafgesetzbuches mit ihren deutschen Paralleltexten zusammengestellt.

Tabelle 9. Polnisches Strafgesetzbuch und seine deutschen Paralleltexte. Quelle: Eigene Bearbeitung.

Aufbau des polnischen Strafgesetzbuches	**Deutsche Paralleltexte**
Allgemeiner Teil (Kapitel 1–15)	Allgemeiner Teil (Abschnitte 1–5) des deutschen Strafgesetzbuches
Besonderer Teil (Kapitel (16–37)	Besonderer Teil (6–30) des deutschen Strafgesetzbuches
Militärischer Teil (Kapitel 38–44)	Wehrstrafgesetz vom 24. Mai 1974

5.1.3. Analysekorpus

Das Analysekorpus der vorliegenden Arbeit bilden ausgewählte Termini, die im polnischen Strafgesetzbuch von 1997 vorkommen, und ihre Äquivalente, die in drei bisher veröffentlichten Übersetzungen des geltenden polnischen Strafgesetzbuches ins Deutsche auftreten sowie die Äquivalente, die in polnisch-deutschen Rechts- und Wirtschaftswörterbüchern vorgeschlagen werden.

Bisher wurden insgesamt fünf Übersetzungen des polnischen Strafgesetzbuches veröffentlicht. Die ersten zwei beziehen sich jedoch auf ältere Fassungen des Gesetzes. Wirschubski fertigte 1930 »Das polnische Strafgesetzbuch vom 11.7. 1932 und die kriminalpolitischen Forderungen der Gegenwart« an, Geilke dagegen »Den polnischen Strafkodex« (1970), der auf dem Strafgesetzbuch von 1969 basierte. Da sich diese zwei Übersetzungen auf historische Fassungen des Gesetzbuches beziehen, wurden sie in das Analysekorpus nicht aufgenommen.

Da der Analyse die Terminologie des aktuell geltenden polnischen Strafgesetzbuches aus dem Jahre 1997 unterliegt, gehören zum Analysekorpus drei folgende Übersetzungen, die auf dieser Fassung des Gesetzes basieren. Dazu gehören:

- »Das polnische Strafgesetzbuch. Kodeks karny« (1998).
  Übersetzung: Ewa Weigend.
  Verlag: Max-Planck-Institut für ausländisches und internationales Strafrecht in Freiburg im Breisgau.
- »Kodeks karny i kodeks wykroczeń. Strafgesetzbuch und Übertretungsgesetzbuch« (2012).
  Übersetzung: Joanna Chudzik, Michał Jakowczyk, Kaja Kowalski, Andreas Krajewski, Kamila Matthies.
  Verlag: C.H. Beck.
- »Polnisches Strafgesetzbuch. Kodeks karny – tłumaczenie na język niemiecki« (2019).
  Übersetzung: Ewa Schwierskott-Matheson.
  Verlag: DE-IURE-PL[61].

Die Terminologie, die im polnischen Strafgesetzbuch vorkommt, kann unterschiedlich klassifiziert werden. Dies erfolgt u. a. aus der Spezifik des Strafrechts, das – wie bereits erwähnt – kein isoliertes System bildet.

In erster Linie kann sich die Gliederung der Terminologie auf einzelne Rechtsgebiete beziehen, z. B. *rozwiązać stosunek pracy*, *prawa pracownika*, *wypadek przy pracy*, *choroba zawodowa* (Arbeitsrecht), *udział w zyskach*, *wypłata odsetek*, *stwierdzenie uczestnictwa w spółce* (Handelsrecht), *powinowaty w tej samej linii*, *fundusz alimentacyjny*, *zawierać małżeństwo* (Familienrecht), *umowa zlecenia*, *umowa o dzieło*, *dłużnik*, *wierzyciel*, *osoba prawna*, *papiery wartościowe* (Zivilrecht).

Des Weiteren kann die im polnischen Strafgesetzbuch vorkommende Terminologie in Gruppen gesammelt werden, die unterschiedliche Fachsprachen betreffen, z. B. *obrzęd żałobny*, *przynależność wyznaniowa*, *akt religijny*, *związek wyznaniowy* (Sprache der Religion), *ciężkie kalectwo*, *choroba nieuleczalna*, *trwała choroba psychiczna*, *eksperyment medyczny* (Sprache der Medizin), *urządzenie dostarczające gaz*, *urządzenie przeciwpożarowe*, *automatyczne przetwarzanie danych informatycznych*, *przewody spalinowe*, *promieniowanie jonizujące* (Sprache der Technik), *stopień szeregowego*, *wydalenie z zawodowej służby wojskowej*, *dezercja*, *dowódca jednostki*, *uzbrojony pojazd mechaniczny* (Sprache des Militärs).

Darüber hinaus kann zwischen den fachsprachlichen Termini und gemeinsprachlichen Lexemen unterschieden werden. Zu Lexemen, die im Strafgesetzbuch vorkommen und der Gemeinsprache entnommen wurden, gehören bei-

61 Wegen der Vielzahl von Übersetzern aus dem Verlag C.H. Beck, werden die jeweiligen Übersetzungen während der Analyse mit den Namen der Verlage und nicht den Namen der Übersetzer gekennzeichnet.

spielsweise *wrzosowisko, las, łąka, słoma, targnąć się na własne życie, uwolnić się, poród, morze, flaga, brat, napój alkoholowy, nóż.*

Eine weitere Möglichkeit der Klassifizierung der Terminologie bildet die Anwendung des linguistischen Kriteriums, das sich auf die Wortklassen bezieht (vgl. Krzywda, 2014: 107). Im Zusammenhang damit kann von z. B. Substantiven (*sprawca, kara, kradzież, skazanie, przedawnienie, przepis*), Verben (*wymierzać, popełniać, odpowiadać, znieważać, zabijać, odbywać*) oder Adjektiven (*umyślny, karny, zabroniony, nadzwyczajny, przestępczy, szkodliwy*) gesprochen werden.

Auch der auf der Terminologielehre basierende Aufbau der Termini kann als das nächste Kriterium der Aufteilung der zu untersuchenden Terminologie betrachtet werden (vgl. Krzywda, 2014: 110). Es kann hierbei zwischen den Ein-, Zwei-, Drei- oder Mehrworttermini unterschieden werden, z. B. *czyn, rejestr skazanych, dobro chronione prawem, przestępstwa przeciwko wymiarowi sprawiedliwości, środki związane z poddaniem sprawcy próbie*).

Bei der nachstehenden Analyse wurde jedoch das thematische Kriterium für die Gliederung der Terminologie des polnischen Strafgesetzbuches verwendet, welches auch die Darstellung der Relationen zwischen den einzelnen Termini derselben Gruppe zu ihrem besseren Verständnis ermöglicht (vgl. Felber, Budin, 1994: 132). Die für das vorliegende Analysekorpus 30 exzerpierten Termini wurden in folgende fünf thematische Gruppen eingeteilt:

1. Grundlegende Termini:
   Kodeks karny, odpowiedzialność karna, czyn zabroniony, pokrzywdzony.
2. Personen:
   oskarżony, osoba najbliższa, poczęte dziecko, nieletni, młodociany, funkcjonariusz publiczny.
3. rechtswidrige Taten:
   wykroczenie, przestępstwo przeciwko życiu lub zdrowiu, zabójstwo, pobicie, znieważać, dezercja, występek o charakterze chuligańskim, ciężki uszczerbek na zdrowiu, targnąć się na własne życie.
4. Maßnahmen und Strafen:
   środki karne, nawiązka, zakaz prowadzenia pojazdów, prawa publiczne, wydalenie z zawodowej służby wojskowej, kara ograniczenia wolności, areszt wojskowy.
5. Institutionen und Orte:
   Sejm, Senat, zakład karny, miejsce stałego pobytu.

Resümierend ist festzustellen, dass die untersuchten Termini nach drei folgenden Kriterien ausgewählt wurden:

1. nach dem quantitativen Kriterium – es basiert auf der Einschränkung des Korpus auf eine Anzahl von 30 Termini, was auf den Detaillierungsgrad der Analyse jedes einzelnen Terminus und folglich auf die Einhaltung eines an-

genommenen Umfangs der Monographie sowie angemessener Proportionen zwischen ihren einzelnen Teilen zurückzuführen ist,
2. nach dem thematischen Kriterium - d.h. analysiert werden Termini, die zu konkreten thematischen Gruppen gehören und in jeder Gruppe mindestens einige Beispiele gesammelt werden können,
3. nach der Annahme, dass der Analyse ausschließlich solche Termini unterliegen, für die die Übersetzer der verschiedenen Verlage unterschiedliche Äquivalente oder unterschiedliche Übersetzungsstrategien verwendeten, was bereits in der Phase der Planung der Untersuchung darauf hindeuten konnte, dass die Auswahl der korrekten Äquivalente für diese Termini nicht eindeutig sein kann.

Während der Analyse werden die untersuchten Ausgangstermini auch mit den Äquivalenten, die in bilingualen Rechts- und Wirtschaftswörterbüchern vorkommen, konfrontiert. Die Analyse wird auf folgenden polnisch-deutschen Fachwörterbüchern basieren:
- Kilian/Kilian (2011): *Wörterbuch der Rechts- und Wirtschaftssprache*,
- Kozieja-Dachterska (2010): *Großwörterbuch der Wirtschafts- und Rechtssprache*,
- Banaszak (2008): *Rechts- und Wirtschaftswörterbuch*,
- Kienzler (2006): *Wörterbuch der Wirtschaftssprache. Bankwesen - Finanzen - Recht*,
- Pieńkos (2002): *Polsko-niemiecki słownik prawniczy.*

5.2. Kontrastive Analyse der Terminologie

5.2.1. Grundlegende Termini

Im Rahmen der grundlegenden Terminologie des polnischen Strafgesetzbuches werden folgende Termini analysiert: *Kodeks karny*, *odpowiedzialność karna*, *czyn zabroniony* und *pokrzywdzony.*

a) Kodeks karny

In erster Linie soll auf den Titel des analysierten Gesetzbuches hingewiesen werden. Im Folgenden wird der Ausgangsterminus und seine Äquivalente dargestellt, die in drei analysierten Übersetzungen vorgeschlagen werden.

Polnisches Strafgesetzbuch, Titel:
Kodeks karny[62]
- DE-IURE-PL (2019):
  Polnisches Strafgesetzbuch
- C.H. Beck (2012):
  Strafgesetzbuch
- Max-Planck-Institut (1998):
  Das polnische Strafgesetzbuch

In den Fachwörterbüchern wurde *Kodeks karny* folgendermaßen übersetzt.

Tabelle 10. Äquivalente in Fachwörterbüchern für *Kodeks karny*. Quelle: Eigene Bearbeitung anhand der genannten Fachwörterbücher.

Wörterbuch	**Übersetzungsvorschlag**
Kilian/Kilian (2011)	*Strafgesetzbuch*
Kozieja-Dachterska (2010)	*Strafgesetzbuch*
Banaszak (2008)	*Strafgesetzbuch*
Kienzler (2006)	*Strafgesetzbuch*
Pieńkos (2002)	*Strafgesetzbuch*

Alle Autoren der Übersetzungen des polnischen Gesetzes übersetzten *Kodeks karny* als *Strafgesetzbuch*, also sie übernahmen unmittelbar den Titel des analogischen deutschen Strafgesetzes. Zwei Übersetzer verwendeten zusätzlich das Adjektiv *polnisch*, was wahrscheinlich daraus resultiert, dass sie die Situation vermeiden wollten, in der der Empfänger des Translats das polnische Gesetzbuch mit dem gleichnamigen deutschen verwechselt. Solch eine Vorgehensweise, also die Hinzufügung des Adjektivs, welches auf das Ursprungsland des Gesetzes hinweist und dadurch vor Doppeldeutigkeit schützt, wird auch bei der Anfertigung der beglaubigten Übersetzungen in Polen empfohlen (vgl. Kubacki, 2012b: 135).

Alle Übersetzer entschieden sich also für die Anwendung des funktionalen Äquivalents. Die Übersetzer aus dem Verlag DE-IURE-PL und dem Max-Planck-Institut haben diese zielsprachlich orientierte Strategie zusätzlich um die von Tomaszkiewicz (1998: 141–146) beschriebene Strategie der Paraphrase ergänzt, also die Anwendung einer zusätzlichen Information (hier des Adjektivs *polnisch*), die für besseres Verständnis der Übersetzung seitens des Empfängers sorgt.

62 Alle Hervorhebungen in Zitaten aus dem polnischen Strafgesetzbuch und seinen Übersetzungen sowie aus anderen polnischen und deutschen Gesetzen kommen von A.P.

In allen analysierten Wörterbüchern wurde auch das Äquivalent *Strafgesetzbuch* vorgeschlagen.

Zu erwähnen ist hier auch die Tatsache, dass die Übersetzer *kodeks* als *Gesetzbuch* und nicht als *Kodex* bzw. *Codex* übersetzten. In Wörterbüchern kommen nämlich auch die Äquivalente *Kodex* und *Codex* vor, obwohl ihr Anwendungsbereich in Opposition zum *Gesetzbuch* kaum erklärt wird. Kienzler (2006) gibt *Kodex* an, Pieńkos (2002) *Kodex* und *Codex*, Banaszak (2008) verwendet *Kodex* im Beispiel *Kodex der Ethik der Medizin*, Kilian/Kilian (2011) verwenden *Kodex* als Glied des Kompositums *Zollkodex*. Kozieja-Dachterska (2010) versieht als die einzige das Äquivalent *Gesetzbuch* mit dem Qualifikator *Recht*, den *Kodex* überlässt sie für andere nicht explizit rechtsbezogene Bereiche, beispielsweise nennt sie *Ehrenkodex* oder *Berufskodex*.

Bei der Suche nach dem Äquivalent des polnischen *Kodeks karny* spielt diese Tatsache keine größere Rolle, weil dieses Gesetzbuch eins der wichtigsten ist und in jedem Wörterbuch das separate Stichwort für diesen Terminus bearbeitet wurde. Wenn man aber den Titel eines weniger bekannten Gesetzbuches (wie z. B. *Kodeks postępowania w sprawach o wykroczenia*) übersetzen würde, müsste man wegen der häufigen Mängel an entsprechenden Qualifikatoren selbst zwischen *Gesetzbuch* und *Kodex/Codex* wählen. Erst das juristische Fachwissen und die Analyse der Bezeichnungen von deutschen Gesetzen ermöglichen, zum Schluss zu kommen, dass solche Gesetzeswerke in Deutschland eben als *Gesetzbücher* und nicht als *Kodizes* oder *Codices* bezeichnet werden, z. B. *Bürgerliches Gesetzbuch*, *Baugesetzbuch*, *Handelsgesetzbuch* oder *Sozialgesetzbuch*.

Die genannte Problematik widerspiegelt sich jedoch in einer der fünf bereits erwähnten Übersetzungen des polnischen Strafgesetzbuches, und zwar in der Übersetzung aus dem Jahre 1970, die auf dem Strafgesetz von 1969 basierte. *Kodeks karny* wurde dort eben als *der polnische Strafkodex* übersetzt, was – im Gegensatz zu allen anderen Übersetzungen – eine nicht usuelle Entsprechung darstellt.

b) odpowiedzialność karna

Odpowiedzialność karna bildet im polnischen Strafgesetzbuch den zentralen Begriff, der unmittelbar mit der Tatsache verbunden ist, ob das Strafgesetz in der jeweiligen Situation überhaupt Anwendung findet. Im Zusammenhang damit kommt er auch an mehreren Stellen des Gesetzes vor. Er tritt schon im ersten Artikel des Allgemeinen Teils auf.

<u>Polnisches Strafgesetzbuch, Art. 1 § 1:</u>

Odpowiedzialności karnej podlega ten tylko, kto popełnia czyn zabroniony pod groźbą kary przez ustawę obowiązującą w czasie jego popełnienia.

- DE-IURE-PL (2019):
  Der **strafrechtlichen Verantwortung** unterliegt nur, wer eine rechtswidrige Tat begeht, die nach dem zur Zeit der Begehung geltenden Gesetz mit Strafe bedroht ist.
- C.H. Beck (2012):
  Strafrechtlicher Verantwortlichkeit unterliegt nur derjenige, der eine verbotene Tat begeht, die zum Zeitpunkt der Tatbegehung nach dem geltendem [sic!] Gesetz mit Strafe bedroht ist.
- Max-Planck-Institut (1998):
  Der **Strafbarkeit** unterliegt nur, wer eine Tat begeht, die durch ein zur Zeit der Begehung der Tat geltendes Gesetz unter Androhung von Strafe verboten ist.

In den Fachwörterbüchern wurden für *odpowiedzialność karna* folgende Äquivalente vorgeschlagen.

Tabelle 11. Äquivalente in Fachwörterbüchern für *odpowiedzialność karna.* Quelle: Eigene Bearbeitung anhand der genannten Fachwörterbücher.

Wörterbuch	**Übersetzungsvorschlag**
Kilian/Kilian (2011)	*strafrechtliche Verantwortlichkeit, strafrechtliche Verantwortung*
Kozieja-Dachterska (2010)	*strafrechtliche Verantwortung*
Banaszak (2008)	*strafrechtliche Verantwortlichkeit*
Kienzler (2006)	*strafrechtliche Haftung*
Pieńkos (2002)	*strafrechtliche Verantwortlichkeit, strafrechtliche Verantwortung*

In erster Linie soll darauf hingewiesen werden, dass der Terminus *odpowiedzialność karna* im deutschen Strafgesetzbuch nicht unmittelbar vorkommt. Dort, wo im polnischen Strafgesetzbuch die Formulierung *podlegać odpowiedzialności karnej* auftritt, wird im deutschen Gesetz durch die Phrase *strafbar sein* ausgedrückt, z. B.:

Tabelle 12. Vergleich der deutschen und polnischen Vorschrift bezüglich des Unterlassens. Quelle: Eigene Bearbeitung anhand der genannten Vorschriften, Hervorhebungen A.P.

Art. 2 poln. Strafgesetzbuch	**§ 13 (1) dt. Strafgesetzbuch**
Odpowiedzialności karnej *za przestępstwo skutkowe popełnione przez zaniechanie* ***podlega*** *ten tylko, na kim ciążył prawny, szczególny obowiązek zapobiegnięcia skutkowi.*	*Wer es unterlässt, einen Erfolg abzuwenden, der zum Tatbestand eines Strafgesetzes gehört,* ***ist*** *nach diesem Gesetz nur dann* ***strafbar****, wenn er rechtlich dafür einzustehen hat, dass der Erfolg nicht eintritt, und wenn das Unterlassen der Verwirklichung des gesetzlichen Tatbestandes durch ein Tun entspricht.*

Da für den Terminus *odpowiedzialność karna* mehrere Äquivalente in den Übersetzungen und den Fachwörterbüchern vorgeschlagen werden, werden sie in drei folgenden Punkten besprochen:

1. *strafrechtliche Verantwortung* und *strafrechtliche Verantwortlichkeit,*
2. *Strafbarkeit,*
3. *strafrechtliche Haftung.*

Die Äquivalente *strafrechtliche Verantwortung* und *strafrechtliche Verantwortlichkeit* kommen am häufigsten vor – sie wurden in den Übersetzungen der Verlage DE-IURE-PL und C.H. Beck verwendet sowie in vier analysierten Wörterbüchern vorgeschlagen.

Lampe, Fikentscher, Lübbe-Wolf (1989: 286) betonen, dass *Verantwortung* und *Verantwortlichkeit* im juristischen Sinne meist synonym verwendet werden können. Trotzdem weisen sie auf einige – aber vorwiegend gemeinsprachliche – Situationen hin, in denen sie einander nicht vertreten können. So kann man *Verantwortung tragen, in der Verantwortung stehen,* oder *Verantwortungsgefühl besitzen,* andererseits kann man *Verantwortlichkeitsreife erlangt haben* oder *Verantwortlichkeit zeigen.*

Von der synonymen Verwendung von *Verantwortung* und *Verantwortlichkeit* im strafrechtlichen Kontext zeugt auch die Tatsache, dass diese Termini zwar nicht im deutschen Strafgesetzbuch aber in manchen anderen Gesetzen gelegentlich vorkommen. § 20 des Landespressegesetzes in Baden-Württemberg lautet:

> § 20 **Strafrechtliche Verantwortung**
> (1) Die Verantwortlichkeit für Straftaten, die mittels eines Druckwerks begangen werden, bestimmt sich nach den allgemeinen Strafgesetzen.

§ 3 des Jugendgerichtsgesetzes lautet folgendermaßen:

> § 3 **Verantwortlichkeit**
> Ein Jugendlicher ist strafrechtlich verantwortlich, wenn er zur Zeit der Tat nach seiner sittlichen und geistigen Entwicklung reif genug ist, das Unrecht der Tat einzusehen und nach dieser Einsicht zu handeln (...).

Die zwei angeführten Beispiele zeigen, dass *strafrechtliche Verantwortung* und *strafrechtliche Verantwortlichkeit* in Gesetzen synonym verwendet werden. Darüber hinaus ist zu bemerken, dass im ersten Zitat beide Termini in demselben Paragraph vorkommen, was gewisse Zweifel wecken kann. Auch wenn die beiden Termini dasselbe bedeuten, sollte doch – was in der einschlägigen Literatur und auch in dieser Arbeit mehrmals betont wurde – die Synonymie in Rechtstexten vermieden werden.

Gegen diese Regel verstießen auch die Übersetzer des Verlags C.H. Beck. Im analysierten Artikel verwendeten sie den Terminus *strafrechtliche Verantwortlichkeit*, jedoch im Artikel 20 § 1 sprechen sie schon über die *strafrechtliche Verantwortung*. Eine solche Vorgehensweise der Übersetzer, die hierbei als unbegründet anzuerkennen ist, ist negativ zu bewerten.

Als Zusammenfassung der obigen Analyse soll noch auf die eingesetzte Übersetzungsstrategie hingewiesen werden. Wegen des Nichtvorliegens eines eindeutigen funktionalen Äquivalents haben sich die Übersetzer aus den Verlagen DE-IURE-PL und C.H. Beck für die Anwendung der formalen, deskriptiven Äquivalente entschieden.

Eine andere Entscheidung traf die Übersetzerin aus dem Max-Planck-Institut, die das funktionale Äquivalent *Strafbarkeit* verwendete, was allerdings *karalność* und nicht *odpowiedzialność karna* bedeutet. Interessanterweise formulierte diese Übersetzerin als die einzige die Anmerkungen zu ihrer Übersetzung, die sich in der Einführung zu ihrem Translat befinden. Dort bezog sie sich explizit auf den Terminus *odpowiedzialność karna* und versuchte ihre Wahl des deutschen Äquivalents zu begründen. Sie ging davon aus, dass der Begriff *Strafbarkeit* im Gegensatz zur *strafrechtlichen Verantwortung* bzw. *Verantwortlichkeit* auf dem deutschen Gesetz basiert und einem deutschen Juristen viel geläufiger ist. Andererseits ist zu bemerken, dass sie die Formulierung *der Strafbarkeit unterliegen* verwendete, welche in deutschen Gesetzen nicht vorkommt. Auch im Strafgesetzbuch sind lediglich Ausdrücke wie *Strafbarkeit des Versuchs* oder *die Strafbarkeit begründen* zu finden. Von daher lässt sich schlussfolgern, dass die Übersetzerin ihr Ziel, nah am deutschen Gesetz zu sein, durch die Anwendung einer nicht usuellen Kollokation, nur teilweise erreichte.

Des Weiteren sollte noch eine Tatsache vor der Wahl dieses Äquivalents in Betracht gezogen werden. Im polnischen Strafgesetzbuch kommt außer dem

Terminus *odpowiedzialność karna* auch der Terminus *karalność* vor. Als Beispiel kann Art. 101 angeführt werden:

Polnisches Strafgesetzbuch, Art. 101 § 1:
Karalność przestępstwa ustaje, jeżeli od czasu jego popełnienia upłynęło lat: (...).
- DE-IURE-PL (2019):
  Die **Strafbarkeit** erlischt, wenn seit Begehung der Tat folgende Zeiträume abgelaufen sind: (...).
- C.H. Beck (2012):
  Die **Strafbarkeit** einer Straftat erlischt, wenn seit ihrer Begehung: (...) vergangen sind.
- Max-Planck-Institut (1998):
  Die **Strafbarkeit** einer Straftat endet, wenn seit der Zeit ihrer Begehung vergangen sind: (...).

Alle Übersetzer übersetzten *karalność* als *Strafbarkeit.* Im Zusammenhang damit tritt *Strafbarkeit* in der Übersetzung des Max-Planck-Instituts als Äquivalent sowohl für *odpowiedzialność karna* als auch für *karalność* auf. Wenn der polnische Gesetzgeber zwei unterschiedliche Termini verwendet, wäre von Vorteil, dies auch in der Übersetzung wiederzugeben. Von daher scheint die Wahl des funktionalen Äquivalents in diesem Falle falsch zu sein, weil dies zu Doppeldeutigkeiten führen kann.

Zum Schluss ist noch auf das letzte Äquivalent *strafrechtliche Haftung* hinzuweisen, die dem Wörterbuch von Kienzler entnommen wird. Im Grunde genommen ist *Haftung* ein besonders breiter Rechtsbegriff, der in vielen Rechtsgebieten vorkommt. Vor allem ist er aber mit dem Zivilrecht und dem Arbeitsrecht verbunden, auch bei dem deutschen Empfänger sollte er in erster Linie keine Assoziationen zum Strafrecht wecken, von daher scheinen andere Lösungen besser bewertet zu werden (vgl. Creifelds, 2019: 692–693).

c) czyn zabroniony

Czyn zabroniony ist ein weiterer Rechtsbegriff, der zur grundlegenden Terminologie des polnischen Strafgesetzbuches gehört. Im Art. 115 kommt auch seine Definition vor.

Polnisches Strafgesetzbuch, Art. 115 § 1:
Czynem zabronionym jest zachowanie o znamionach określonych w ustawie karnej.

- DE-IURE-PL (2019):
  Eine **rechtswidrige Tat** ist eine Tat, die den Tatbestand eines Strafgesetzes verwirklicht.
- C.H. Beck (2012):
  Verbotene Tat ist ein Verhalten, das die durch das Strafgesetz bestimmten Tatbestandsmerkmale erfüllt.
- Max-Planck-Institut (1998):
  Verbotene Tat ist ein Verhalten, das die im Strafgesetz bestimmten Merkmale aufweist.

In folgender Tabelle werden die Äquivalente für *czyn zabroniony* präsentiert, die den Fachwörterbüchern entnommen wurden.

Tabelle 13. Äquivalente in Fachwörterbüchern für *czyn zabroniony*. Quelle: Eigene Bearbeitung anhand der genannten Fachwörterbücher.

Wörterbuch	**Übersetzungsvorschlag**
Kilian/Kilian (2011)	*verbotene Tat*
Kozieja-Dachterska (2010)	*verbotene Handlung*
Banaszak (2008)	*verbotene Handlung,* *verbotene Tat,* *Straftat,* *strafbare Handlung*
Kienzler (2006)	*verbotene Tat,* *verbotene Handlung*
Pieńkos (2002)	-

Die Übersetzer aus dem Verlag C.H. Beck und dem Max-Planck-Institut wählten das Äquivalent *verbotene Tat*, die Übersetzerin aus dem Verlag DE-IURE-PL dagegen *rechtswidrige Tat.*

Der Terminus *verbotene Tat* kommt in deutschen Gesetzen nicht vor, er ist die Lehnübersetzung des polnischen Ausgangsterminus, er bildet also das formale Äquivalent, das im Grunde genommen dann einzusetzen ist, wenn eine kulturelle, funktionale Entsprechung fehlt.

Der Terminus *rechtswidrige Tat* gehört dagegen zur grundlegenden Terminologie des deutschen Strafgesetzbuches, in dem er auch explizit definiert wird. Die Zusammenstellung der Definitionen von *czyn karalny* und *rechtswidrige Tat* sieht folgendermaßen aus:

Tabelle 14. Definitionen der Termini *czyn zabroniony* und *rechtswidrige Tat*. Quelle: Eigene Bearbeitung anhand der genannten Vorschriften.

Art. 115 § 1 poln. Strafgesetzbuch	§ 11 (1) 5. dt. Strafgesetzbuch
Czynem zabronionym jest zachowanie o znamionach określonych w ustawie karnej.	*Rechtswidrige Tat [ist] nur eine solche, die den Tatbestand eines Strafgesetzes verwirklicht.*

Aus der Gegenüberstellung der beiden Definitionen geht klar hervor, dass sie fast identisch sind. Von daher lässt sich schlussfolgern, dass die Wahl des funktionalen Äquivalents *rechtswidrige Tat* eine besonders gelungene Entscheidung der Übersetzerin aus DE-IURE-PL war.

Trotzdem wird dieses Äquivalent in keinem der analysierten Rechtswörterbücher verzeichnet. Stattdessen ist dort neben der bereits besprochenen *verbotenen Tat* noch von *verbotener Handlung*, *strafbarer Handlung* und der *Straftat* die Rede.

Im deutschen Strafgesetzbuch wird über verschiedene *Handlungen* gesprochen, jedoch die Kontexte, in denen sie vorkommen, schließen die Annahme aus, dass die *Handlung* ein Synonym zur *Tat* ist. Folgende zwei Beispiele begründen diese These. § 233 dt. Strafgesetzbuches lautet:

> (2) Auf Freiheitsstrafe von sechs Monaten bis zu zehn Jahren ist zu erkennen, wenn: (...)
> 2. der Täter das Opfer bei der Tat körperlich schwer misshandelt oder durch die Tat oder eine **während der Tat begangene Handlung** wenigstens leichtfertig in die Gefahr des Todes oder einer schweren Gesundheitsschädigung bringt.

§ 248c dt. Strafgesetzbuches lautet:

> 4) Wird die in Absatz 1 bezeichnete **Handlung** in der Absicht begangen, einem anderen rechtswidrig Schaden zuzufügen, so ist die Strafe Freiheitsstrafe bis zu zwei Jahren oder Geldstrafe. Die **Tat** wird nur auf Antrag verfolgt.

In den zitierten Vorschriften bedeutet die *Handlung* eher *działanie*, *zachowanie* oder *postępowanie*, von daher sollte sie keinesfalls mit der *Tat* gleichgesetzt werden. Darüber hinaus treten die Kollokationen wie *verbotene Handlung* und *strafbare Handlung* im analysierten Paralleltext ebenfalls nicht auf.

Obwohl die Anwendung jeglicher Ausdrücke, die den Terminus *Handlung* enthalten, hauptsächlich automatisch als keine besonders gute Lösung zu betrachten ist, sollte an dieser Stelle noch kurz auf das vorgeschlagene Äquivalent *strafbare Handlung* hingewiesen werden. Ohne Zweifel erweckt es die Assoziation mit dem polnischen Terminus *czyn karalny*, welcher ein Hyponym zu *czyn zabroniony* ist. *Czyn karalny* ist nämlich eine rechtswidrige Tat, die lediglich von Jugendlichen begangen werden kann (vgl. Kalina-Prasznic, 2007: 97).

Den letzten Übersetzungsvorschlag bildet der Terminus *Straftat*, welcher jedoch *przestępstwo* bedeutet. *Czyn zabroniony* und *przestępstwo* sind zwei verschiedene Rechtsbegriffe. Eine Tat kann man als Straftat erst dann anerkennen, wenn man dem Täter seine Schuld zurechnen kann. Wenn also eine unzurechnungsfähige Person ein Unrecht begeht, begeht sie zwar eine rechtswidrige Tat, aber keine Straftat (vgl. Kalina-Prasznic, 2007: 100).

Bei der Besprechung der Äquivalente in Wörterbüchern soll noch darauf hingewiesen werden, dass die Autoren mehrere Übersetzungsvorschläge ohne irgendwelche Anmerkungen angeben. So kann der Übersetzer den falschen Eindruck gewinnen, dass alle Äquivalente als Synonyme zu betrachten sind. Dies ist vor allem im Wörterbuch von Banaszak (2008) sichtbar, wo *verbotene Handlung, verbotene Tat, Straftat* und *strafbare Handlung* ohne jeglichen Kommentar als Äquivalente für *czyn zabroniony* genannt werden.

Zum Schluss soll noch betont, werden, dass im Rechtswörterbuch von Pieńkos (2002) das Stichwort *czyn zabroniony* überhaupt nicht vorkommt, obwohl dies einen der wichtigsten Termini des Strafrechts bildet.

d) pokrzywdzony

Zu grundlegenden Rollenträgern im Strafrecht gehören *sprawca* und *pokrzywdzony*. Die Übersetzung des Terminus *sprawca* als *Täter* weckt keine Zweifel, doch die Translation des Terminus *pokrzywdzony* kann einige Schwierigkeiten bereiten. Der analysierte Rechtsbegriff kommt u. a. im Art. 53 des polnischen Strafgesetzbuches vor.

Polnisches Strafgesetzbuch, Art. 53 § 3:
Wymierzając karę sąd bierze także pod uwagę pozytywne wyniki przeprowadzonej mediacji pomiędzy **pokrzywdzonym** a sprawcą albo ugodę pomiędzy nimi osiągniętą w postępowaniu przed sądem lub prokuratorem.

- DE-IURE-PL (2019):
  Bei der Strafzumessung berücksichtigt das Gericht etwaige positive Ergebnisse der Vermittlung zwischen **Geschädigtem** und Täter oder gegebenenfalls einen Vergleich, der zwischen ihnen im Verfahren vor Gericht oder Staatsanwalt geschlossen wurde.
- C.H. Beck (2012):
  Bei der Strafzumessung berücksichtigt das Gericht auch die positiven Ergebnisse der durchgeführten Mediation zwischen dem **Verletzten** und dem Täter oder den zwischen ihnen im gerichtlichen Verfahren oder vor dem Staatsanwalt erzielten Vergleich.
- Max-Planck-Institut (1998):
  Bei der Strafzumessung zieht das Gericht darüber hinaus auch die positiven

Ergebnisse einer zwischen dem Täter und dem **Verletzten** durchgeführten Mediation oder einen zwischen den Parteien im gerichtlichen oder staatsanwaltlichen Verfahren erzielten Vergleich in Betracht.

In analysierten Fachwörterbüchern sind folgende Äquivalente für *pokrzywdzony* zu finden.

Tabelle 15. Äquivalente in Fachwörterbüchern für *pokrzywdzony*. Quelle: Eigene Bearbeitung anhand der genannten Fachwörterbücher.

Wörterbuch	
Kilian/Kilian (2011)	*Geschädigter, Verletzter*
Kozieja-Dachterska (2010)	-
Banaszak (2008)	*Benachteiligter*
Kienzler (2006)	*Geschädigter, Beschädigter, Benachteiligter*
Pieńkos (2002)	*Geschädigter, Beschädigter, Verletzter, Benachteiligter*

Der im polnischen Strafgesetzbuch auftretende Terminus *pokrzywdzony* wird in der polnischen Strafprozessordnung definiert als »eine natürliche oder juristische Person, deren Rechtsgut durch eine Straftat unmittelbar verletzt oder bedroht wurde« (Art. 49 § 1 poln. Strafprozessordnung, Übers. A.P.).

Im deutschen Strafgesetzbuch kommt in diesem Kontext der Terminus *Verletzter* vor. Im Strafprozessrecht wird er als eine Person verstanden, in deren Rechte durch eine Straftat unmittelbar eingegriffen wird (vgl. Alpmann, 2005: 1399). Daraus resultiert, dass *Verletzter* das funktionale Äquivalent für *pokrzywdzony* ist. Auch Kubacki (2010: 316) weist bei seiner Analyse der Rollenträger im Zivil- und Strafverfahren darauf hin, dass *Verletzter* als ein guter Übersetzungsvorschlag für *pokrzywdzony* zu betrachten ist.

Von der Korrektheit dieser zielsprachlich orientierten Übersetzungsstrategie zeugt auch die nachstehende in hohem Maße analogische Vorschrift aus dem deutschen Strafgesetz. § 46 des deutschen Strafgesetzbuches lautet:

> Bei der Zumessung wägt das Gericht die Umstände, die für und gegen den Täter sprechen, gegeneinander ab. Dabei kommen namentlich in Betracht: (...)
> sein Verhalten nach der Tat, besonders sein Bemühen, den Schaden wiedergutzumachen, sowie das Bemühen des Täters, einen Ausgleich mit dem **Verletzten** zu erreichen.

Aus der Zusammenstellung der obigen Vorschrift mit dem analysierten polnischen Artikel 53 kann man schlussfolgern, dass dem polnischen Terminus *podejrzany* der deutsche *Verletzte* entspricht.

Die weiteren drei Äquivalente *Geschädigter*, *Beschädigter* und *Benachteiligter*, die in den Fachwörterbüchern angegeben werden (*Geschädigter* wurde auch von der Übersetzerin aus dem Verlag DE-IURE-PL verwendet), kommen im deutschen Strafgesetz praktisch nicht vor. Die einzige Ausnahme ist der Terminus *Geschädigter* – im § 142, der unerlaubtes Entfernen vom Unfallort thematisiert, wird über Unfallbeteiligte und Geschädigte gesprochen.

Die Bedeutung der drei obigen Rechtsbegriffe ist breiter als die Bedeutung des *Verletzten*, darunter sind nämlich Personen zu verstehen, die einen Schaden erlitten haben (vgl. Creifelds, 2019: 1239–1240). Über *Beschädigte* ist explizit im Bürgerlichen Gesetzbuch, also im Zivilrecht die Rede. Die Termini *Geschädigter* und *Benachteiligter* werden von Juristen verwendet, doch sie gehören – im Gegensatz zum *Verletzten* – zur Gesetzessprache nicht.

Darüber hinaus soll darauf hingewiesen werden, dass sie auch als *poszkodowany* (Terminus des polnischen Zivilgesetzbuches) übersetzt werden können (vgl. Banaszak, 2008, Kienzler, 2006, Kilian/Kilian, 2011, Kozieja-Dachterska, 2010, Pieńkos, 2002). Dies begründet die Tatsache, warum an einer einzigen Stelle des deutschen Strafgesetzbuches *Geschädigter*, also *poszkodowany w wypadku*, auftritt.

Resümierend soll festgestellt werden, dass alle Übersetzer zielsprachlich orientierte Strategien einsetzten. *Verletzter* ist jedoch als ein korrektes funktionales Äquivalent zu betrachten und *Geschädigter* ist lediglich ein Oberbegriff, dessen Bedeutung sich mit dem polnischen Terminus *pokrzywdzony* nur teilweise überlappt.

5.2.2. Personen

In dieser Kategorie werden folgende Termini analysiert: oskarżony, osoba najbliższa, poczęte dziecko, nieletni, młodociany, funkcjonariusz publiczny.

a) oskarżony

Der Terminus *oskarżony* gehört zur grundlegenden Terminologie des Strafprozessrechts, er kommt allerdings auch im polnischen Strafgesetzbuch vor.

<u>Polnisches Strafgesetzbuch, Art. 245:</u>
Kto używa przemocy lub groźby bezprawnej w celu wywarcia wpływu na świadka, biegłego, tłumacza, oskarżyciela albo **oskarżonego** lub w związku z tym narusza

jego nietykalność cielesną, podlega karze pozbawienia wolności od 3 miesięcy do lat 5.

- DE-IURE-PL (2019):
  Wer einen Zeugen, Sachverständigen, Dolmetscher, Kläger oder **Beklagten** mit Gewalt oder durch Drohung mit Gewalt nötigt oder seine körperliche Unversehrtheit beeinträchtigt, wird mit Freiheitsstrafe von einem Jahr [sic!] bis zu fünf Jahren bestraft.
- C.H. Beck (2012):
  Wer Gewalt oder rechtswidrige Drohung mit dem Ziel anwendet, Einfluss auf den Zeugen, Sachverständigen, Dolmetscher, Kläger oder **Angeklagten** zu nehmen oder in diesem Zusammenhang in dessen körperliche Unversehrtheit eingreift, wird mit Freiheitsstrafe von 3 Monaten bis zu 5 Jahren bestraft.
- Max-Planck-Institut (1998):
  Wer in der Absicht, einen Zeugen, Sachverständigen, Dolmetscher, Ankläger, oder **Angeklagten** zu beeinflussen, Gewalt oder eine rechtswidrige Drohung anwendet oder im Zusammenhang hiermit die körperliche Integrität einer dieser Personen verletzt, wird mit Freiheitsstrafe von drei Monaten bis zu fünf Jahren bestraft.

In Fachwörterbüchern kommen folgende Äquivalente für den Terminus *oskarżony* vor.

Tabelle 16. Äquivalente in Fachwörterbüchern für *oskarżony*. Quelle: Eigene Bearbeitung anhand der genannten Fachwörterbücher.

Wörterbuch	**Übersetzungsvorschlag**
Kilian/Kilian (2011)	*Angeschuldigter (po wniesieniu aktu oskarżenia do sądu a przed otwarciem rozprawy głównej),* *Angeklagter (po otwarciu postępowania sądowego)*
Kozieja-Dachterska (2010)	*Angeklagter*
Banaszak (2008)	*Angeschuldigter (od momentu wniesienia aktu oskarżenia do rozpoczęcia przewodu sądowego),* *Angeklagter (od rozpoczęcia przewodu sądowego aż do prawomocnego skazania)*
Kienzler (2006)	*Angeklagter,* *Angeschuldigter,* *Beschuldigter*
Pieńkos (2002)	*Angeklagter,* *Angeschuldigter,* *Beschuldigter*

Oskarżony ist eine der Prozessparteien in polnischen Strafsachen. Die Schwierigkeiten bei Übersetzung dieses Terminus resultieren daraus, dass sich die Bedeutungen mancher polnischen und deutschen Rollenträger im Strafverfahren nur teilweise überlappen, sodass einem ausgangssprachlichen Terminus mehrere zielsprachliche Termini entsprechen. Zur Schilderung dieser Problematik sollen Definitionen einzelner Rollenträger zusammengestellt und analysiert werden.

Im deutschen Strafprozess kommen drei Termini vor, die sich auf den mutmaßlichen Täter abhängig von dem Verfahrensstadium beziehen – es gibt einen *Beschuldigten, Angeschuldigten* und *Angeklagten.* Diesen drei deutschen Termini entsprechen nach der polnischen Strafprozessordnung nur zwei polnische: *podejrzany* und *oskarżony.*

Als *podejrzany* ist eine Person zu verstehen, in Bezug auf welche, der Beschluss zur Vorwurfserhebung erging. *Oskarżony* ist dagegen eine Person, gegen die die Anklage bei Gericht erhoben wurde (vgl. Art. 71 § 2 der polnischen Strafprozessordnung).

Im deutschen Strafrecht wird *Beschuldigter* als eine Person definiert, gegen die ein Strafverfahren (auch schon das Ermittlungsverfahren der Polizei oder der Staatsanwaltschaft) betrieben wird, dabei wird aber die Anklage beim Gericht noch nicht eingereicht (vgl. Creifelds, 2019: 221). *Beschuldigter* bezieht sich also auf den polnischen Terminus *podejrzany.*

Angeschuldigter ist man in einer kurzen Phase – nach Erhebung der Anklage beim Gericht aber vor Eröffnung des Hauptverfahrens. *Angeklagter* ist man dagegen bis zur Rechtskraft des Urteils. Diese zwei Begriffe entsprechen dem polnischen Begriff *oskarżony.*

Da im zweiten Fall zwei deutsche Termini zu einem polnischen passen, plädiert Kubacki (2010: 319–320) dafür, dass der Übersetzer präzise ist und sich bei der Übersetzung ins Polnische einer beschreibenden Form bedient. In diesem Zusammenhang schlägt er vor, z. B. den Terminus *Angeschuldigter* als *oskarżony* mit zusätzlicher Erklärung in Klammern *po wniesieniu aktu oskarżenia, ale przed jego odczytaniem* und *Angeklagter* einfach als *oskarżony* zu übersetzen.

Aus den präsentierten Definitionen der einzelnen Rechtsbegriffe geht klar hervor, dass hierbei eine Eins-zu-viele-Relation gegeben ist und *oskarżony* de facto als *Angeschuldigter/Angeklagter* übersetzt werden sollte. Darauf weisen mittelbar die Rechtswörterbücher von Banaszak (2008) und Kilian/Kilian (2011) hin, wobei sie auch auf den Kontext verweisen, in dem der jeweilige Terminus einzusetzen ist, was sehr positiv zu bewerten ist.

Die Anwendung des usuellen und zum Kontext passenden Terminus *Angeklagter*, welchen die Übersetzer aus dem Verlag C.H. Beck und dem Max-Planck-Institut wählten, und welcher als das funktionale Äquivalent für *oskarżony* zu betrachten ist, zeugt vom Einsatz der zielsprachlich orientierten Übersetzungsstrategie.

Fraglich ist hierbei das Äquivalent *Beschuldigter*, welches in Wörterbüchern von Kienzler (2006) und Pieńkos (2002) vorgeschlagen wird und – wie festgestellt – *podejrzany* und nicht *oskarżony* bedeutet.

Besondere Zweifel weckt aber das Äquivalent *Beklagter*, das in der Übersetzung des Verlags DE-IURE-PL angegeben wird. *Beklagter* (*pozwany*) gehört nämlich neben dem *Kläger* (*powód*) zu Prozessparteien in Zivil- und nicht in Strafsachen (vgl. Creifelds, 2019: 1071). Die Verwechslung der Verfahrensarten und der damit verbundenen Terminologie sollte hier als ein ernsthafter Fehler betrachtet werden, der theoretisch u. a. aus unzureichender Sachkompetenz auf diesem konkreten Gebiet resultieren kann. Von daher wird dieser Übersetzungsvorschlag als kein Äquivalent betrachtet, obwohl das Ziel der Übersetzerin höchstwahrscheinlich die Verwendung einer zielsprachlich orientierten Übersetzungsstrategie war – *Beklagter* ist doch eine der Prozessparteien im deutschen Rechtssystem.

Zum Schluss ist noch ein Sachfehler zu erwähnen, den die genannte Übersetzerin beging. Sie übersetzte *trzy miesiące* als *ein Jahr*, was bei dieser Art von Texten eine besonders bedeutende Rolle spielt.

b) osoba najbliższa

Die Tatsache, ob eine Straftat von Amts wegen oder auf Antrag des Verletzten verfolgt wird, hängt u. a. davon ab, ob es sich um eine *osoba najbliższa* handelt, deswegen wird diese Person im polnischen Strafgesetzbuch an mehreren Stellen erwähnt.

<u>Polnisches Strafgesetzbuch, Art. 278 § 4:</u>
Jeżeli kradzież popełniono na szkodę **osoby najbliższej**, ściganie następuje na wniosek pokrzywdzonego.

- DE-IURE-PL (2019):
  Ist durch den Diebstahl ein **Angehöriger** geschädigt, so wird die Tat nur auf Antrag des Geschädigten verfolgt.
- C.H. Beck (2012):
  Ist der Diebstahl zum Schaden einer **nahestehenden Person** begangen worden, erfolgt die Verfolgung auf Antrag des Verletzten.
- Max-Planck-Institut (1998):
  Ist der Diebstahl zum Schaden eines **Allernächsten** begangen worden, wird die Straftat auf Antrag des Verletzten verfolgt.

Die analysierten Fachwörterbücher nennen folgende Äquivalente für den Ausgangsterminus *osoba najbliższa*.

Tabelle 17. Äquivalente in Fachwörterbüchern für *osoba najbliższa.* Quelle: Eigene Bearbeitung anhand der genannten Fachwörterbücher.

Wörterbuch	**Übersetzungsvorschlag**
Kilian/Kilian (2011)	*eine nahestehende Person*
Kozieja-Dachterska (2010)	-
Banaszak (2008)	-
Kienzler (2006)	- *(osoba najbliższa dla oskarżonego → die dem Angeklagten am nächsten stehende Person)*
Pieńkos (2002)	- *(osoba najbliższa dla oskarżonego → dem Angeklagten am nächsten stehende Person)*

Die Autoren der analysierten Übersetzungen schlagen drei Äquivalente des Terminus *osoba najbliższa* vor, und zwar *Angehöriger, nahestehende Person* und *Allernächster.* Die *nahestehende Person* – das Äquivalent in der Übersetzung des Verlages C.H. Beck und *Allernächster* – der Übersetzungsvorschlag der Übersetzerin vom Max-Planck-Institut sind formale, deskriptive Äquivalente, die auf dem Ausgangsterminus basieren. Wenn es kein funktionales Äquivalent im deutschen Rechtssystem gäbe, wäre der Einsatz dieser ausgangssprachlich orientierten Übersetzungsstrategie positiv zu bewerten.

An dieser Stelle ist das Äquivalent *Angehöriger* zu erwähnen, welches von der Übersetzerin des Verlags DE-IURE-PL angewendet wurde Es tritt im deutschen Strafgesetzbuch auf, wo es explizit definiert wird. Auch *osoba najbliższa* ist ein definierter Rechtsbegriff, dessen Erläuterung dem polnischen Strafgesetzbuch zu entnehmen ist. In folgender Tabelle werden diese zwei genannten Definitionen zusammengestellt.

Tabelle 18. Definitionen der Termini *osoba najbliższa* und *Angehöriger*. Quelle: Eigene Bearbeitung anhand der genannten Vorschriften.

Art. 115 § 11 poln. Strafgesetzbuch	§ 11 (1) 1. dt. Strafgesetzbuch
Osobą najbliższą *jest małżonek, wstępny, zstępny, rodzeństwo, powinowaty w tej samej linii lub stopniu, osoba pozostająca w stosunku przysposobienia oraz jej małżonek, a także osoba pozostająca we wspólnym pożyciu.*	***Angehöriger:*** *wer zu den folgenden Personen gehört:* *a) Verwandte und Verschwägerte gerader Linie, der Ehegatte, der Lebenspartner, der Verlobte, Geschwister, Ehegatten oder Lebenspartner der Geschwister, Geschwister der Ehegatten oder Lebenspartner, und zwar auch dann, wenn die Ehe oder die Lebenspartnerschaft, welche die Beziehung begründet hat, nicht mehr besteht oder wenn die Verwandtschaft oder Schwägerschaft erloschen ist,* *b) Pflegeeltern und Pflegekinder.*

Obwohl sich die obigen Definitionen nicht hundertprozentig decken - der Bedeutungsumfang des Rechtsbegriffs *Angehöriger* ist ein bisschen breiter - lässt es sich nicht leugnen, dass sowohl der polnische als auch der deutsche Gesetzgeber dieselbe Person meinen. In Anbetracht dessen soll angenommen werden, dass die Anwendung des funktionalen Äquivalents und gleichzeitig der zielsprachlich orientierten Übersetzungsstrategie als eine bessere Lösung als die vorigen zwei zu betrachten ist.

Hierbei ist auch die Tatsache zu betonen, dass der Terminus *osoba najbliższa* als separates Stichwort nur im Rechtswörterbuch von Kilian/Kilian (2011) vorkommt, wobei auch hier das deskriptive Äquivalent und keine aus dem deutschen Strafgesetzbuch stammende funktionale Entsprechung vorgeschlagen wird.

c) dziecko poczęte

Der Terminus *dziecko poczęte* wurde in das polnische Strafgesetzbuch erst 1999 anstelle des ursprünglich verwendeten Terminus *płód* eingeführt (vgl. Grześkowiak, 2018: 38). Aus diesem Grunde tritt er in der Übersetzung vom Max-Planck-Institut aus dem Jahre 1998 noch nicht auf.

Polnisches Strafgesetzbuch, Art. 157a § 2:
Nie popełnia przestępstwa lekarz, jeżeli uszkodzenie ciała lub rozstrój zdrowia **dziecka poczętego** są następstwem działań leczniczych, koniecznych dla uchylenia niebezpieczeństwa grożącego zdrowiu lub życiu kobiety ciężarnej albo **dziecka poczętego.**

- DE-IURE-PL (2019):
  Keine Straftat begeht ein Arzt, der die **Leibesfrucht** bei seiner ärztlichen Tätigkeit verletzt oder an der Gesundheit schädigt, wenn der ärztliche Eingriff notwendig war, um Gefahren für das Leben oder die Gesundheit der **Leibesfrucht** oder der Schwangeren abzuwenden.
- C.H. Beck (2012):
  Der Arzt begeht keine Straftat, wenn die Körperverletzung oder die Gesundheitszerrüttung des **gezeugten Kindes** die Folge von Heilmaßnahmen sind, die notwendig waren, um eine dem Leben oder der Gesundheit der schwangeren Frau oder des **Nasciturus** drohende Gefahr abzuwenden.
- Max-Planck-Institut (1998):
  -

Den Rechtswörterbüchern sind folgende Äquivalente für den Terminus *dziecko poczęte* zu entnehmen.

Tabelle 19. Äquivalente in Fachwörterbüchern für *dziecko poczęte*. Quelle: Eigene Bearbeitung anhand der genannten Fachwörterbücher.

Wörterbuch	**Übersetzungsvorschlag**
Kilian/Kilian (2011)	*Leibesfrucht*
Kozieja-Dachterska (2010)	*Leibesfrucht*
Banaszak (2008)	*ungeborenes Leben,* *Embryo*
Kienzler (2006)	-
Pieńkos (2002)	*erzeugtes (noch ungeborenes) Kind,* *Leibesfrucht*

Der polnische Terminus *dziecko poczęte* wird als gezeugtes aber noch ungeborenes Kind verstanden (vgl. Kalina-Prasznic, 2007: 421). Die Problematik mit der Auswahl eines eindeutigen funktionalen Äquivalents besteht darin, dass die Terminologie des deutschen Strafgesetzbuches in diesem Bereich inkonsistent ist. Dies ergibt sich aus der Analyse von zwei folgenden Paragraphen des deutschen Strafgesetzes:

> Beratung der Schwangeren in einer Not- und Konfliktlage
> (1) Die Beratung dient dem Schutz des **ungeborenen Lebens.** Sie hat sich von dem Bemühen leiten zu lassen, die Frau zur Fortsetzung der Schwangerschaft zu ermutigen und ihr Perspektiven für ein Leben mit dem Kind zu eröffnen; sie soll ihr helfen, eine verantwortliche und gewissenhafte Entscheidung zu treffen. Dabei muß der Frau bewußt sein, daß das **Ungeborene** in jedem Stadium der Schwangerschaft auch ihr gegenüber ein eigenes Recht auf Leben hat (…) (§ 219 dt. Strafgesetzbuch).

> Störung der Totenruhe
> (1) Wer unbefugt aus dem Gewahrsam des Berechtigten den Körper oder Teile des Körpers eines verstorbenen Menschen, eine tote **Leibesfrucht**, Teile einer solchen oder die Asche eines verstorbenen Menschen wegnimmt oder wer daran beschimpfenden Unfug verübt, wird mit Freiheitsstrafe bis zu drei Jahren oder mit Geldstrafe bestraft (§ 168 dt. Strafgesetzbuch).

Der deutsche Gesetzgeber verwendet an verschiedenen Stellen des Gesetzes drei unterschiedliche Termini (*ungeborenes Leben*, *Ungeborenes* und *Leibesfrucht*), die dem polnischen Terminus *dziecko poczęte* entsprechen, wobei im § 219 im Rahmen ein und desselben Punktes sogar zwei Termini benutzt werden.

Daraus resultiert, dass nur die Übersetzerin des Verlags DE-IURE-PL eins von den funktionalen Äquivalenten (*Leibesfrucht*) wählte. Auch im deutschen Bürgerlichen Gesetzbuch wird eben von der *Leibesfrucht* gesprochen:

> Pflegschaft für eine Leibesfrucht
> (1) Eine **Leibesfrucht** erhält zur Wahrung ihrer künftigen Rechte, soweit diese einer Fürsorge bedürfen, einen Pfleger (§ 1912 dt. Bürgerliches Gesetzbuch).

Die Übersetzer des Verlags C.H. Beck entschieden sich für zwei Übersetzungsvorschläge – insgesamt fünfmal verwendeten sie den Terminus *gezeugtes Kind* und einmal *Nasciturus*. Im analysierten Artikel benutzten sie in einem Satz beide genannten Termini, wodurch der Empfänger falsch annehmen könnte, dass sie etwas anderes bedeuten. Möglicherweise resultiert die Anwendung von Synonymen aus der Bestrebung nach stilistischer Korrektheit, jedoch ist diese Herangehensweise unbegründet, weil der polnische Gesetzgeber selbst den Terminus *dziecko poczęte* mehrmals wiederholt.

Gezeugtes Kind ist eine Kollokation, die in deutschen Gesetzen nicht vorkommt, aber sie wurde wahrscheinlich auf der Grundlage von anderen Kollokationen gebildet, wie z. B. *gezeugter Nacherbe* oder *gezeugte Person*, die u. a. im Bürgerlichen Gesetzbuch zu finden sind. So ist sie als wörtliches Äquivalent zu betrachten

Nasciturus ist ein lateinischer Terminus, der sowohl in der polnischen als auch in der deutschen Rechtssprache das gezeugte aber noch ungeborene Kind bezeichnet. Zu betonen ist aber, dass er zur deutschen und polnischen Juristensprache und nicht zur Gesetzessprache gehört (vgl. Creifelds, 2019: 921, 1011, Kalina-Prasznic, 2007: 421). Da *Nasciturus* im Grunde genommen dasselbe wie *dziecko poczęte* bedeutet, zeugt die Anwendung dieses lateinischen Äquivalents – im Gegensatz zum Terminus *gezeugtes Kind* – vom Einsatz der zielsprachlich orientierten Übersetzungsstrategie.

Der letzte Übersetzungsvorschlag, der in diesem Zusammenhang zu besprechen ist und im Rechtswörterbuch von Banaszak (2008) genannt wird, ist das *Embryo*. Dieses Äquivalent kann irreführend sein, weil sich das *Embryo* auf die frühe Entwicklungsphase des Menschen bezieht. Als *Embryo* wird die Lebensfrucht während der Zeit der Organentwicklung bezeichnet, was in den ersten drei Schwangerschaftsmonaten passiert. Von dem vierten Monat bis zum Ende der Schwangerschaft spricht man vom *Fetus* (vgl. Zeising, 2004: 1). Da der Terminus *dziecko poczęte* beide Entwicklungsstadien betrifft, ist die Bedeutung vom *Embryo* in diesem Zusammenhang zu eng.

d) nieletni

e) młodociany

Die Termini *nieletni* und *młodociany* können in einem Punkt analysiert werden, denn ihre Gegenüberstellung im Rahmen einer thematischen Gruppe erleichtert die Erkennung ihrer Bedeutungsunterschiede und die Auswahl der entsprechenden Äquivalente. Zunächst wird auf die Übersetzungsvorschläge von *nieletni* hingewiesen.

Polnisches Strafgesetzbuch, Art. 10 § 2:
Nieletni, który po ukończeniu 15 lat dopuszcza się czynu zabronionego określonego w art. 134, (...), może odpowiadać na zasadach określonych w tym kodeksie, jeżeli okoliczności sprawy oraz stopień rozwoju sprawcy, jego właściwości i warunki osobiste za tym przemawiają, (...).

- DE-IURE-PL (2019):
  Ein **Minderjähriger**, der nach Vollendung des fünfzehnten Lebensjahres eine in Art. 134, (...) bestimmte rechtswidrige Tat begeht, kann nach den in diesem Gesetzbuch bestimmten Grundsätzen strafrechtlich zur Verantwortung gezogen werden, wenn die Umstände der Tat, die geistige Entwicklung des Täters, seine Eigenschaften und persönlichen Verhältnisse dafür sprechen, (...).
- C.H. Beck (2012):
  Ein **Jugendlicher**, der nach Vollendung des 15. Lebensjahres eine in Art. 134, (...) genannte Straftat begeht, kann nach den Bestimmungen dieses Gesetzes zur Verantwortung gezogen werden, wenn die Umstände der Tat und die Entwicklungsreife des Täters, seine persönlichen Merkmale und Verhältnisse dafür sprechen, (...).
- Max-Planck-Institut (1998):
  Ein **Jugendlicher**, der nach Vollendung des fünfzehnten Lebensjahres eine verbotene Tat nach Art. 134, (...) begangen hat, kann nach den Grundsätzen dieses Gesetzbuches bestraft werden, wenn die Tatumstände, der Entwicklungsgrad des Täters, seine Eigenschaften und seine persönliche Lage dafür sprechen, (...).

In den Rechtswörterbüchern werden folgende Äquivalente für den Terminus *nieletni* genannt.

Tabelle 20. Äquivalente in Fachwörterbüchern für *nieletni*. Quelle: Eigene Bearbeitung anhand der genannten Fachwörterbücher.

Wörterbuch	**Übersetzungsvorschlag**
Kilian/Kilian (2011)	*Jugendlicher*
Kozieja-Dachterska (2010)	*Jugendlicher*
Banaszak (2008)	*Jugendlicher*
Kienzler (2006)	*Minderjähriger,* *Jugendlicher,* *Jugend*
Pieńkos (2002)	*Minderjähriger,* *Jugendlicher*

Vor der Besprechung der Äquivalente werden noch die Übersetzungsvorschläge für *młodociany* aus den Übersetzungen des polnischen Strafgesetzbuches genannt.

Polnisches Strafgesetzbuch, Art. 115 § 10:
Młodocianym jest sprawca, który w chwili popełnienia czynu zabronionego nie ukończył 21 lat i w czasie orzekania w pierwszej instancji 24 lat.

- DE-IURE-PL (2019):
  Jugendlich ist ein Täter, der zum Zeitpunkt der Tatbegehung das 21. Lebensjahr und zum Zeitpunkt der Entscheidung im ersten Rechtszug das 24. Lebensjahr noch nicht vollendet hat.
- C.H. Beck (2012):
  Ein **Heranwachsender** ist ein Täter, der zum Zeitpunkt der Begehung der verbotenen Tat das 21. Lebensjahr und zum Zeitpunkt der Verurteilung durch die erste Instanz das 24. Lebensjahr nicht vollendet hat.
- Max-Planck-Institut (1998):
  Heranwachsender ist ein Täter, der zur Zeit der Begehung der verbotenen Tat das einundzwanzigste Lebensjahr und zum Zeitpunkt der Verurteilung im ersten Rechtszug das vierundzwanzigste Lebensjahr noch nicht vollendet hat.

In analysierten Wörterbüchern kommen folgende Äquivalente für den Terminus *młodociany* vor.

Tabelle 21. Äquivalente in Fachwörterbüchern für *młodociany*. Quelle: Eigene Bearbeitung anhand der genannten Fachwörterbücher.

Wörterbuch	Übersetzungsvorschlag
Kilian/Kilian (2011)	*Heranwachsender (pr. karne); Minderjähriger, Heranwachsender (pr. pracy)*
Kozieja-Dachterska (2010)	*Heranwachsender*
Banaszak (2008)	*Heranwachsender, Jugendlicher*
Kienzler (2006)	*Jugendlicher*
Pieńkos (2002)	*Jugendlicher*

Zum besseren Verständnis der Bedeutungen der Ausgangstermini und ihrer deutschen Entsprechungen soll auch der dritte im polnischen Strafgesetzbuch vorkommende Terminus *małoletni* in Betracht gezogen werden, der sich neben *nieletni* und *młodociany* auf eine allgemein gesagt *junge Person* bezieht. Alle Autoren der analysierten Translate übersetzten *małoletni* als *Minderjähriger.* Zur besseren Anschaulichkeit werden die genannten Ausgangstermini mit ihren Übersetzungsvorschlägen in folgender Tabelle zusammengestellt.

Tabelle 22. Äquivalente in Übersetzungen für Termini *nieletni*, *młodociany* und *małoletni.* Quelle: Eigene Bearbeitung anhand der genannten Übersetzungen.

	DE-IURE-PL	C.H. Beck	Max-Planck-Institut
nieletni	*Minderjähriger*	*Jugendlicher*	*Jugendlicher*
młodociany	*Jugendlicher*	*Heranwachsender*	*Heranwachsender*
małoletni	*Minderjähriger*	*Minderjähriger*	*Minderjähriger*

Im Grunde genommen gibt es drei polnische Ausgangstermini (*nieletni, młodociany, małoletni*) und drei deutsche Äquivalente (*Minderjähriger, Jugendlicher* und *Heranwachsender*), die in Übersetzungen und Fachwörterbüchern in verschiedenen Konfigurationen auftreten. Zur Bestimmung korrekter Äquivalente sollen die Definitionen der genannten Rechtsbegriffe angeführt werden.

Nieletni ist eine Person, die zum Zeitpunkt der Begehung der Tat das siebzehnte Lebensjahr noch nicht vollendet hat (vgl. Kalina-Prasznic, 2007: 432).

Die Bedeutung des Terminus *młodociany* hängt von seiner Distribution ab. Sie variiert nämlich je nachdem, ob der Terminus im Strafrecht oder im Arbeitsrecht vorkommt.

Tabelle 23. Der Terminus *młodociany* im Straf- und Arbeitsrecht. Quelle: Eigene Bearbeitung anhand der genannten Vorschriften.

zArt. 115 § 10 poln. Strafgesetzbuch	Art. 190 § 1. poln. Arbeitsgesetzbuch
Młodocianym** jest sprawca, który w chwili popełnienia czynu zabronionego **nie ukończył 21 lat i w czasie orzekania w pierwszej instancji 24 lat.	***Młodocianym** w rozumieniu kodeksu jest osoba, która **ukończyła 15 lat, a nie przekroczyła 18 lat.***

Małoletni ist dagegen ein Terminus, der im polnischen Zivilgesetzbuch definiert wird und eine Person bedeutet, die das achtzehnte Lebensjahr nicht vollendet oder früher die Ehe nicht geschlossen hat. Im Strafgesetzbuch wird über *małoletni* am häufigsten im Kontext der Straftaten gegen die sexuelle Selbstbestimmung gesprochen.

Die deutschen Termini *Minderjähriger*, *Jugendlicher* und *Heranwachsender* werden folgendermaßen definiert.

Minderjähriger ist eine Person, die das 18. Lebensjahr nicht vollendet hat. Dies resultiert u. a. aus dem § 235 des deutschen Strafgesetzbuches und dem § 828 des Bürgerlichen Gesetzbuchs:

> Entziehung **Minderjähriger**
> (1) Mit Freiheitsstrafe bis zu fünf Jahren oder mit Geldstrafe wird bestraft, wer
> 1. **eine Person unter achtzehn Jahren** mit Gewalt, durch Drohung mit einem empfindlichen Übel oder durch List (…) den Eltern, einem Elternteil, dem Vormund oder dem Pfleger entzieht oder vorenthält (§ 235 Strafgesetzbuch).

> **Minderjährige**
> (3) **Wer das 18. Lebensjahr noch nicht vollendet hat**, ist (…) für den Schaden, den er einem anderen zufügt, nicht verantwortlich, wenn er bei der Begehung der schädigenden Handlung nicht die zur Erkenntnis der Verantwortlichkeit erforderliche Einsicht hat (§ 828 Bürgerliches Gesetzbuch).

Die Termini *Jugendlicher* und *Heranwachsender* werden im strafrechtlichen Sinne im Jugendgerichtsgesetz folgendermaßen definiert:

> **Jugendlicher** ist, wer zur Zeit der Tat **vierzehn, aber noch nicht achtzehn**, **Heranwachsender**, wer zur Zeit der Tat **achtzehn, aber noch nicht einundzwanzig** Jahre alt ist (§ 1 (2) Jugendgerichtsgesetz).

Als Zusammenfassung der obigen polnischen und deutschen Definition werden die genannten Termini in nachstehender Tabelle zusammengestellt.

Tabelle 24. Zusammenstellung der Termini *nieletni*, *młodociany*, *małoletni*, *Jugendlicher Heranwachsender* und *Minderjähriger*. Quelle: Eigene Bearbeitung.

Polnischer Terminus	**Altersgrenze**	**Deutscher Terminus**	**Altersgrenze**
nieletni	unter 17 Jahren	Jugendlicher	14–18 Jahre
młodociany	unter 21 Jahren	Heranwachsender	18–21 Jahre
małoletni	unter 18 Jahren	Minderjähriger	unter 18 Jahren

Aus der Zusammenstellung der Definition von drei polnischen und drei deutschen Personen, die in beiden Strafgesetzbüchern vorkommen und eine im gewissen Sinne *junge Person* bezeichnen, resultiert, dass sie weitgehend als äquivalent zu betrachten sind.

Auch die Übersetzer der Verlage C.H. Beck und des Max-Planck-Instituts entschieden sich für Äquivalente, die in der obigen Tabelle dargestellt werden, also *Jugendlicher* als *nieletni*, *Heranwachsender* als *młodociany* und *Minderjähriger* als *małoletni*. Auf die Korrektheit dieser Übersetzungsvorschläge weist auch Iluk (2016: 230) hin.

Die wenigsten Zweifel weckt die Übersetzung von *małoletni* als *Minderjähriger*, alle Übersetzer wählten dieses Äquivalent. In beiden Rechtssystemen bedeuten diese Termini eine Person, die noch nicht 18 Jahre alt ist.

Auch *młodociany* und *Heranwachsender* scheinen analoge strafrechtliche Rechtsbegriffe zu sein. Sowohl in der polnischen als auch in der deutschen Rechtssprache bezeichnen sie eine bereits volljährige Person, die aber aus erziehungspolitischen Gründen noch wie ein jugendlicher und nicht erwachsener Täter behandelt werden (vgl. Iluk, 2016: 230). Nur die Übersetzerin aus dem Verlag DE-IURE-PL wendete hierbei den Terminus *Jugendlicher* an, welcher erstens eine nicht volljährige Person bezeichnet und zweitens im genannten Kontext im deutschen Strafrecht nicht vorkommt.

Die größten Differenzen in den Legaldefinitionen erscheinen im Paar *nieletni* und *Jugendlicher* – sie betreffen vor allem unterschiedliche Altersgrenzen. Andererseits soll jedoch betont werden, dass diese beiden Rechtsbegriffe in analogen Kontexten auftreten. Als Beispiel können hier das polnische Gesetz *Ustawa o postępowaniu w sprawach nieletnich* und deutsches Jugendgerichtsgesetz genannt werden, die die rechtswidrigen Taten der noch nicht volljährigen Täter thematisieren und sich dabei der Termini *nieletni* und *Jugendlicher* bedienen.

Auch in diesem Falle entschied sich die Übersetzerin aus dem Verlag DE-IURE-PL für die Anwendung eines anderen Äquivalents und zwar des Terminus *Minderjähriger*, obwohl er – wie gerade erwähnt – in deutschen Paralleltexten in analogen Kontexten nicht auftritt. Zweitens soll darauf hingewiesen werden, dass sie den Terminus *Minderjähriger* sowohl für *nieletni* als auch *małoletni* verwendete, wodurch der Empfänger den falschen Eindruck gewinnen kann, dass sie dasselbe bedeuten.

Resümierend soll festgestellt werden, dass alle Übersetzer die zielsprachlich orientierten Übersetzungsstrategien einsetzten und nach funktionalen Äquivalenten suchten. Lediglich die Übersetzungsvorschläge der Übersetzerin vom Verlag DE-IURE-PL können gewisse Bedenken auslösen, denn – wie nachgewiesen wurde – die anderen Äquivalente sind als bessere Lösungen zu betrachten.

Schließlich ist auf das letzte noch nicht angesprochene Äquivalent *Jugend* als *nieletni* hinzuweisen, welches neben *Minderjähriger* und *Jugendlicher* ohne jeglichen Kommentar im Wörterbuch von Kienzler (2006) vorkommt. Die *Jugend* (genauso wie *młodzież*) ist kein Rechtsbegriff, der auch weder im Strafgesetzbuch noch im Jugendgerichtsgesetz auftritt (vgl. Iluk, 2016: 231). Der Terminus ist nur in Zusammensetzungen (wie *Jugendgerichtsgesetz* oder *Jugendstrafrecht*) zu finden, jedoch gilt er nie als Bezeichnung irgendeiner Person.

f) funkcjonariusz publiczny

Funkcjonariusz publiczny wird im polnischen Strafgesetzbuch als ein besonderes Subjekt betrachtet, für das außerordentliche Regelungen gelten.

Polnisches Strafgesetzbuch, Art. 222 § 1:
Kto narusza nietykalność cielesną **funkcjonariusza publicznego** lub osoby do pomocy mu przybranej podczas lub w związku z pełnieniem obowiązków służbowych, podlega grzywnie, karze ograniczenia wolności albo pozbawienia wolności do lat 3.

- DE-IURE-PL (2019):
  Wer die körperliche Unversehrtheit eines **Amtsträgers** oder einer zu dessen Unterstützung hinzugezogenen Person bei oder im Zusammenhang mit einer Diensthandlung verletzt, wird mit Geldstrafe, Freiheitsbeschränkung oder Freiheitsstrafe bis zu drei Jahren bestraft.
- C.H. Beck (2012):
  Wer in die körperliche Unversehrtheit eines **öffentlichen Amtsträgers** oder einer ihm zur Seite gestellten Hilfsperson während oder in Zusammenhang mit der Erfüllung von Dienstpflichten eingreift, wird mit Geldstrafe, Freiheitsbeschränkungsstrafe oder Freiheitsstrafe bis zu 3 Jahren bestraft.
- Max-Planck-Institut (1998):
  Wer die körperliche Integrität eines **öffentlichen Funktionärs** oder einer seiner Hilfspersonen verletzt, während diese ihre Dienstpflichten erfüllen oder andere Handlungen vornehmen, die mit der Erfüllung ihrer Dienstpflichten

im Zusammenhang stehen, wird mit Geldstrafe, mit Freiheitsbeschränkungsstrafe oder mit Freiheitsstrafe bis zu drei Jahren bestraft.

Für den Terminus *funkcjonariusz publiczny* sind in analysierten Fachwörterbüchern folgende Äquivalente zu finden.

Tabelle 25. Äquivalente in Fachwörterbüchern für *funkcjonariusz publiczny*. Quelle: Eigene Bearbeitung anhand der genannten Fachwörterbücher.

Wörterbuch	**Übersetzungsvorschlag**
Kilian/Kilian (2011)	*Amtsträger,* *Amtsperson*
Kozieja-Dachterska (2010)	*Amtsträger*
Banaszak (2008)	*Amtsträger*
Kienzler (2006)	*öffentlicher Funktionär*
Pieńkos (2002)	*öffentlicher Funktionär*

Die Feststellung eines funktionalen Äquivalents für *funkcjonariusz publiczny* kann infolge der Analyse von Vorschriften erfolgen, die sich auf den Sprachgebrauch der im deutschen und polnischen Strafgesetzbuch verwendeten Termini beziehen. Der Vergleich vom Art. 115 § 13 des polnischen Strafgesetzbuches und § 11 (1) 2. des deutschen Strafgesetzbuches sieht folgendermaßen aus.

Tabelle 26. Der Vergleich der Vorschriften über *funkcjonariusz publiczny* und *Amtsträger*. Quelle: Eigene Bearbeitung anhand der genannten Vorschriften.

Art. 115 § 13 poln. Strafgesetzbuch	**§ 11 (1) 2. dt. Strafgesetzbuch**
Funkcjonariuszem publicznym jest: *1) Prezydent Rzeczypospolitej Polskiej,* *2) poseł, senator, radny,* *2a) poseł do Parlamentu Europejskiego,* *3) sędzia, ławnik, prokurator, funkcjonariusz finansowego organu postępowania przygotowawczego lub organu nadrzędnego nad finansowym organem postępowania przygotowawczego, notariusz, komornik, kurator sądowy, syndyk, nadzorca sądowy i zarządca, osoba orzekająca w organach dyscyplinarnych działających na podstawie ustawy,* *4) osoba będąca pracownikiem administracji rządowej, innego organu państwowego lub samorządu terytorialnego, chyba że pełni wyłącznie czynności usługowe, a także inna osoba w zakresie, w którym uprawniona jest do wydawania decyzji administracyjnych,*	***Amtsträger:*** *wer nach deutschem Recht* *a) Beamter oder Richter ist,* *b) in einem sonstigen öffentlich-rechtlichen Amtsverhältnis steht oder* *c) sonst dazu bestellt ist, bei einer Behörde oder bei einer sonstigen Stelle oder in deren Auftrag Aufgaben der öffentlichen Verwaltung unbeschadet der zur Aufgabenerfüllung gewählten Organisationsform wahrzunehmen;*

(Fortsetzung)

Art. 115 § 13 poln. Strafgesetzbuch	§ 11 (1) 2. dt. Strafgesetzbuch
5) osoba będąca pracownikiem organu kontroli państwowej lub organu kontroli samorządu terytorialnego, chyba że pełni wyłącznie czynności usługowe, *6) osoba zajmująca kierownicze stanowisko w innej instytucji państwowej,* *7) funkcjonariusz organu powołanego do ochrony bezpieczeństwa publicznego albo funkcjonariusz Służby Więziennej,* *8) osoba pełniąca czynną służbę wojskową,* *9) pracownik międzynarodowego trybunału karnego, chyba że pełni wyłącznie czynności usługowe.*	

Die polnische Definition ist eindeutig breiter und präziser, jedoch enthält die deutsche Definition auch weitere Personen, die einfach nicht explizit genannt werden. Unter Richter werden nämlich auch ehrenamtliche Richter, z. B. Schöffen verstanden. Zu weiteren *in einem sonstigen öffentlich-rechtlichen Amtsverhältnis stehenden Personen* gehören auch Minister oder Notare (vgl. Creifelds, 2019: 55).

Obwohl sich die Gruppen von Personen, die als *funkcjonariusz publiczny* und *Amtsträger* gelten, nicht völlig decken, muss betont werden, dass ihre Positionen und Funktionen im polnischen und deutschen Rechtssystem im Grunde genommen gleich sind. Es handelt sich nämlich in beiden Fällen um Personen, die in einer bestimmten hoheitlichen Funktion tätig sind und denen aus diesem Grunde konkrete Pflichten obliegen und besondere Rechte zustehen (vgl. Creifelds, 2019: 55).

Für dieses funktionale Äquivalent *Amtsträger* entschied sich die Übersetzerin des Verlags DE-IURE-PL. Die Übersetzer aus dem Verlag C.H. Beck ergänzten dieses Äquivalent um das Adjektiv *öffentlich*, welches den Terminus *Amtsträger* genauer beschrieb. Dadurch wird einerseits auf die Analogie zum deutschen Rechtsbegriff *Amtsträger* hingewiesen, andererseits werden die Unterschiede zwischen beiden Termini betont. Zweifelsohne sind diese beiden Vorgehensweisen positiv zu bewerten, weil sie beim Empfänger der Übersetzung die entsprechenden Assoziationen hervorrufen. Die Übersetzer beider Verlage setzten die zielsprachlich orientierten Übersetzungsstrategien ein.

Eine andere – in diesem Falle weitgehend unbegründete – Lösung wählte die Übersetzerin des Max-Planck-Instituts, die das formale, auf der Ausgangssprache basierende Äquivalent *öffentlicher Funktionär* verwendete, welches eine wörtliche Übersetzung von *funkcjonariusz publiczny* darstellt und in deutschen Gesetzen nicht vorkommt.

Der Übersetzungsvorschlag *Amtsperson*, der dem Wörterbuch von Kilian/Kilian (2011) zu entnehmen ist, ist im strafrechtlichen Kontext ein zu enger Terminus, der nur gelegentlich, z. B. in der Verordnung über das Notarverzeichnis und die besonderen elektronischen Notarpostfächer auftritt.

5.2.3. Rechtswidrige Taten

Im Rahmen der thematischen Gruppe *rechtswidrige Taten* werden folgende Termini analysiert: *wykroczenie, przestępstwo przeciwko życiu lub zdrowiu, zabójstwo, pobicie, znieważać, dezercja, występek o charakterze chuligańskim, ciężki uszczerbek na zdrowiu, targnąć się na własne życie.*

a) wykroczenie

Wykroczenie gehört neben *przestępstwo* zu rechtswidrigen Taten. Obwohl der Rechtsbegriff *wykroczenie* in erster Linie zum Gesetz *Kodeks wykroczeń* gehört, wird er auch im Strafgesetzbuch thematisiert.

Polnisches Strafgesetzbuch, Art. 234:
Kto, przed organem powołanym do ścigania lub orzekania w sprawach o przestępstwo, w tym i przestępstwo skarbowe, **wykroczenie**, wykroczenie skarbowe lub przewinienie dyscyplinarne, fałszywie oskarża inną osobę o popełnienie tych czynów zabronionych lub przewinienia dyscyplinarnego, podlega grzywnie, karze ograniczenia wolności albo pozbawienia wolności do lat 2.

- DE-IURE-PL (2019):
  Wer eine andere Person bei einer zur Verfolgung oder Entscheidung zuständigen Stelle einer Straftat, einer **Ordnungswidrigkeit** oder eines Disziplinarvergehens fälschlich verdächtigt, wird mit Geldstrafe, Freiheitsbeschränkung oder Freiheitsstrafe bis zu zwei Jahren bestraft.
- C.H. Beck (2012):
  Wer, vor einem zur Verfolgung oder Urteilung bezüglich einer Straftat, darunter einer Steuerstraftat, **Ordnungswidrigkeit**, Steuerordnungswidrigkeit oder eines Disziplinarvergehens, einberufenen Organ, fälschlich eine andere Person der Begehung dieser verbotenen Taten oder eines Disziplinarvergehens verdächtigt, wird mit Geldstrafe, Freiheitsbeschränkungsstrafe oder Freiheitsstrafe bis zu 2 Jahren bestraft.
- Max-Planck-Institut (1998):
  Wer vor einem für die Verfolgung oder Aburteilung von Straftaten, Übertretungen oder Disziplinarverfehlungen zuständigen Organ eine andere Person fälschlicherweise der Begehung einer Straftat, einer **Übertretung** oder einer

Disziplinarverfehlung beschuldigt, wird mit Geldstrafe, mit Freiheitsbeschränkungsstrafe oder mit Freiheitsstrafe bis zu zwei Jahren bestraft.

In Fachwörterbüchern treten folgende Äquivalente für *wykroczenie* auf.

Tabelle 27. Äquivalente in Fachwörterbüchern für *wykroczenie*. Quelle: Eigene Bearbeitung anhand der genannten Fachwörterbücher.

Wörterbuch	**Übersetzungsvorschlag**
Kilian/Kilian (2011)	*Ordnungswidrigkeit*
Kozieja-Dachterska (2010)	*geringfügiges Delikt,* *Ordnungswidrigkeit*
Banaszak (2008)	*Ordnungswidrigkeit,* *Verstoß,* *Übertretung*
Kienzler (2006)	*Vergehen,* *Verstoß*
Pieńkos (2002)	*Übertretung,* *Verfehlung,* *Zuwiderhandlung,* *Ordnungswidrigkeit*

Den Ausgangspunkt für die Betrachtungen über die Übersetzungsmöglichkeiten des Terminus *wykroczenie* bildet seine Definition, die dem polnischen Gesetz *Kodeks wykroczeń* zu entnehmen ist:

> Czyn społecznie szkodliwy, zabroniony przez ustawę obowiązującą w czasie jego popełnienia pod groźbą kary aresztu, ograniczenia wolności, grzywny do 5 000 złotych lub nagany (Art. 1 § 1 Kodeks wykroczeń).

Das Schlüsselkriterium ist hierbei der Grad der Sozialschädlichkeit, der bei *wykroczenie* gering ist. Rechtswidrige Taten, die durch eine höhere Sozialschädlichkeit gekennzeichnet werden, werden als *Vergehen* oder *Verbrechen*, also generell als bestimmte Kategorien von *Straftaten* betrachtet (Kalina-Prasznic, 2007: 974).

Die Autoren der analysierten Übersetzungen schlagen zwei Äquivalente für *wykroczenie*, also *Ordnungswidrigkeit* und *Übertretung*, vor.

Die Ordnungswidrigkeiten gehören zu rechtswidrigen Taten, die im deutschen Rechtssystem vorkommen. Sie werden definiert als

> Rechtsverstöße, die keinen kriminellen Gehalt haben und daher nicht mit Strafe bedroht sind, die aber als Ordnungsunrecht mit Geldbuße geahndet werden können (Creifelds, 2019: 1061).

Obwohl im Ordnungswidrigkeitenrecht eindeutig mehr Parallelen zum Strafrecht bestehen, gehört es rechtssystematisch zum Verwaltungsrecht. Zu Ordnungswidrigkeiten gehören beispielsweise Verstöße gegen staatliche Anordnungen wie *falsche Namensangabe* oder *Betreten militärischer Anlagen*; Verstöße gegen die öffentliche Ordnung wie *unzulässiger Lärm* oder *Halten gefährlicher Tiere*, die meisten Ordnungswidrigkeiten entstehen jedoch im Straßenverkehr (*Geschwindigkeitsüberschreitung*, *Rotlichtverstoß* oder *Falschparken*) (vgl. Alpmann, 2005: 984).

Aus terminologischer Sicht ist darauf hinzuweisen, dass sich das aktuell geltende Ordnungswidrigkeitenrecht erst in den 40er Jahren des 20. Jh. zu entwickeln begann. Im Zusammenhang damit wurde der im Strafgesetzbuch von 1871 vorkommende Terminus *Übertretung*, welcher neben Vergehen und Verbrechen die einfachste Form einer Tat bezeichnete durch *Ordnungswidrigkeit* ersetzt und in neuem Gesetzbuch geregelt (vgl. Pawlik, 2016: 355).

Resümierend lässt sich feststellen, dass sowohl das funktionale Äquivalent *Ordnungswidrigkeit*, das von Übersetzern der Verlage DE-IURE-PL und C.H. Beck verwendet wurde als auch das historische Äquivalent *Übertretung*, das die Übersetzerin aus dem Max-Planck-Institut anwendete, dem Ausgangsterminus *wykroczenie* weitgehend entsprechen. Aus diesem Grunde sind sie als korrekte Lösungen zu betrachten.

Die Auswahl des Terminus *Übertretung* betont (im Gegensatz zu Ordnungswidrigkeit, die mit dem Verwaltungsrecht verbunden ist) die strafrechtlichen Wurzeln, die auch beim polnischen Rechtsbegriff *wykroczenie* zu sehen sind. Der Terminus *Ordnungswidrigkeit* ist dagegen ein aktueller und dadurch verständlicher Rechtsbegriff, der sich auf analoge Taten bezieht. Obwohl die Übersetzer unterschiedliche Techniken wählten, setzten sie alle zielsprachlich orientierte Strategien ein.

Zu bemerken ist auch, dass nicht jede historische Übertretung und nicht jede Ordnungswidrigkeit dem polnischen Rechtsbegriff *wykroczenie* entsprechen. Die alte Übertretung *illegaler Waffenbesitz* bildet heute sowohl in Polen als auch in Deutschland eine Straftat (vgl. Art. 263 poln. Strafgesetzbuch, § 51 dt. Waffengesetz). Das polnische wykroczenie *Bettelei an einem öffentlichen Ort* wird im deutschen Rechtssystem als keine Ordnungswidrigkeit betrachtet (vgl. Art. 58 poln. Übertretungsgesetzbuch). Aus diesen Bedeutungsunterschieden kann die Vielzahl der in den Wörterbüchern vorgeschlagenen Äquivalente resultieren, die als Alternativen für *Übertretung* und *Ordnungswidrigkeit* zu betrachten sind.

Geringfügiges Delikt ist ein formales Äquivalent, das den Terminus *wykroczenie* zu definieren versucht. Auch *Verstoß*, *Verfehlung* und *Zuwiderhandlung* sind formale Äquivalente, die im Allgemeinen darauf hinweisen, dass ein Gesetz gebrochen wird. Sie sind aber relativ unpräzise, denn jede rechtswidrige Tat – sowohl das Falschparken als auch der Mord – kann z. B. als ein *Verstoß* gegen das Recht oder eine *Zuwiderhandlung* verstanden werden. Das letzte vorgeschlagene Äquivalent *Vergehen* bildet in diesem Kontext keine gute

Lösung, weil es *występek* bedeutet, also sich auf einen ganz anderen Rechtsbegriff bezieht.

b) przestępstwo przeciwko życiu lub zdrowiu

Przestępstwa przeciwko życiu lub zdrowiu sind eine von 28 Gruppen der Straftaten, die im polnischen Strafgesetzbuch genannt werden. Die erste Stelle, an der die analysierte Phrase vorkommt, ist der unten zitierte Artikel 47.

Polnisches Strafgesetzbuch, Art. 47 § 1:
W razie skazania sprawcy za umyślne **przestępstwo przeciwko życiu lub zdrowiu** albo za inne przestępstwo umyślne, którego skutkiem jest śmierć człowieka, ciężki uszczerbek na zdrowiu, naruszenie czynności narządu ciała lub rozstrój zdrowia, (...).

- DE-IURE-PL (2019):
  Bei der Verurteilung wegen einer vorsätzlichen **Straftat gegen das Leben oder die Gesundheit**, oder wegen einer anderen vorsätzlichen Straftat, die den Tod eines Menschen, eine Gesundheitsschädigung oder eine Funktionsstörung eines Körperorgans zur Folge hat, (...).
- C.H. Beck (2012):
  Im Falle einer Verurteilung des Täters wegen einer vorsätzlichen **Straftat gegen das Leben oder die Gesundheit** oder wegen einer anderen vorsätzlichen Straftat, die den Tod eines Menschen, eine schwere Gesundheitsschädigung, eine Verletzung der Funktionen eines Körperteils oder Zerrüttung der Gesundheit zur Folge hat, (...).
- Max-Planck-Institut (1998):
  Bei einer Verurteilung wegen einer vorsätzlichen **Straftat gegen Leib oder Leben** oder wegen einer anderen vorsätzlichen Straftat, deren Folge der Tod eines Menschen, eine schwere Gesundheitsbeschädigung, eine Verletzung der Funktionen eines Körperteils oder eine Gesundheitszerrüttung war, (...).

Den analysierten Fachwörterbüchern sind folgende Äquivalente für *przestępstwo przeciwko życiu lub zdrowiu* zu entnehmen.

Tabelle 28. Äquivalente in Fachwörterbüchern für *przestępstwo przeciwko życiu lub zdrowiu.* Quelle: Eigene Bearbeitung anhand der genannten Fachwörterbücher.

Wörterbuch	**Übersetzungsvorschlag**
Kilian/Kilian (2011)	*Straftat gegen die Gesundheit und das Leben*
Kozieja-Dachterska (2010)	-

(Fortsetzung)

Wörterbuch	Übersetzungsvorschlag
Banaszak (2008)	*Straftat gegen das Leben und die Gesundheit*
Kienzler (2006)	*Straftat gegen Leben und Gesundheit (des Menschen)*
Pieńkos (2002)	*Straftat gegen Leben und Gesundheit (des Menschen)*

In erster Linie ist darauf hinzuweisen, dass die Übersetzer im Rahmen ein und derselben Übersetzung verschiedene Äquivalente für die Phrase *przestępstwo przeciwko życiu lub zdrowiu* verwendeten. In folgender Tabelle werden diese Äquivalente zusammengestellt:

Tabelle 29. Äquivalente in Übersetzungen für *przestępstwo przeciwko życiu lub zdrowiu.* Quelle: Eigene Bearbeitung.

	DE-IURE-PL	C.H. Beck	Max-Planck-Institut
Art. 47 § 1	*Straftat gegen das Leben oder die Gesundheit*	*Straftat gegen das Leben oder die Gesundheit*	*Straftat gegen Leib oder Leben*
Titel des 19. Kapitels	*Straftat gegen Leben und Gesundheit*	*Straftat gegen das Leben und die Gesundheit*	*Straftat gegen das Leben und die Gesundheit*
Art. 64 § 2	*Straftat, die Leib und Leben gefährdet*	*Straftat gegen das Leben oder die Gesundheit*	*Straftat gegen Leib oder Leben*

In keiner Übersetzung wurde der analysierte Terminus einheitlich verwendet, was natürlich negativ zu bewerten ist. Darüber hinaus entstanden die genannten Äquivalente auf der Grundlage von verschiedenen Übersetzungsstrategien. Am häufigsten wird über *Straftaten gegen das Leben und/oder die Gesundheit* gesprochen, alle Übersetzer verwendeten mindestens einmal diesen Übersetzungsvorschlag. Dies ist eine Lehnübersetzung, welche auf der ausgangssprachlich orientierten Übersetzungsstrategie basiert. Diese Lösung wird auch in den analysierten Fachwörterbüchern empfohlen.

Die Neigung zur formalen Äquivalenz resultiert wahrscheinlich daraus, dass im deutschen Strafgesetzbuch die Entsprechung der Phrase *przestępstwo przeciwko życiu lub zdrowiu* nicht vorkommt. Dieser breiten Gruppe von Straftaten im polnischen Recht entsprechen im deutschen Gesetz zwei Gruppen: *Straftaten gegen das Leben* und *Straftaten gegen die körperliche Unversehrtheit.*

Das zweite Äquivalent, welches in Übersetzungen des Verlags DE-IURE-PL und des Max-Planck-Instituts auftritt, also *Straftat gegen Leib oder Leben* ist kein rein funktionales Äquivalent - es kommt im deutschen Gesetz nicht vor, doch seine Bildung basiert zweifelsohne auf der Zielsprache. Im deutschen Strafgesetz wird nämlich an mehreren Stellen über *Gefahr für Leib oder Leben*, *Schaden an Leib oder Leben* oder *Angriff auf Leib oder Leben*, nie aber über *Gesundheit und Leben* gesprochen (vgl. § 177 (5), § 234a, § 316a dt. Strafgesetzbuch).

Des Weiteren ist dieses Äquivalent auch dem schweizerischen und österreichischen Strafgesetzbuch zu entnehmen, wo von *strafbaren Handlungen gegen Leib und Leben* die Rede ist (vgl. erster Titel schweizerisches Strafgesetzbuch, § 17 österreichisches Strafgesetzbuch).

Aus den obigen Erwägungen resultiert, dass beide Übersetzungsstrategien begründet sind und im Grunde genommen positiv zu bewerten wären, wenn sie aber konsequent eingesetzt würden.

c) zabójstwo

Eine der schwierigsten Straftaten, die im Strafgesetzbuch geregelt werden, bildet *zabójstwo*. Die erste Stelle, an der der analysierte Terminus vorkommt, ist der Artikel 101, der die Verjährung der Strafbarkeit thematisiert. In untersuchten Übersetzungen wurden folgende Übersetzungsvorschläge gemacht.

<u>Polnisches Strafgesetzbuch, Art. 101 § 1:</u>
Karalność przestępstwa ustaje, jeżeli od czasu jego popełnienia upłynęło lat:
1) 30 - gdy czyn stanowi zbrodnię **zabójstwa**,
2) 20 - gdy czyn stanowi inną zbrodnię (...).

- DE-IURE-PL (2019):
  Die Strafbarkeit erlischt, wenn seit Begehung der Tat folgende Zeiträume abgelaufen sind:
  1) 30 Jahre - wenn es sich bei der Tat um **Mord** handelt,
  2) 20 Jahre - wenn die Tat ein anderes Verbrechen als Mord darstellt (...).
- C.H. Beck (2012):
  Die Strafbarkeit einer Straftat erlischt, wenn seit ihrer Begehung:
  1) 30 Jahre - bei **Tötung**sverbrechen,
  2) 20 Jahre - bei anderen Verbrechen (...) vergangen sind.
- Max-Planck-Institut (1998):
  Die Strafbarkeit einer Straftat endet, wenn seit der Zeit ihrer Begehung vergangen sind:
  1) dreißig Jahre - bei Verbrechen der **Tötung**,
  2) zwanzig Jahre - bei anderen Verbrechen (...).

In den Fachwörterbüchern sind folgende Äquivalente für *zabójstwo* zu finden.

Tabelle 30. Äquivalente in Fachwörterbüchern für *zabójstwo*. Quelle: Eigene Bearbeitung anhand der genannten Fachwörterbücher.

Wörterbuch	Übersetzungsvorschlag
Kilian/Kilian (2011)	*Tötung*
Kozieja-Dachterska (2010)	*Tötung*
Banaszak (2008)	*Tötung,* *Totschlag*
Kienzler (2006)	*Tötung,* *Totschlag*
Pieńkos (2002)	*Tötung,* *Totschlag*

In erster Linie ist darauf hinzuweisen, dass auch in diesem Punkt von grober Inkonsequenz bei der Auswahl der Terminologie zu sprechen ist. Die Übersetzerin des Verlags DE-IURE-PL verwendet neben *Mord* auch den Terminus *Totschlag* (im Artikel 148). Auch die Übersetzer des Verlags C.H. Beck benutzen im Artikel 118 *Totschlag*, in allen anderen Fällen *Tötung*.

Resümierend kann man also feststellen, dass in analysierten Übersetzungen die Äquivalente *Tötung*, *Totschlag* und *Mord* verwendet werden.

Die *Tötung* wird als jede Verursachung des Todes eines Menschen definiert und ist hierbei als ein Hyperonym für alle genannten Termini zu verstehen – das deutsche Strafgesetzbuch unterscheidet nämlich vier folgende Tötungsdelikte:
- Mord,
- Totschlag,
- Tötung auf Verlangen,
- fahrlässige Tötung (vgl. Alpmann, 2005: 1308).

Der *Totschlag* bildet in der obigen Klassifizierung den Grundtatbestand (also die Ausgangsform des Delikts) aller Tötungsdelikte und wird folgendermaßen definiert:

> Totschlag
> (1) Wer einen Menschen tötet, ohne Mörder zu sein, wird als Totschläger mit Freiheitsstrafe nicht unter fünf Jahren bestraft.
> (2) In besonders schweren Fällen ist auf lebenslange Freiheitsstrafe zu erkennen (§ 212 dt. Strafgesetzbuch).

Eine analoge Definition kann dem polnischen Strafgesetzbuch entnommen werden:

> Zabójstwo
> Kto zabija człowieka, podlega karze pozbawienia wolności na czas nie krótszy od lat 8, karze 25 lat pozbawienia wolności albo karze dożywotniego pozbawienia wolności. (Art. 148 § 1 poln. Strafgesetzbuch).

Auch diese Vorschrift thematisiert den Grundtatbestand der genannten Straftat. Von daher kann angenommen werden, dass *Totschlag* in diesem Kontext ein Äquivalent für *zabójstwo* ist.

Der Terminus *zabójstwo* kommt jedoch im polnischen Gesetz in zweierlei Bedeutung vor: im zitierten Artikel 148 als Grundtatbestand (entspricht dem *Totschlag*) und u. a. im analysierten Art. 101 als ein Oberbegriff für alle Tötungsdelikte (entspricht allgemein der *Tötung*). Dieser Bedeutungsunterschied sollte auch in der Übersetzung seine Widerspiegelung finden.

Zu unterscheiden ist hier neben dem Grundtatbestand auch die Qualifikation, also der schwerere Delikttyp. Im deutschen Recht ist in diesem Zusammenhang über den *Mord* (wenn der Täter besonders verwerflich handelt) und in polnischer Rechtsordnung über *zabójstwo ze szczególnym okrucieństwem*, *zabójstwo w związku z wzięciem zakładnika, zgwałceniem albo rozbojem*, *zabójstwo w wyniku motywacji zasługującej na szczególne potępienie* und *zabójstwo z użyciem materiałów wybuchowych* zu sprechen (vgl. Alpmann, 2005: 1238). Alle diese Straftaten werden schärfer bestraft und sind von *Totschlag* und *zabójstwo* zu unterscheiden. Von daher ist die Auswahl des Äquivalents *Mord* für *zabójstwo* unbegründet und soll nur unter Umständen verwendet werden.

Zusammenfassend ist zu schlussfolgern, dass alle Übersetzer zielsprachlich orientierte Übersetzungsstrategien wählten und nach funktionalen Äquivalenten suchten. *Mord* ist jedoch ein Äquivalent nicht unmittelbar für *zabójstwo*, sondern für ihre qualifizierten Formen. *Tötung* und *Totschlag* entsprechen dem Terminus *zabójstwo*, es muss aber in Betracht gezogen werden, um welche Bedeutung es sich im konkreten Falle handelt. Auf diesen Bedeutungsunterschied weisen auch die Wörterbücher nicht hin, sondern nennen häufig beide Äquivalente ohne irgendwelche Erklärung.

d) pobicie

Die nächste Straftat, deren Übersetzungen analysiert werden, bildet *pobicie*. Diese Tat wird im Artikel 158 normiert.

Polnisches Strafgesetzbuch, Art. 158 § 1:
Kto bierze udział w bójce lub **pobiciu**, w którym naraża się człowieka na bezpośrednie niebezpieczeństwo utraty życia albo nastąpienie skutku określonego w art. 156 § 1 lub w art. 157 § 1, podlega karze pozbawienia wolności do lat 3.

- DE-IURE-PL (2019):
  Wer sich an einer Schlägerei oder an der **tätlichen Verletzung** eines anderen beteiligt, durch die das Leben unmittelbar gefährdet oder eine in Art. 156 § 1 oder Art. 157 § 1 bezeichnete Folge verursacht worden ist, wird mit Freiheitsstrafe bis zu drei Jahren bestraft.
- C.H. Beck (2012):
  Wer sich an einer Schlägerei oder an einer **Tätlichkeit** beteiligt, wobei ein Mensch einer unmittelbaren Lebensgefahr oder dem Eintreten einer in Art. 156 § 1 oder 157 § 1 genannten Folge aussetzt wird, wird mit Freiheitsstrafe bis zu 3 Jahren bestraft.
- Max-Planck-Institut (1998):
  Wer sich an einer Schlägerei oder an einer **Rauferei** beteiligt, bei der das Leben eines Menschen unmittelbar gefährdet oder ein Mensch der Gefahr des Eintretens einer der in Art. 156 § 1 oder 157 § 1 bezeichneten Folgen ausgesetzt wird, wird mit Freiheitsstrafe bis zu drei Jahren bestraft.

In den Fachwörterbüchern sind folgende Äquivalente für *zabójstwo* zu finden.

Tabelle 31. Äquivalente in Fachwörterbüchern für *pobicie*. Quelle: Eigene Bearbeitung anhand der genannten Fachwörterbücher.

Wörterbuch	**Übersetzungsvorschlag**
Kilian/Kilian (2011)	*schwere Körperverletzung, Misshandlung*
Kozieja-Dachterska (2010)	-
Banaszak (2008)	*Verletzung, Misshandlung*
Kienzler (2006)	-
Pieńkos (2002)	*Körperverletzung durch Schläge, Schlagen*

Die Vielzahl der angebotenen Äquivalente sowohl in analysierten Übersetzungen als auch in Rechtswörterbüchern zeugt von der Schwierigkeit der Übersetzung dieses scheinbar einfachen Terminus. *Pobicie* wird in der polnischen Rechtsordnung als »Angriff von mindestens zwei Personen auf eine andere Person« definiert (Stefański, 2015: 955, Übers. A.P.) Von Bedeutung ist, dass diese zwei

Personen eine andere Person schlagen, wobei sie sich nur wehrt (vgl. Kalina-Prasznic, 2007: 67).

Eine analoge Vorschrift, die dem polnischen Artikel 158 mit dem Titel *bójka i pobicie* entspricht, tritt im deutschen Strafgesetzbuch auf:

> § 231 Beteiligung an einer Schlägerei
> (1) Wer sich an einer Schlägerei oder an einem von mehreren verübten Angriff beteiligt, wird schon wegen dieser Beteiligung mit Freiheitsstrafe bis zu drei Jahren oder mit Geldstrafe bestraft, wenn durch die Schlägerei oder den Angriff der Tod eines Menschen oder eine schwere Körperverletzung (§ 226) verursacht worden ist.

Die Analyse des obigen Paragraphen liefert den Übersetzungsvorschlag *ein von mehreren verübter Angriff*, der wie folgt definiert wird.

> Ein von »mehreren verübter Angriff« ist die in feindseliger Absicht unmittelbar gegen den Körper des Opfers gerichtete Einwirkung von mindestens zwei Personen (Küper, 2008: 17)

Daraus ergibt sich, dass die polnische und deutsche Definition übereinstimmend sind, von daher könnte *ein von mehreren verübter Angriff* als das funktionale Äquivalent für *pobicie* betrachtet werden. Auf diesen Übersetzungsvorschlag, der direkt dem deutschen Strafgesetz zu entnehmen ist, hat aber kein Autor der analysierten Übersetzungen und der Fachwörterbücher hingewiesen. Möglicherweise führte die Tatsache, dass die obige Phrase so ausgebaut ist, dazu, dass nach einem anderen, weniger komplizierten Äquivalent für den einfachen Ausgangsterminus gesucht wird, der sowohl in der Fach- als auch in der Gemeinsprache vorkommt. *Ein von mehreren verübter Angriff* hat doch einen eindeutig größeren fachsprachlichen Charakter als der Terminus *pobicie.*

Die in analysierten Übersetzungen vorgeschlagenen Äquivalente *tätliche Verletzung*, *Tätlichkeiten* und *Rauferei* kommen im deutschen Strafgesetzbuch kaum vor. Nur der Terminus *Tätlichkeit* tritt an einer einzigen Stelle in der Vorschrift über Beleidigung auf, die eben »mittels Tätlichkeit« begangen werden kann (vgl. § 185, dt. Strafgesetzbuch).

Obwohl die genannten Termini zur rein strafrechtlichen Terminologie nicht gehören, soll auf ihre Bedeutungen hingewiesen werden. *Tätlichkeit* wird als »tätliche Auseinandersetzung«[63] und *Rauferei* als »heftige Schlägerei«[64] definiert. Die beiden Termini betreffen eher eine Schlägerei und so beziehen sich auf den Terminus *bójka*[65] und nicht *pobicie. Tätliche Verletzung* basiert weitgehend auf der Bedeutung des Terminus *Tätlichkeit*, doch das Glied *Verletzung* zeugt davon,

63 https://www.duden.de/rechtschreibung/Taetlichkeit, Zugriff am 05.07.2021.
64 https://www.duden.de/rechtschreibung/Rauferei, Zugriff am 05.07.2021.
65 *Bójka* wird als Auseinandersetzung von mindestens drei Personen definiert, in der alle Personen andere angreifen und sich gleichzeitig wehren (vgl. Kalina-Prasznic, 2007: 67, Übers. A.P.).

dass jemand gelitten hat, also ein Opfer war, was unter Umständen auf die Straftat *pobicie* hindeuten kann[66]. So ist die *tätliche Verletzung* ein auf der Ausgangssprache basierendes Äquivalent, welches deskriptiv die Bedeutung des Ausgangsterminus wiedergeben sollte.

Die ersten zwei Übersetzungsvorschläge *Tätlichkeit* und *Rauferei* sind zielsprachlich orientiert und wurden der Allgemeinsprache entnommen, haben aber eine weitere Bedeutung (wie etwa *bijatyka, rękoczyny*), die sich mit der Straftat *pobicie* nicht deckt.

Auch viele Äquivalente, die in Rechtswörterbüchern genannt werden, sind relativ unpräzise. Es weckt Zweifel, wenn *Misshandlung, Verletzung* oder *schwere Körperverletzung* mit *pobicie* gleichgesetzt werden. Eine *Körperverletzung* bezieht sich beispielsweise auf jede körperliche Misshandlung oder Gesundheitsschädigung, man kann sie u. a. durch Beibringung von Gift oder mittels einer Waffe, z. B. eines Messers begehen, was mit *pobicie* nichts zu tun hat (vgl. § 223, 224, dt. Strafgesetzbuch).

Interessante formale Äquivalente schlug in diesem Zusammenhang Pieńkos (2002) in seinem Rechtswörterbuch vor. *Körperverletzung durch Schläge* oder *Schlagen* basieren auf der Ausgangssprache und wiedergeben anschaulich die Bedeutung der Straftat *pobicie*.

Aus dem Vorstehenden resultiert, dass die Übersetzungsvorschläge *ein von mehreren verübter Angriff* und *Körperverletzung durch Schläge* oder *Schlagen* bei der Suche nach Äquivalenten der analysierten Straftat in Erwägung gezogen werden sollen.

e) znieważać

Das Verb *znieważać* kommt an mehreren Stellen des polnischen Strafgesetzbuches vor. In meisten analysierten Fällen bereitete seine Übersetzung keine Schwierigkeiten, einige Zweifel weckt jedoch die Auswahl der Terminologie im Translat des Artikels 257.

Polnisches Strafgesetzbuch, Art. 257:
Kto publicznie **znieważa** grupę ludności albo poszczególną osobę z powodu jej przynależności narodowej, etnicznej, rasowej, wyznaniowej albo z powodu jej bezwyznaniowości (...), podlega karze pozbawienia wolności do lat 3.

- DE-IURE-PL (2019):
  Wer Teile der Bevölkerung oder eine einzelne Person wegen ihrer Zugehörigkeit zu einer nationalen, ethnischen, rassischen, politischen, religiösen oder

66 Andererseits könnten diese Verletzungen auch während einer Schlägerei erlitten werden, so ist der Terminus doppeldeutig und kann zweierlei interpretiert werden.

weltanschaulichen Gruppe oder wegen ihrer Konfessionslosigkeit **verleumdet** (...), wird mit Freiheitsstrafe bis zu drei Jahren bestraft.

- C.H. Beck (2012):
  Wer öffentlich eine Bevölkerungsgruppe oder eine einzelne Person aufgrund ihrer nationalen, ethnischen, rassischen, religiösen Zugehörigkeit oder Konfessionslosigkeit **beleidigt** (...), wird mit Freiheitsstrafe bis zu 3 Jahren bestraft.
- Max-Planck-Institut (1998):
  Wer öffentlich eine Gruppe von Personen oder eine Einzelperson wegen ihrer nationalen, ethnischen, rassischen oder politischen Zugehörigkeit, ihrer Konfession oder Konfessionslosigkeit **beleidigt** (...), wird mit Freiheitsstrafe bis zu drei Jahren bestraft.

Den Rechtswörterbüchern wurden folgende Äquivalente für *znieważać* entnommen.

Tabelle 32. Äquivalente in Fachwörterbüchern für *znieważać*. Quelle: Eigene Bearbeitung anhand der genannten Fachwörterbücher.

Wörterbuch	**Übersetzungsvorschlag**
Kilian/Kilian (2011)	- (*zniewaga → Beleidigung*, *znieważenie → Verunglimpfung*)
Kozieja-Dachterska (2010)	*beschimpfen*, *beleidigen*
Banaszak (2008)	*beleidigen*, *entwürdigen*, *beschimpfen*
Kienzler (2006)	*beleidigen*, *verunglimpfen*, *beschimpfen*, *schänden*, *entehren*
Pieńkos (2002)	*beleidigen*, *verunglimpfen*, *beschimpfen*, *schänden*, *entehren*

Zur Feststellung der Korrektheit der vorgeschlagenen Äquivalente ist die Definition des Terminus *zniewaga* anzuführen und diese mit der Definition eines ähnlichen Terminus *zniesławienie* zu vergleichen. Sowohl *zniewaga* als auch *zniesławienie* sind Straftaten gegen persönliche Ehre.

Unter dem Terminus *zniewaga* versteht man ein Verhalten des Täters, das demonstrativ die Verachtung für eine andere Person zum Ausdruck bringt. Dazu zählen u. a. Beschimpfungen, herabwürdigende Äußerungen oder Gesten (vgl. Gardocki, 2017: 292).

Zniesławienie wird dagegen definiert als Diffamierung einer anderen Person wegen ihres Verhaltens oder ihrer Eigenschaften, was sie in der öffentlichen Meinung erniedrigt oder sie dem Verlust des für die Ausübung eines bestimmten Berufs erforderlichen Vertrauens aussetzt. Dazu gehört auch das Verbreiten von abwertenden Gerüchten, selbst wenn sie wahr sind (vgl. Gardocki, 2017: 288).

Im deutschem Rechtssystem gehören zu Ehrverletzungsdelikten *Beleidigung*, *üble Nachrede* und *Verleumdung*.

Beleidigung ist der »Angriff auf die Ehre eines anderen durch vorsätzliche Kundgabe der Missachtung« (Creifelds. 2019: 198). Dies kann u. a. durch Wort, Schrift oder Handzeichen erfolgen (vgl. Höflich, Weller, 2005: 149). *Üble Nachrede* ist »das Behaupten oder Verbreiten einer ehrenrührigen Tatsache in Beziehung auf einen anderen« (Höflich, Weller, 2005: 148). *Verleumdung* ist die Qualifikation der üblen Nachrede und wird als »das bewusst wahrheitswidrige Behaupten oder Verbreiten einer ehrenrührigen Tatsache« (Höflich, Weller, 2005: 148).

Aus der Analyse der obigen Definitionen geht klar hervor, dass sich die Bedeutungen der Termini *znieważać* und *beleidigen* decken. Dieses funktionale zielsprachlich orientierte Äquivalent wählten die Übersetzer aus dem Verlag C.H. Beck und dem Max-Planck-Institut, was als eine korrekte Strategie zu betrachten ist. Auch die Übersetzerin aus dem Verlag DE-IURE-PL basierte bei der Suche nach ihrem Äquivalent auf der Zielsprache, weil sie eins der deutschen Ehrendelikte wählte, doch seine Korrektheit ist fraglich. *Verleumden* bedeutet – wie bereits erwähnt – bewusst unwahre Behauptungen über jemanden zu verbreiten, was in der analysierten Vorschrift keine Wiederspiegelung findet.

Die Übersetzungsvorschläge in den Rechtswörterbüchern *entwürdigen*, *schänden* und *entehren* haben zweifelsohne eine ähnliche Bedeutung, doch sie gehören zur Terminologie des deutschen Strafgesetzbuches nicht und könnten als potenzielle Lösungen betrachtet werden, wenn das funktionale Äquivalent fehlen würde.

Der Terminus *beschimpfen* hat in diesem Zusammenhang eine zu enge Bedeutung, denn z. B. herabwürdigende Gesten, die zum Bedeutungsfeld des Terminus *znieważać* gehören, müssten ausgeschlossen werden.

Das letzte Äquivalent *verunglimpfen* tritt zwar in der analogen Bedeutung (als schwere Ehrkränkung) im deutschen Strafgesetz auf, aber es wird nur in fünf konkreten Kontexten verwendet: Verunglimpfung des Bundespräsidenten, des Staates und seiner Symbole, der Verfassungsorgane, der Symbole der Europäischen Union und des Andenkens Verstorbener (vgl. § 90, § 189 dt. Strafgesetzbuch).

f) dezercja

Dezercja ist ein Terminus, der aus dem militärischen Teil des Strafgesetzbuches kommt.

Polnisches Strafgesetzbuch, Art. 339 § 2:
Jeżeli sprawca dopuszcza się **dezercji** wspólnie z innymi żołnierzami lub zabierając broń, podlega karze pozbawienia wolności od 6 miesięcy do lat 8.

- DE-IURE-PL (2019):
  Wer sich in den Fällen des § 1 mit anderen Soldaten gemeinschaftlich oder bewaffnet **entfernt**, wird mit Freiheitsstrafe von sechs Monaten bis zu acht Jahren bestraft.
- C.H. Beck (2012):
  Begeht der Täter die **Fahnenflucht** gemeinschaftlich mit anderen Soldaten oder unter Mitnahme einer Waffe, wird er mit Freiheitsstrafe von 6 Monaten bis zu 8 Jahren bestraft.
- Max-Planck-Institut (1998):
  Begeht der Täter die **Desertion** zusammen mit anderen Soldaten oder nimmt er bei der Begehung eine Waffe mit, wird er mit Freiheitsstrafe von sechs Monaten bis zu acht Jahren bestraft.

Für *dezercja* werden in den Fachwörterbüchern folgende Äquivalente vorgeschlagen

Tabelle 33. Äquivalente in Fachwörterbüchern für *dezercja.* Quelle: Eigene Bearbeitung anhand der genannten Fachwörterbücher.

Wörterbuch	Übersetzungsvorschlag
Kilian/Kilian (2011)	*Fahnenflucht,* *Desertion*
Kozieja-Dachterska (2010)	*Desertion,* *Fahnenflucht*
Banaszak (2008)	*Desertion,* *(militärische) Fahnenflucht*
Kienzler (2006)	-
Pieńkos (2002)	*Fahnenflucht,* *Desertion*

Die Straftat *dezercja* wird im Art. 339 § 1 des polnischen Strafgesetzbuches beschrieben:

> Żołnierz, który w celu trwałego uchylenia się od służby wojskowej opuszcza swoją jednostkę lub wyznaczone miejsce przebywania lub w takim celu poza nimi pozostaje podlega karze pozbawienia wolności od 3 miesięcy do lat 5.

Die Übersetzer und Autoren der Fachwörterbücher haben sich für insgesamt drei Äquivalente (*Entfernung*, *Fahnenfluch*, *Desertion*) entschieden, alle setzten dabei die zielsprachlich orientierten Übersetzungsstrategien ein.

In erster Linie ist auf den Paralleltext zum militärischen Teil des polnischen Strafgesetzbuches, also auf die Regelungen des deutschen Wehrstrafgesetzes hinzuweisen. Im Abschnitt, der die Straftaten gegen die Pflicht zur militärischen Dienstleistung thematisiert (welcher dem polnischen Kapitel 39: *Przestępstwa przeciwko obowiązkowi pełnienia służby wojskowej* entspricht), befindet sich die Vorschrift, die die Straftat *Fahnenflucht* folgendermaßen regelt.

> Fahnenflucht
> (1) Wer eigenmächtig seine Truppe oder Dienststelle verläßt oder ihr fernbleibt, um sich der Verpflichtung zum Wehrdienst dauernd oder für die Zeit eines bewaffneten Einsatzes zu entziehen oder die Beendigung des Wehrdienstverhältnisses zu erreichen, wird mit Freiheitsstrafe bis zu fünf Jahren bestraft (§ 16, dt. Wehrstrafgesetz).

Ohne Zweifel sind die obigen Definitionen, die aus dem polnischen und deutschen Gesetz stammen, übereinstimmend, so kann der Terminus *Fahnenflucht*, welcher von den Übersetzern des Verlages C.H. Beck verwendet wurde, als das funktionale Äquivalent für *dezercja* betrachtet werden, dessen Anwendung völlig begründet ist.

Der zweite Übersetzungsvorschlag *Desertion* ist ein Internationalismus, welcher in der deutschen Rechtsprechung vorkommt und dadurch völlig verständlich ist, doch zur Terminologie des Wehrstrafgesetzes nicht gehört. Die Anwendung des Internationalismus wäre eine gute Übersetzungsstrategie, wenn es aber das eindeutig funktionale Äquivalent *Fahnenflucht* nicht gäbe.

Der letzte Vorschlag *Entfernung* (in der Übersetzung in verbalisierter Form »wer sich (…) entfernt«), den die Übersetzerin des Verlages DE-IURE-PL verwendete, ist in diesem Fall nicht eindeutig. Nicht jede Entfernung von der Dienstelle bedeutet sofort *dezercja* bzw. *Fahnenflucht*. Hierbei ist auf eine ähnliche Straftat hinzuweisen, an die der Empfänger der Übersetzung denken kann, wenn das Äquivalent *Entfernung* verwendet wird. Es handelt sich nämlich um *eigenmächtige Abwesenheit* (im polnischen Strafgesetz heißt diese Straftat *samowolne oddalenie*), die im Vorläufer des geltenden Wehrstrafgesetzes, also im Militärstrafgesetzbuch für das Deutsche Reich eben als *unerlaubte Entfernung* bezeichnet wurde (vgl. Alpmann, 2005: 903). Zeitgenössisch wird dieser Terminus im Schweizerischen Militärstrafgesetz benutzt (vgl. § 82 schweiz. Militärstrafgesetz)

Eigenmächtige Abwesenheit (bzw. *unerlaubte Entfernung*) bedeutet die Abwesenheit des Soldaten, die länger als drei Kalendertage dauert (wenn der Soldat z. B. seinen Urlaub eigenmächtig verlängert), bei *dezercja* hat der Soldat dagegen die Absicht, sich dem Wehrdienst dauerhaft zu entziehen (vgl. § 15 dt. Wehrstrafgesetz). Von daher kann die Anwendung des Übersetzungsvorschlag *Entfernung* zweierlei verstanden werden.

g) występek o charakterze chuligańskim

Obwohl die Straftat *występek o charakterze chuligańskim* in der alten Fassung des Strafgesetzbuches aus dem Jahre 1969 präsent war, wurde auf sie in der Neufassung des Gesetzes von 1997 verzichtet. Erst 2007 wurden Vorschriften bezüglich dieses Vergehens wieder in das Strafgesetz eingeführt (vgl. Kokot, 2015: 219–220). Aus diesem Grunde fehlen diese Vorschriften in der Übersetzung des Max-Planck-Instituts, die 1998 angefertigt wurde.

Polnisches Strafgesetzbuch, Art. 57a § 1:
Skazując za **występek o charakterze chuligańskim**, sąd wymierza karę przewidzianą za przypisane sprawcy przestępstwo w wysokości nie niższej od dolnej granicy ustawowego zagrożenia zwiększonego o połowę.

- DE-IURE-PL (2019):
  Wird der Täter wegen eines **Vergehens unter Anwendung von Gewalt (Holiganstraftat)** bestraft, verhängt das Gericht als Strafte das gesetzliche Mindestmaß, erhöht um die Hälfte.
- C.H. Beck (2012):
  Bei einer Verurteilung wegen eines **Rowdyvergehens** bemisst das Gericht die vorgesehene Strafe für die dem Täter zugeschriebene Straftat nicht unter der gesetzlich angedrohten unteren Grenze, die um die Hälfte erhöht wird.
- Max-Planck-Institut (1998):
  -

Den Rechtswörterbüchern sind folgende Äquivalente für den Terminus *występek o charakterze chuligańskim* zu entnehmen.

Tabelle 34. Äquivalente in Fachwörterbüchern für *występek o charakterze chuligańskim*. Quelle: Eigene Bearbeitung anhand der genannten Fachwörterbücher.

Wörterbuch	**Übersetzungsvorschlag**
Kilian/Kilian (2011)	-
Kozieja-Dachterska (2010)	-
Banaszak (2008)	*Vergehen mit Rowdycharakter*
Kienzler (2006)	-
Pieńkos (2002)	*Vergehen hooliganischer Natur*

Die Übersetzung des Terminus *występek o charakterze chuligańskim* bildet eine Herausforderung, weil sein direktes funktionales Äquivalent im deutschen Strafrecht nicht existiert.

Występek o charakterze chuligańskim ist ein Vergehen, das öffentlich, vorsätzlich und das Recht grob verletzend verübt wird und dadurch schärfer pönalisiert wird (vgl. Kęsicka, 2016: 52).

Der oben zitierte Artikel 57a bildet die erste Stelle, an der der analysierte Terminus vorkommt. Außer dieser Vorschrift tritt er auch in anderen Artikeln auf, in denen die Übersetzerin des Verlags DE-IURE-PL unterschiedliche Äquivalente verwendete. Die Zusammenstellung der Übersetzungsvorschläge in beiden Übersetzungen sieht folgendermaßen aus.

Tabelle 35. Äquivalente in Übersetzungen für *występek o charakterze chuligańskim*. Quelle: Eigene Bearbeitung.

	DE-IURE-PL	**C.H. Beck**
Art. 57a	*Vergehen unter Anwendung von Gewalt (Hooliganstraftat)*	*Rowdyvergehen*
Art. 58 § 4	*Vergehen mit Gewaltanwendung (Hooliganstraftat)*	*Rowdyvergehen*
Art. 69 § 4	*Hooliganstraftat*	*Rowdyvergehen*

Das erste Äquivalent *Rowdyvergehen*, das von den Übersetzern des Verlags C.H. Beck im ganzen Gesetz konsequent verwendet wurde, wurde auf der Grundlage der zielsprachlich orientierten Übersetzungsstrategie gebildet. Es ist ein Neologismus, der auf der Straftat *Rowdytum* basiert, die im Strafgesetzbuch der DDR aus dem Jahre 1968 vorkam. Über *Rowdytum* wurde gesprochen, wenn jemand

> aus Mißachtung der öffentlichen Ordnung oder der Regeln des sozialistischen Gemeinschaftslebens Gewalttätigkeiten, Drohungen oder grobe Belästigungen gegenüber Personen oder böswillige Beschädigungen von Sachen oder Einrichtungen [beging, A.P.] (§ 215, Strafgesetzbuch der DDR).

Ähnliches Äquivalent (*Vergehen mit Rowdycharakter*) ist auch dem Rechtswörterbuch von Banaszak (2008) zu entnehmen.

Die Übersetzerin des Verlags DE-IURE-PL verwendete insgesamt drei Äquivalente *Vergehen unter Anwendung von Gewalt*, *Vergehen mit Gewaltanwendung* und *Hooliganstraftat*, was – wie bereits mehrmals erwähnt – bei der Übersetzung von Rechtstexten eine besonders nicht empfohlene Herangehensweise ist. Alle drei Äquivalente sind ausgangssprachlich orientiert. Die ersten zwei fast identischen Vorschläge sind formale deskriptive Äquivalente, die paraphrasierend die Bedeutung des Ausgangsterminus erklären. An jeder Stelle wurden sie um das in Klammern stehende Äquivalent *Hooliganstraftat* ergänzt, das in weiteren Teilen der Übersetzung schon selbständig auftritt. Der Terminus *Hooliganstraftat* bildet einen Neologismus, der auf dem gemeinsprachlichen Lexem *Hooligan* basiert und eine fast wörtliche Übersetzung darstellt. Da statt der Anwendung des Adjektivs das Kompositum gebildet wurde, bediente sich die Übersetzerin der Strategie der Transposition (bzw. des Wortartwechsels).

Zu bemerken ist hierbei auch, dass die Übersetzerin bei der Bildung des Neologismus auf den Terminus *Vergehen* verzichtete und im Kompositum seinen Oberbegriff *Straftat* verwendete, obwohl sie an anderen Stellen des Gesetzes *występek* als *Vergehen* übersetzte.

Eine ähnliche Strategie setzte Pieńkos (2002) in seinem Rechtswörterbuh ein, in dem er das Äquivalent *Vergehen hooliganischer Natur* angab. An dieser Stelle ist auch zu akzentuieren, dass nur zwei Wörterbücher den Terminus *występek o charakterze chuligańskim* verzeichneten, darunter das Wörterbuch von Pieńkos aus dem Jahre 2002, wobei damals das analysierte Vergehen vorläufig zum polnischen Strafgesetzbuch nicht gehörte.

h) ciężki uszczerbek na zdrowiu

Zur Kategorie der bereits erwähnten Straftaten gegen Leben und Gesundheit gehört auch die Verursachung von *ciężki uszczerbek na zdrowiu*. Die Legaldefinition dieser Straftat, die auch für weitere Erwägungen eine relevante Rolle spielt, befindet sich im unten zitierten Artikel 156.

<u>Polnisches Strafgesetzbuch, Art. 156 § 1:</u>
Kto powoduje **ciężki uszczerbek na zdrowiu** w postaci:
1) pozbawienia człowieka wzroku, słuchu, mowy, zdolności płodzenia,
2) innego ciężkiego kalectwa, ciężkiej choroby nieuleczalnej lub długotrwałej, choroby realnie zagrażającej życiu, trwałej choroby psychicznej, całkowitej albo znacznej trwałej niezdolności do pracy w zawodzie lub trwałego, istotnego zeszpecenia lub zniekształcenia ciała, podlega karze pozbawienia wolności od roku do lat 10.

- DE-IURE-PL (2019):
  Wer eine **schwere Körperverletzung** begeht, die zur Folge hat, dass ein anderer:
  1) das Sehvermögen, das Gehör oder die Fortpflanzungsfähigkeit verliert,
  2) auf andere Weise erheblich verstümmelt wird, in schwere unheilbare Krankheit, Siechtum, oder dauernde Geisteskrankheit verfällt, vollständig oder dauerhaft berufsunfähig wird, auffallend und dauerhaft entstellt wird oder in dauerhafte Behinderung verfällt, wird mit Freiheitsstrafe von einem Jahr bis zu 10 Jahren bestraft.
- C.H. Beck (2012):
  Wer eine **schwere Gesundheitsschädigung** in Form:
  1) des Verlustes des Sehvermögens, des Gehörs, des Sprechvermögens oder der Fortpflanzungsfähigkeit eines Menschen,
  2) einer sonstigen schweren Behinderung, einer schweren, unheilbaren oder langwierigen, ernsthaft lebensbedrohenden Krankheit, einer dauerhaften geistigen Krankheit, einer vollständigen oder erheblichen dauerhaften Berufsunfähigkeit oder einer dauerhaften, wesentlichen Verunstaltung oder Entstellung des Körpers, verursacht, wird mit Freiheitsstrafe von einem Jahr bis zu 10 Jahren bestraft.
- Max-Planck-Institut (1998):
  Wer einem anderen eine **schwere Gesundheitsbeschädigung** in Gestalt
  1) eines Verlusts des Sehvermögens, des Gehörs, der Sprache oder der Zeugungsfähigkeit,
  2) eines anderen schweren Gebrechens, einer schweren, unheilbaren Krankheit, einer vollständigen oder wesentlichen endgültigen Berufsunfähigkeit oder einer endgültigen wesentlichen Verunstaltung oder Entstellung des Körpers zufügt, wird mit Freiheitsstrafe von einem Jahr bis zu zehn Jahren bestraft.

Die Rechtswörterbücher geben folgende Äquivalente für *ciężki uszczerbek na zdrowiu* an.

Tabelle 36. Äquivalente in Fachwörterbüchern für *ciężki uszczerbek na zdrowiu.* Quelle: Eigene Bearbeitung anhand der genannten Fachwörterbücher.

Wörterbuch	**Übersetzungsvorschlag**
Kilian/Kilian (2011)	-
Kozieja-Dachterska (2010)	-
Banaszak (2008)	*schwere Gesundheitsbeschädigung*
Kienzler (2006)	-
Pieńkos (2002)	-

Das erste Äquivalent *schwere Körperverletzung*, das die Übersetzerin des Verlags DE-IURE-PL benutzte, stammt direkt aus dem deutschen Strafgesetz, wo es wie folgt definiert wird.

> Schwere Körperverletzung
> (1) Hat die Körperverletzung zur Folge, daß die verletzte Person
> 1. das Sehvermögen auf einem Auge oder beiden Augen, das Gehör, das Sprechvermögen oder die Fortpflanzungsfähigkeit verliert,
> 2. ein wichtiges Glied des Körpers verliert oder dauernd nicht mehr gebrauchen kann oder
> 3. in erheblicher Weise dauernd entstellt wird oder in Siechtum, Lähmung oder geistige Krankheit oder Behinderung verfällt, so ist die Strafe Freiheitsstrafe von einem Jahr bis zu zehn Jahren (§ 226, dt. Strafgesetzbuch).

Die obige Definition der *schweren Körperverletzung* entspricht in sehr hohem Maße der polnischen Definition von *ciężki uszczerbek na zdrowiu* – an mehreren Stellen der beiden Vorschriften treten sogar fast identische Formulierungen auf. Von daher ist der Terminus *schwere Körperverletzung* als funktionales Äquivalent zu betrachten.

Auch in diesem Falle ist jedoch auf die Inkonsequenz bei der Auswahl der Terminologie hinzuweisen. Die genannte Übersetzerin verwendete an anderen Stellen ihres Translats Äquivalente *Gesundheitsschädigung*, *schwerwiegender Gesundheitsschaden* und *schwere Körper- und Gesundheitsschäden.* Weder *Gesundheitsschaden* noch *Körperschaden* (bzw. *Gesundheits-* und *Körperschäden*) gehören zur Terminologie des deutschen Strafgesetzbuches. Die *Gesundheitsschäden* werden jedoch im deutschen Sozialgesetzbuch in Vorschriften über gesetzliche Unfallsversicherung thematisiert. Das letzte Äquivalent *(schwere) Gesundheitsschädigung* wählten auch die Übersetzer des Verlags C.H. Beck.

Der Terminus *schwere Gesundheitsschädigung* kommt im deutschen Strafgesetzbuch reichlich vor, wobei er dort nicht definiert wird. In der Rechtsauslegung wird betont, dass sich sein Bedeutungsumfang mit dem Terminus *schwere Körperverletzung* weitgehend überlappt, doch *schwere Gesundheitsschädigung* hat eine etwas breitere Bedeutung und zwar besteht sie

> in einem (physischen oder psychischen) Krankheitszustand, der die Gesundheit des Betroffenen ernstlich, einschneidend oder nachhaltig – insbesondere langwierig, qualvoll oder lebensbedrohend – beeinträchtigt (Küper, 2008: 169).

Darüber hinaus weist Kürper (2008: 169) darauf hin, dass unter dem Rechtsbegriff *schwere Gesundheitsschädigung* schon die Herabsetzung der Leistungsfähigkeit, darunter der Arbeitsfähigkeit, zu verstehen ist, die beispielsweise mit einem Krankenhausaufenthalt verbunden ist. Im Zusammenhang damit erfordert *schwere Gesundheitsschädigung* keine *schwere Körperverletzung*, also keine Folgen wie z. B. Verlust des Sehvermögens, des Gehörs oder eines Glieds des

Körpers, die im § 226 genannt werden (vgl. Fornoff, Gries, Zöller, 2008: 196). Wenn man über *ciężki uszczerbek na zdrowiu* spricht, ist das Vorkommen von diesen Folgen obligatorisch.

Von daher soll das Äquivalent *schwere Gesundheitsschädigung* als ein Hyperonym für den Terminus *ciężki uszczerbek na zdrowiu* betrachtet und unter Umständen als funktionales Teiläquivalent verstanden werden, das jedoch nicht so präzise wie *schwere Körperverletzung* ist.

Was das letzte Äquivalent *schwere Gesundheitsbeschädigung* anbelangt, welches der Übersetzung des Max-Planck-Instituts und dem Wörterbuch von Banaszak (2008) zu entnehmen ist, soll betont werden, dass weder diese Kollokation noch selbst der Terminus *Gesundheitsbeschädigung* im deutschen Strafgesetzbuch vorkommen. Sie sind aber in der Rechtsprechung als Synonyme für *Gesundheitsschädigung* zu finden. Abgesehen von der genauen Distribution der analysierten Übersetzungsvorschläge, kann man schlussfolgern, dass sie alle zielsprachlich orientiert sind.

Resümierend lässt sich feststellen, dass die Bedeutung des Terminus *schwere Körperverletzung* mit der Bedeutung des Terminus *ciężki uszczerbek na zdrowiu* weitgehend übereinstimmt. Die beiden Termini treten in analogen Kontexten auf, so kann die Anwendung dieses funktionalen Äquivalents als eine gute Lösung betrachtet werden.

i) targnąć się na własne życie

Das nächste Beispiel, das in der thematischen Gruppe *rechtswidrige Taten* analysiert wird, veranschaulicht die Schwierigkeiten bei dem Verständnis und der Übersetzung der gemeinsprachlichen Lexik, die im strafrechtlichen Kontext vorkommt. Besprochen wird der Phraseologismus *targnąć się na własne życie*, der selbst natürlich keine rechtswidrige Tat bildet, doch als wesentlicher Faktor bei der Verhängung der Strafe für bestimmte Straftaten zu betrachten ist.

<u>Polnisches Strafgesetzbuch, Art. 207 § 3:</u>
Jeżeli następstwem czynu określonego w § 1 lub 2 jest **targnięcie się** pokrzywdzonego **na własne życie**, sprawca podlega karze pozbawienia wolności od lat 2 do 12.

- DE-IURE-PL (2019):
  Führt eine Straftat nach §§ 1 oder 2 dazu, dass das Opfer **sich selbst tötet**, so wird der Täter mit Freiheitsstrafe von zwei bis zu 12 Jahren bestraft.
- C.H. Beck (2012):
  Hat der Verletzte als Folge der in § 1 oder 2 genannten Tat **Hand an sich gelegt***, wird der Täter mit Freiheitsstrafe von 2 bis zu 12 Jahren bestraft.

(*»Targnięcie się na życie« wird als »sich das Leben nehmen« oder »Hand an sich legen« (Onlinewörterbuch Pons Online) oder »sich am eigenen Leben vergreifen« (vgl. Słownik prawa i gospodarki pod redakcją prof. Banaszaka) übersetzt. In der polnischen Sprache versteht man jedoch darunter sowohl den Versuch als auch die Vollendung mit der tödlichen Folge.)

- Max-Planck-Institut (1998):
  Legt der Verletzte infolge der in §§ 1 oder 2 bezeichneten Taten **Hand an sich,** wird der Täter mit Freiheitsstrafe von zwei bis zu zwölf Jahren bestraft.

In analysierten Rechtswörterbüchern sind folgende Äquivalente für *targnąć się na własne życie* zu finden.

Tabelle 37. Äquivalente in Fachwörterbüchern für *targnąć się na własne życie.* Quelle: Eigene Bearbeitung anhand der genannten Fachwörterbücher.

Wörterbuch	**Übersetzungsvorschlag**
Kilian/Kilian (2011)	-
Kozieja-Dachterska (2010)	-
Banaszak (2008)	*sich am eigenen Leben vergreifen*
Kienzler (2006)	-
Pieńkos (2002)	- (*targnięcie sie na własne życie → Selbsttötungsversuch, Selbstmordversuch*)

Die größte Schwierigkeit bei der Übersetzung der Phrase *targnąć się na własne życie* besteht in ihrer doppeldeutigen Bedeutung. In der Gemeinsprache definiert man sie als »den Selbstmord begehen oder den Selbstmord zu begehen versuchen« (Drabik, Kubiak-Sokół, Sobol, Wiśniakowska, 2006: 1029, Übers. A.P.). Diese allgemeinsprachliche Doppelbedeutung wird übernommen, auch wenn der Phraseologismus *targnąć się na własne życie* im fachsprachlichen Kontext verwendet wird (vgl. Stefański, 2015: 1340).

Die von den Übersetzern genannten Äquivalente wiederspiegeln die volle Bedeutung der analysierten Phrase nicht. Sowohl *sich selbst töten* als auch *Hand an sich legen*, die im Wörterbuch der deutschen Idiomatik als »sich das Leben nehmen« (DUDEN Redewendungen, 2008: 324) definiert wird, weisen darauf hin, dass sich der Verletzte umgebracht hat. Dasselbe gilt für den Vorschlag *sich am eigenen Leben vergreifen*, der sich im Fachwörterbuch von Banaszak (2008) befindet. Von daher sind sie nur als Teiläquivalente zu betrachten.

Auf den Doppelcharakter des Phraseologismus *targnąć się na własne życie* weisen nur die Übersetzer des Verlags C.H. Beck, die seine Bedeutung in Fußnoten genauer erläutern. So ergänzen sie ihr Teiläquivalent um die Strategie der Angabe der Definition in Form von Anmerkung des Übersetzers. Sie bildeten ihr

Äquivalent *Hand an sich legen* auf der Grundlage der zielsprachlich orientierten Übersetzungsstrategie, indem sie auch nach einem deutschen gemeinsprachlichen Phraseologismus suchten, der die Bedeutung des Ausgangsphrase zumindest teilweise wiedergibt.

Die Äquivalente von Pieńkos (2002) *Selbsttötungsversuch* und *Selbstmordversuch* drücken präziser die Bedeutung der ausgangssprachlichen Formulierung aus, vor allem wenn sie um entsprechende Adjektive ergänzt werden – in der polnischen Sprache spricht man doch über *gescheiterten* und *erfolgreichen Selbstmordversuch.*

Zum Schluss ist noch kurz auf die ältere Auflage der Übersetzung des Verlags DE-IURE-PL aus dem Jahre 2017 hinzuweisen, in der die Ausgangsphrase *targnąć się na własne życie* an einer Stelle besonders eindeutig übersetzt wurde. Der Artikel 190a § 3, dessen Disposition identisch wie die Disposition des oben zitierten Artikels 207 § 3 lautet, wurde folgendermaßen übersetzt:

> Ist die Folge der in §§ 1 und 2 genannten Tat **ein Selbstmord oder Selbstmordversuch** des Geschädigten, so wird der Täter mit Freiheitsstrafe von einem bis zu 10 Jahren bestraft (Art. 207 § 3, poln. Strafgesetzbuch, Übers. DE-IURE-PL).

In der aktuellen Auflage wurde auf diese Version zugunsten der Formulierung *sich selbst töten* verzichtet. So wählte die Übersetzerin in der Neufassung ihres Translats die ausgangsprachlich orientierte Übersetzungsstrategie, weil sie den polnischen Phraseologismus zu paraphrasieren versuchte.

Die Notwendigkeit der präzisen Auswahl der Rechtsterminologie, durch die die Übersetzung von Rechtstexten grundsätzlich gekennzeichnet ist, ist beim analysierten Beispiel besonders sichtbar. Die Vorschriften, die den untersuchten Phraseologismus enthalten, dienen generell dazu, die Strafe für die jeweilige Straftat zu verschärfen, wenn es zu *targnięcie się na własne życie* gekommen ist. Der Empfänger der Übersetzungen gewinnt den falschen Eindruck, dass mit der Verschärfung der Strafe erst dann zu rechnen ist, wenn sich das Opfer tötet, also seinen Suizid tatsächlich vollendet. Dies zeigt, dass auch die gemeinsprachliche Terminologie, die im strafrechtlichen Kontext häufig auftritt, zahlreiche Schwierigkeiten bereiten kann.

5.2.4. Maßnahmen und Strafen

Im Rahmen der thematischen Gruppe *Maßnahmen und Strafen* werden folgende Termini analysiert: *środki karne, nawiązka, zakaz prowadzenia pojazdów, prawa publiczne, wydalenie z zawodowej służby wojskowej, kara ograniczenia wolności, areszt wojskowy.*

a) środki karne

Der Rechtsbegriff *środki karne* wurde in das aktuelle Strafgesetzbuch von 1997 anstelle von *kary dodatkowe* eingeführt, die in älteren Fassungen des Gesetzes aus den Jahren 1932 und 1969 thematisiert wurden. Nach der Änderung des Strafgesetzbuches im Jahre 2015 unterscheidet man zwischen *środki karne*, *przepadek* (*Einziehung*) und *środki kompensacyjne* (*Ausgleichsmaßnahmen*), was sich auf die Übersetzungen auswirkt, die vor 2015 angefertigt wurden (vgl. Gardocki, 2017: 176).

Polnisches Strafgesetzbuch, Art. 39:
Środkami karnymi są: (…).
- DE-IURE-PL (2019):
  Strafmaßnahmen sind: (…).
- C.H. Beck (2012):
  Strafmittel sind: (…).
- Max-Planck-Institut (1998):
  Strafmaßnahmen sind: (…).

In den Rechtswörterbüchern sind folgende Äquivalente für den Terminus *środki karne* zu finden.

Tabelle 38. Äquivalente in Fachwörterbüchern für *środki karne*. Quelle: Eigene Bearbeitung anhand der genannten Fachwörterbücher.

Wörterbuch	Übersetzungsvorschlag
Kilian/Kilian (2011)	*Strafmaßnahmen (ihr Charakter entspricht den Nebenstrafen und den Nebenfolgen im deutschen Strafrecht)*
Kozieja-Dachterska (2010)	-
Banaszak (2008)	*Nebenstrafen,* *Nebenfolgen*
Kienzler (2006)	-
Pieńkos (2002)	-

Da in dieser thematischen Gruppe der Terminus *środki karne* und die Bezeichnungen von einzelnen *środki karne*, Ausgleichsmaßnahmen sowie die Bezeichnungen von bestimmten Strafen analysiert werden, sollen die Systeme der strafrechtlichen Sanktionen in der polnischen und deutschen Rechtsordnung als Einführung auch für weitere Erwägungen kurz dargestellt werden.

Die traditionelle Form der Reaktion auf die Begehung einer Straftat ist die Verhängung einer Strafe. Darüber hinaus kann das Gericht im polnischen Rechtssystem auch *środki karne* als Ergänzung der Strafe oder anstelle der Strafe anordnen (vgl. Siewert-Kowalikowska, 2015: 71). Von Bedeutung ist, dass das polnische Strafgesetz *środki karne* nicht als Strafen behandelt, obwohl sie dieselbe Funktion erfüllen (vgl. Stefański, 2015: 325).

Im Gegensatz zum polnischen Strafgesetzbuch sieht das deutsche Strafgesetzbuch eine Dreiteilung der strafrechtlichen Sanktionen in *Hauptstrafen*, *Nebenstrafen* und *Nebenfolgen* (vgl. Creifelds, 2019: 1017). Banaszak (2008) gibt in seinem Rechtswörterbuch *Nebenstrafen* und *Nebenfolgen* als Übersetzungsvorschläge des Terminus *środki karne* an.

Zur Feststellung der potenziellen funktionalen Äquivalenz ist es notwendig, polnische *środki karne* sowie deutsche *Nebenstrafen* und *Nebenfolgen* aufzulisten.

Tabelle 39. Zusammenstellung von *środki karne*, *Nebenstrafen* und *Nebenfolgen*. Quelle: Eigene Bearbeitung anhand von Art. 39 poln. Strafgesetzbuch, §§ 44, 45 dt. Strafgesetzbuch, Creifelds, 2019: 194.

środki karne	**Nebenstrafen**	**Nebenfolgen**
- pozbawienie praw publicznych, - zakaz zajmowania określonego stanowiska, wykonywania określonego zawodu lub prowadzenia określonej działalności gospodarczej, - zakaz prowadzenia działalności związanej z wychowaniem, leczeniem, edukacją małoletnich lub z opieką nad nimi, - zakaz przebywania w określonych środowiskach lub miejscach, kontaktowania się z określonymi osobami, zbliżania się do określonych osób lub opuszczania określonego miejsca pobytu bez zgody sądu, - zakaz wstępu na imprezę masową, - zakaz wstępu do ośrodków gier i uczestnictwa w grach hazardowych,	- Fahrverbot	- Verlust der Amtsfähigkeit, der Wählbarkeit und des Stimmrechts, - Bekanntgabe der Verurteilung.

(Fortsetzung)

środki karne	Nebenstrafen	Nebenfolgen
- nakaz okresowego opuszczenia lokalu zajmowanego wspólnie - z pokrzywdzonym, - zakaz prowadzenia pojazdów, - świadczenie pieniężne, - podanie wyroku do publicznej wiadomości.		

In erster Linie ist darauf hinzuweisen, dass der Katalog von polnischen *środki karne* unvergleichbar breiter als die Kataloge von *Nebenstrafen* und *Nebenfolgen* ist.

Nebenstrafen gelten - im Gegensatz zu *środki karne* - als eine Strafe und werden als Ergänzung der Hauptstrafe verhängt (vgl. Creifelds, 2019: 1017). Darüber hinaus ist es schwer den Terminus *Nebenstrafe*, der sich im Moment nur auf das Fahrverbot bezieht, mit dem so breiten Terminus *środki karne* gleichzusetzen.

Die *Nebenfolgen*, also negative Folgen einer strafrechtlichen Verurteilung, sind dem analysierten Rechtsbegriff ähnlicher, weil sie auch keinen Strafcharakter aufweisen (Alpmann, 2005: 944). Trotzdem ist ihre Bedeutung zu eng, damit man über das funktionale Äquivalent sprechen kann.

Im Zusammenhang mit den geschilderten Bedeutungsunterschieden haben sich die Übersetzer aus allen drei Verlagen und die Autorinnen des Wörterbuchs Kilian/Kilian (2011) für die Anwendung der ausgangssprachlich orientierten Übersetzungsstrategie entschieden. Die vorgeschlagenen Äquivalente *Strafmaßnahmen* und *Strafmittel* bilden die Lehnübersetzungen des Ausgangsterminus. Über *Maßnahme* wird im deutschen Strafgesetzbuch gesprochen, in dem sie als ein Hyperonym, also als »jede Maßregel der Besserung und Sicherung, die Einziehung und die Unbrauchbarmachung« verstanden wird (§ 11 (1) 8 dt. Strafgesetzbuch). Wahrscheinlich basiert das Kompositum *Strafmaßnahmen* auf diesem im Strafgesetzbuch definierten Terminus, trotzdem bildet er weiterhin kein formales Äquivalent, weil sich das deutsche Strafrecht - abgesehen von Bedeutungsunterschieden - des Kompositums *Strafmaßnahmen* nicht bedient.

Kilian/Kilian (2011) haben neben ihrem Übersetzungsvorschlag zusätzlich auf die Analogie zu zwei deutschen analysierten Termini *Nebenstrafen* und *Nebenfolgen* hingewiesen, was aus der Perspektive des potenziellen Wörterbuchbenutzers nur Nutzen bringen kann.

Das besprochene Beispiel zeigt, dass man mit der scheinbar äquivalenten Terminologie mit Vorsicht umgehen soll, auch wenn sie in analogen Kontexten eines Paralleltextes vorkommt.

b) nawiązka

Vor 2015 bildete *nawiązka* eine Strafmaßnahme, nach der Änderung des Strafgesetzbuches gehört sie zu Ausgleichsmaßnahmen. Im klassischen Sinne versteht man unter dem Rechtsbegriff *nawiązka* die Pflicht, dem Verletzten einen Betrag zu zahlen, der doppelt so hoch wie der verursachte Schaden ist (vgl. Gardocki, 2017: 176, 186). Mit dem so aufgefassten Begriff von *nawiązka* hat man im polnischen Strafgesetzbuch im Artikel 290 zu tun.

Polnisches Strafgesetzbuch, Art. 290 § 2:
W razie skazania za wyrąb drzewa albo za kradzież drzewa wyrąbanego lub powalonego, sąd orzeka na rzecz pokrzywdzonego **nawiązkę** w wysokości podwójnej wartości drzewa.
- DE-IURE-PL (2019):
  In den Fällen des § 1 oder des Diebstahls gefällter Bäume ordnet das Gericht zugunsten des Verletzten eine **Buße** in Höhe des doppelten Holzwertes an.
- C.H. Beck (2012):
  Im Falle einer Verurteilung wegen Baumabholzung oder wegen Diebstahl eines abgeholzten oder umgeworfenen Baumes verhängt das Gericht zu Gunsten des Verletzten eine **Geldauflage** in doppelter Höhe des Baumwerts.
- Max-Planck-Institut (1998):
  Bei einer Verurteilung wegen Holzeinschlags oder wegen Diebstahls von geschlagenem oder umgeworfenem Holz ordnet das Gericht zugunsten des Verletzten eine **Buße** in Höhe des doppelten Holzwertes an.

Den Fachwörterbüchern sind folgende Äquivalente für *nawiązka* zu entnehmen.

Tabelle 40. Äquivalente in Fachwörterbüchern für *nawiązka*. Quelle: Eigene Bearbeitung anhand der genannten Fachwörterbücher.

Wörterbuch	**Übersetzungsvorschlag**
Kilian/Kilian (2011)	*Bußzahlung*
Kozieja-Dachterska (2010)	*Buße*
Banaszak (2008)	*Geldbuße,* *Geldleistung zugunsten einer gesellschaftlichen Organisation im Falle der Verurteilung wegen einer Straftat gegen Leben oder Gesundheit*

(Fortsetzung)

Wörterbuch	Übersetzungsvorschlag
Kienzler (2006)	*Buße*, *Bußgeld*
Pieńkos (2002)	*Buße*, *Bußgeld*

An anderen Stellen des Strafgesetzes wird *nawiązka* auch als ein konkreter Geldbetrag bis 100 000 PLN verstanden, der zugunsten des Verletzen, des Polnischen Roten Kreuzes oder an einen sozialen Zweck zu zahlen ist (vgl. Kalina-Prasznic, 2007: 423).

Zunächst ist darauf hinzuweisen, dass das deutsche Rechtssystem über keine Sanktion in Form von *nawiązka* verfügt. Trotzdem fungieren in Deutschland einige Geldleistungen, die als Folge einer rechtswidrigen Tat zu zahlen sind. Manche von ihnen decken sich mit den Äquivalenten, die die Übersetzer und Autoren der Wörterbücher vorgeschlagen haben.

Insgesamt wurden sechs folgende Äquivalente angegeben, die kurz analysiert werden: *Buße*, *Geldauflage*, *Geldbuße*, *Bußgeld*, *Bußzahlung* und *Geldleistung zugunsten einer gesellschaftlichen Organisation im Falle der Verurteilung wegen einer Straftat gegen Leben oder Gesundheit.*

Der Rechtsbegriff *Buße* war auch in Vergangenheit vor allem am Wert des verletzten Rechtsgutes und nicht an der Begehungsweise der Tat orientiert (vgl. Alpmann, 2005: 315). Zurzeit wird dieser Terminus in keinem Strafgesetz definiert, in der Rechtsauslegung wird jedoch der Geldbetrag, der zugunsten einer gemeinnützigen Einrichtung gezahlt wird, eben als *Buße* bezeichnet (vgl. Creifelds, 2019: 304). Obwohl sich die Bedeutung dieses in der deutschen Rechtssprache usuellen Terminus mit dem polnischen Ausgangsterminus nur teilweise überlappt, wecken sie beide die gleichen Assoziationen beim Empfänger. Von daher kann der von den Übersetzerinnen aus dem Verlag DE-IURE-PL und dem Max-Planck-Institut verwendete Terminus *Buße* als funktionales Äquivalent betrachtet werden, der auf der Grundlage der zielsprachlich orientierten Übersetzungsstrategie gebildet wurde (vgl. Siewert, 2014: 137).

Gewisse Unterschiede in den Bedeutungen von *nawiązka* und *Buße* betont der Übersetzungsvorschlag *Bußzahlung* aus dem Wörterbuch von Kilian/Kilian (2011), der sich eindeutig auf die *Buße* bezieht, aber gleichzeitig für den Empfänger nicht irreführend ist.

Geldauflage ist der Übersetzungsvorschlag von der Übersetzerin des Verlags C.H. Beck. Der Rechtsbegriff *Auflage* bezeichnet einerseits ein Zuchtmittel im Jugendgerichtsgesetz und andererseits eine strafähnliche Sanktion im Strafrecht, welche mit dem Abschluss des Strafverfahrens verbunden ist und der Genugtuung für das begangene Unrecht dient. Die *Auflage* kann u. a. auf der Erbringung einer Arbeitsleistung oder auf der Zahlung eines Geldbetrags zugunsten einer gemeinnützigen Einrichtung beruhen (vgl. Alpmann, 2005: 137, § 15 dt. Jugendgerichtsgesetz, § 153a dt. Strafprozessordnung). Die Verwendung des Kompositums *Geldauflage* betont die finanzielle Form der genannten Sanktion und weist dadurch auf die Analogie zum polnischen Ausgangsterminus *nawiązka* hin. In bestimmten Kontexten kann dieser Übersetzungsvorschlag als funktionales Äquivalent betrachtet werden, das auf der zielsprachlich orientierten Übersetzungsstrategie basiert, doch es soll betont werden, dass er grundsätzlich einen Hyperonym für *nawiązka* bildet.

Die Rechtsbegriffe *Geldbuße* und *Bußgeld*, die synonym verwendet werden können, gehören zur Terminologie des deutschen Verwaltungsrechts, in dem sie als das Hauptsanktionsmittel fungieren. Mit einer *Geldbuße* in Höhe von 5–1000 € ist die Ordnungswidrigkeit bedroht, im Gegensatz zur *Geldstrafe* (*grzywna*), die für eine Straftat verhängt werden kann (vgl. Alpmann, 2005: 566). Da der Rechtsbegriff *Geldbuße* (bzw. das *Bußgeld*) in einem anderen Rechtsgebiet vorkommt und in einer unvergleichbar niedrigeren Höhe als *nawiązka* zu entrichten ist, soll dieser Terminus nur als ein Teiläquivalent verstanden werden.

Der letzte Übersetzungsvorschlag *Geldleistung zugunsten einer gesellschaftlichen Organisation im Falle der Verurteilung wegen einer Straftat gegen Leben oder Gesundheit* ist dem Rechtswörterbuch von Banaszak (2008) zu entnehmen. Erstens enthält dieser Terminus die Definition von *nawiązka* und ist dadurch so lang, dass es kaum vorstellbar ist, ihn in Rechtstexten zu verwenden. Zweitens kann *nawiązka* auch für eine andere Straftat als diese gegen Leben und Gesundheit angeordnet werden (siehe die oben zitierte Vorschrift betreffs Holzeinschlags) und braucht nicht an gesellschaftliche Organisation, sondern kann an Verletzte gerichtet werden. Und drittens kann der Terminus *Geldleistung* Assoziationen mit einem anderen polnischen Rechtsbegriff *świadczenie pieniężne* wecken.

Daraus ergibt sich, dass der Übersetzer bei der Suche nach einem Äquivalent des Terminus *nawiązka* vor allem die Anwendung der Termini *Buße* und *Bußzahlung* in Erwägung ziehen sollte.

c) zakaz prowadzenia pojazdów

Zakaz prowadzenia pojazdów bildet die erste Strafmaßnahme, deren diverse Übersetzungsvorschläge analysiert werden.

<u>Polnisches Strafgesetzbuch, Art. 39:</u>
3) **zakaz prowadzenia pojazdów,** (…).
- DE-IURE-PL (2019):
  3) **das Verbot, Kraftfahrzeuge zu führen,** (…).

- C.H. Beck (2012):
  3) **Fahrverbot,** (...)
- Max-Planck-Institut (1998):
  3) **Fahrverbot,** (...).

In den Fachwörterbüchern werden folgende Äquivalente für *zakaz prowadzenia pojazdów* genannt.

Tabelle 41. Äquivalente in Fachwörterbüchern für *zakaz prowadzenia pojazdów.* Quelle: Eigene Bearbeitung anhand der genannten Fachwörterbücher.

Wörterbuch	**Übersetzungsvorschlag**
Kilian/Kilian (2011)	*Fahrverbot*
Kozieja-Dachterska (2010)	-
Banaszak (2008)	*Fahrverbot*
Kienzler (2006)	*Untersagung der Führung von Fahrzeugen*
Pieńkos (2002)	-

Die Strafmaßnahme *zakaz prowadzenia pojazdów* kann einer am Verkehr teilnehmenden Person für die Dauer von einem Jahr bis zu zehn Jahren angeordnet werden (vgl. Kalina-Prasznic, 2007: 1008). Die Definition dieses Rechtsbegriffs wird im unten zitierten Artikel 42 dargelegt.

> Sąd może orzec zakaz prowadzenia pojazdów określonego rodzaju w razie skazania osoby uczestniczącej w ruchu za przestępstwo przeciwko bezpieczeństwu w komunikacji, w szczególności jeżeli z okoliczności popełnionego przestępstwa wynika, że prowadzenie pojazdu przez tę osobę zagraża bezpieczeństwu w komunikacji (Art. 42 § 1 poln. Strafgesetzbuch).

Darüber hinaus ordnet das Gericht *zakaz prowadzenia pojazdów* obligatorisch an, wenn der Täter während der Tat unter Alkoholeinfluss oder unter dem Einfluss eines Rauschmittels stand oder sich unerlaubt vom Unfallort entfernte (vgl. Kalina-Prasznic, 2007: 1008).

Die Autoren der Übersetzungen haben für den analysierten Terminus die Äquivalente *Fahrverbot* und *das Verbot, Kraftfahrzeuge zu führen* verwendet.

Das *Fahrverbot* ist ein Terminus, der zum deutschen Strafrecht gehört. Wie bereits erwähnt, wird er als die einzige Nebenstrafe im deutschen Strafgesetzbuch verzeichnet. Auch er wird unmittelbar durch das Gesetz definiert.

> Fahrverbot
> Wird jemand wegen einer Straftat zu einer Freiheitsstrafe oder einer Geldstrafe verurteilt, so kann ihm das Gericht für die Dauer von einem Monat bis zu sechs Monaten verbieten, im Straßenverkehr Kraftfahrzeuge jeder oder einer bestimmten Art zu führen. Auch wenn die Straftat nicht bei oder im Zusammenhang mit dem Führen eines

Kraftfahrzeugs oder unter Verletzung der Pflichten eines Kraftfahrzeugführers begangen wurde, kommt die Anordnung eines Fahrverbots namentlich in Betracht, (…) (§ 42 (1), dt. Strafgesetzbuch).

Es besteht kein Zweifel, dass die beiden Termini weitgehend analog sind. In beiden Fällen handelt es sich um eine Sanktion, die grundsätzlich wegen einer Straftat im Straßenverkehr verhängt wird. Zu den wesentlichsten Unterschieden zwischen den beiden Termini gehört die Tatsache, dass *zakaz prowadzenia pojazdów* eine Strafmaßnahme und das *Fahrverbot* eine Strafe ist. Darüber hinaus wird das Fahrverbot lediglich für die Dauer von einem Monat bis maximal sechs Monaten verhängt.

Trotz dieser Bedeutungsunterschiede ist es höchstwahrscheinlich begründet, den Terminus *Fahrverbot* als das funktionale, aufgrund der zielsprachlich orientierten Übersetzungsstrategie gebildete Äquivalent für *zakaz prowadzenia pojazdów* anzunehmen, weil sie in beiden Rechtssprachen fast identisch verstanden werden.

Möglicherweise weckten diese Unterschiede so große Zweifel, dass sich die Übersetzerin des Verlags DE-IURE-PL entschied, das formale, wörtliche, auf der Ausgangssprache basierende Äquivalent *das Verbot, Kraftfahrzeuge zu führen* anzuwenden. Die gleiche Lösung wählte Kienzler (2006) in ihrem Fachwörterbuch, in dem sie ebenfalls das formale Äquivalent *Untersagung der Führung von Fahrzeugen* vorschlägt.

d) prawa publiczne

Im Rahmen der Bezeichnung von der Strafmaßnahme *pozbawienie praw publicznych* bereitet der Terminus *prawa publiczne* die meisten Übersetzungsschwierigkeiten.

Polnisches Strafgesetzbuch, Art. 39:
1) **pozbawienie praw publicznych,** (…).
- DE-IURE-PL (2019):
  1) **die Aberkennung der bürgerlichen Rechte,** (…).
- C.H. Beck (2012):
  1) **die Aberkennung öffentlicher Rechte,** (…)
- Max-Planck-Institut (1998):
  1) **die Aberkennung der öffentlichen Rechte,** (…).

Die Rechtswörterbücher geben folgende Äquivalente für *pozbawienie praw publicznych* an.

Tabelle 42. Äquivalente in Fachwörterbüchern für *pozbawienie praw publicznych*. Quelle: Eigene Bearbeitung anhand der genannten Fachwörterbücher.

Wörterbuch	**Übersetzungsvorschlag**
Kilian/Kilian (2011)	*Aberkennung der bürgerlichen Ehrenrechte*
Kozieja-Dachterska (2010)	-
Banaszak (2008)	*Aberkennung staatsbürgerlicher Rechte, Verlust der Amtsfähigkeit, der Wählbarkeit und des Stimmrechts*
Kienzler (2006)	*Aberkennung der öffentlichen Rechte*
Pieńkos (2002)	*Aberkennung der öffentlichen Rechte*

Die Strafmaßnahme *pozbawienie praw publicznych* bildet die moralische Verurteilung des Täters einer rechtswidrigen Tat, die für den Zeitraum von einem Jahr bis zu zehn Jahren angeordnet werden kann (vgl. Art. 40 § 2 poln. Strafgesetzbuch). Im Artikel 40 des polnischen Strafgesetzes befindet sich die ausführliche Legaldefinition dieses Rechtsbegriffs.

> Pozbawienie praw publicznych obejmuje utratę czynnego i biernego prawa wyborczego do organu władzy publicznej, organu samorządu zawodowego lub gospodarczego, utratę prawa do udziału w sprawowaniu wymiaru sprawiedliwości oraz do pełnienia funkcji w organach i instytucjach państwowych i samorządu terytorialnego lub zawodowego, jak również utratę posiadanego stopnia wojskowego i powrót do stopnia szeregowego; pozbawienie praw publicznych obejmuje ponadto utratę orderów, odznaczeń i tytułów honorowych oraz utratę zdolności do ich uzyskania w okresie trwania pozbawienia praw (Art. 40 § 1 poln. Strafgesetzbuch).

In den analysierten Übersetzungen wurden im Grunde genommen zwei Äquivalente für den Terminus *pozbawienie praw publicznych* und zwar *die Aberkennung der bürgerlichen Rechte* und *die Aberkennung öffentlicher/der öffentlichen* Rechte angegeben.

Den Ausgangspunkt für weitere Erwägungen sollte der deutsche Paralleltext bilden, welcher öfters die Quelle der funktionalen Äquivalenz ist. Das deutsche Strafgesetzbuch verfügt über die bereits erwähnte Nebenfolge *Verlust der Amtsfähigkeit, der Wählbarkeit und des Stimmrechts* (§ 45 dt. Strafgesetzbuch), welche ein ähnlicher, doch engerer Rechtsbegriff im Vergleich zum Terminus *pozbawienie praw publicznych* ist. Dieses auf der Zielsprache basierende funktionale Teiläquivalent wurde im Wörterbuch von Banaszak (2008) vorgeschlagen. Im Juristendeutsch wird jedoch diese relativ lange Aufzählung als *Aberkennung von Rechten und Fähigkeiten* bezeichnet. Dieser Terminus ist eindeutig knapper und scheint dadurch für die Zwecke der Übersetzung geeigneter zu sein (vgl. Creifelds, 2019: 2, Siewert-Kowalikowska, 2015: 80). Trotzdem wurde dieses Äquivalent in keiner Übersetzung und in keinem analysierten Wörterbuch angeboten.

Bei der Suche nach einem breiteren und gleichzeitig analogischeren deutschen Terminus könnte man in die alte Fassung des deutschen Strafgesetzbuches zurückgreifen, in der die Nebenstrafe *Verlust der bürgerlichen Ehrenrechte* bzw. *Aberkennung der bürgerlichen Ehrenrechte* auftrat, die aber 1970 abgeschafft wurde. Diese Nebenstrafe bewirkte u. a. den Verlust des Wahlrechts, den Verlust der öffentlichen Ämter, Würden, Titel, Orden und Ehrenzeichen sowie die Unfähigkeit, Vormund, Nebenvormund, Kurator, gerichtlicher Beistand oder Zeuge bei Aufnahme von Urkunden zu sein (vgl. §§ 33, 34 dt. Strafgesetzbuch a. F.). Auf dieses historische Äquivalent wird im Wörterbuch von Kilian/Kilian (2011) hingewiesen, was zweifelsohne als eine beachtenswerte Lösung zu betrachten ist.

Die erwähnten Bedeutungsunterschiede und die Tatsache, dass das zweite Äquivalent im geltenden Strafrecht nicht mehr vorkommt, haben wahrscheinlich dazu geführt, dass sich die Autoren aller drei Übersetzungen für Lehnübersetzungen entschieden, die auf der Ausgangssprache basieren.

Siewert-Kowalikowska (2015: 80) betont dabei, dass die Anwendung der Lehnübersetzung *Aberkennung öffentlicher Rechte* keine gute Lösung ist, denn der Empfänger kann den Eindruck gewinnen, dass sie sich auf einen anderen Rechtsbegriff *subjektives öffentliches Recht* bezieht. Dies bedeutet eine Befugnis, »vom Staat oder einem anderen Träger öffentlicher Gewalt die Vorname oder Unterlassung einer bestimmten Handlung zu verlangen«, was natürlich nichts mit *prawa publiczne* im Rahmen des Terminus *pozbawienie praw publicznych* zu tun hat (Creifelds, 2014: 1392).

e) wydalenie z zawodowej służby wojskowej

Außer den traditionellen Strafmaßnahmen, die an alle Bürger gerichtet werden, werden im polnischen Strafgesetzbuch zusätzliche Maßnahmen thematisiert, die nur den Soldaten angeordnet werden können. Dazu gehört u. a. die Strafmaßnahme *wydalenie z zawodowej służby wojskowej.*

<u>Polnisches Strafgesetzbuch, Art. 324 § 1:</u>
2) **wydalenie z zawodowej służby wojskowej**, (...).
- DE-IURE-PL (2019):
  2) **die Entfernung aus dem Dienst**, (...).
- C.H. Beck (2012):
  2) **die Entlassung aus dem Berufsdienst des Militärs**, (...)
- Max-Planck-Institut (1998):
  2) **Entlassung aus der Laufbahn des Berufssoldaten**, (...).

In folgenden Rechtswörterbüchern wurde nach Äquivalenten für den Terminus *wydalenie z zawodowej służby wojskowej* gesucht.

Tabelle 43. Äquivalente in Fachwörterbüchern für *wydalenie z zawodowej służby wojskowej*. Quelle: Eigene Bearbeitung anhand der genannten Fachwörterbücher.

Wörterbuch	Übersetzungsvorschlag
Kilian/Kilian (2011)	-
Kozieja-Dachterska (2010)	-
Banaszak (2008)	-
Kienzler (2006)	-
Pieńkos (2002)	-

Zuerst ist darauf hinzuweisen, dass keines von den fünf analysierten Wörterbüchern den Terminus *wydalenie z zawodowej służby wojskowej* verzeichnet, was die Annahme erlaubt, dass auch andere auf dem Markt erhältlichen Rechtswörterbücher über den untersuchten Rechtsbegriff kaum verfügen. Dies zwingt den Übersetzer dazu, in anderen Fachwörterbüchern z. B. in Militärwörterbüchern zu recherchieren oder nach dem potenziellen Äquivalent in Paralleltexten zu suchen.

Die Legaldefinition der Strafmaßnahme *wydalenie z zawodowej służby wojskowej* kann unmittelbar dem polnischen Strafgesetzbuch entnommen werden.

> Wydalenie z zawodowej służby wojskowej obejmuje bezzwłoczne usunięcie ze służby oraz utratę odznak i zaszczytnych wyróżnień nadanych przez właściwego dowódcę (Art. 326 § 1 poln. Strafgesetzbuch).

Da das deutsche Strafgesetzbuch keinen militärischen Teil beinhaltet, ist nach den Militärvorschriften und ihrer Terminologie in anderen deutschen Gesetzen zu suchen. Das funktionale Äquivalent für den polnischen Ausgangsterminus liefert die deutsche Wehrdisziplinarordnung, welche die Disziplinarmaßnahme *Entfernung aus dem Dienstverhältnis* bzw. *Entfernung aus dem Dienst* nennt (vgl. Alpmann, 2005: 428). Sie wird folgendermaßen definiert:

> Mit der Entfernung aus dem Dienstverhältnis wird das Dienstverhältnis beendet. Die Entfernung aus dem Dienstverhältnis bewirkt auch den Verlust des Anspruchs auf Dienstbezüge, Berufsförderung und Dienstzeitversorgung sowie den Verlust des Dienstgrades und der sich daraus ergebenden Befugnisse (§ 63 (1) dt. Wehrdisziplinarordnung).

Dieses funktionale Äquivalent, das sich an der Kultur der Zielsprache orientiert, verwendet die Übersetzerin aus dem Verlag DE-IURE-PL.

Der Übersetzungsvorschlag der Übersetzerin aus dem Verlag des Max-Planck-Instituts *Entlassung aus der Laufbahn des Berufssoldaten* bildet eine Paraphrase, die auf der Grundlage der ausgangssprachlich orientierten Übersetzungsstrategie gebildet wurde. Ihre Bedeutung ist zwar weitgehend durchsichtig, aber es soll betont werden, dass dieser Terminus für deutsche Gesetze fremd ist.

Das dritte Äquivalent *die Entlassung aus dem Berufsdienst des Militärs*, das von den Übersetzern des Verlags C.H. Beck benutzt wurde, bildet eine Lehnübersetzung des polnischen Terminus. Siewert-Kowalikowska (2015: 81) kritisiert diese Lösung, weil erstens das funktionale Äquivalent existiert und zweitens die Bedeutung des vorgeschlagenen Terminus kaum lesbar ist.

f) kara ograniczenia wolności

Die erste Strafe, deren Übersetzungen analysiert werden, bildet *kara ograniczenia wolności.*

Polnisches Strafgesetzbuch, Art. 192 § 1:
Kto wykonuje zabieg leczniczy bez zgody pacjenta, podlega grzywnie, **karze ograniczenia wolności** albo pozbawienia wolności do lat 2.

- DE-IURE-PL (2019):
  Wer eine Heilbehandlung ohne Einwilligung des Patienten vornimmt, wird mit Geldstrafe, **Freiheitsbeschränkung** oder Freiheitsstrafe bis zu zwei Jahren bestraft.
- C.H. Beck (2012):
  Wer einen Heileingriff ohne Einwilligung des Patienten vornimmt, wird mit Geldstrafe, **Freiheitsbeschränkungsstrafe** oder Freiheitsstrafe bis zu 2 Jahren bestraft.
- Max-Planck-Institut (1998):
  Wer ohne dessen Einwilligung bei einem Patienten einen medizinischen Eingriff vornimmt, wird mit Geldstrafe, mit **Freiheitsbeschränkungsstrafe** oder mit Freiheitsstrafe bis zu zwei Jahren bestraft.

Für den Terminus *kara ograniczenia wolności* werden in den Rechtswörterbüchern folgende Äquivalente angegeben.

Tabelle 44. Äquivalente in Fachwörterbüchern für *kara ograniczenia wolności.* Quelle: Eigene Bearbeitung anhand der genannten Fachwörterbücher.

Wörterbuch	**Übersetzungsvorschlag**
Kilian/Kilian (2011)	*Freiheitsbeschränkungsstrafe*
Kozieja-Dachterska (2010)	*Freiheitsbeschränkungsstrafe*
Banaszak (2008)	*Freiheitsbeschränkungsstrafe*
Kienzler (2006)	*Freiheitsstrafe,* *Freiheitsentzug,* *Freiheitsentzugsstrafe*
Pieńkos (2002)	*Freiheitsbeschränkungsstrafe*

Kara ograniczenia wolności in ihrer heutigen Form taucht im polnischen Strafrecht zum ersten Mal im Strafgesetzbuch von 1969 auf. Ihre Ursprünge gehen auf das 16. Jahrhundert zurück, als die Täter, meist umherziehende Bauern, zur Zwangsarbeit geschickt wurden, die darin bestand, in der Stadt oder auf dem Land an Schanzen oder Gräben zu arbeiten. Es handelte sich also um eine Art der Arbeit, die von ungehorsamen Bauern für soziale Zwecke ausgeübt wurde (vgl. Zglińska, 2017: 156).

Zeitgenössisch beruht *kara ograniczenia wolności* darauf, dass die verurteilte Person ihren Aufenthaltsort nur nach Genehmigung des Gerichts verlassen kann. Außerdem ist sie dazu verpflichtet, unbezahlte, kontrollierte Arbeit für soziale Zwecke zu leisten. Wenn dies nicht möglich ist, werden zwischen 10 % und 25 % ihrer Vergütung für einen sozialen Zweck abgezogen (vgl. Art. 34 poln. Strafgesetzbuch).

Bei der Suche nach eventueller funktionaler Äquivalenz des polnischen Terminus, sollte man den Strafkatalog des polnischen und deutschen Strafgesetzbuches vergleichen.

Tabelle 45. Strafen im polnischen und deutschen Strafgesetzbuch. Quelle: Eigene Bearbeitung anhand von Art. 32, 322 poln. Strafgesetzbuch, §§ 38, 40 dt. Strafgesetzbuch.

Strafen im polnischen Strafgesetzbuch	Strafen im deutschen Strafgesetzbuch
- *grzywna,* - *ograniczenie wolności,* - *pozbawienie wolności,* - *25 lat pozbawienia wolności,* - *dożywotnie pozbawienie wolności,* - *areszt wojskowy (für Soldaten)*	- *Freiheitsstrafe,* - *Geldstrafe*

Aus der Analyse der analogen Vorschriften der beiden Gesetze geht klar hervor, dass das deutsche Strafgesetzbuch keine Strafe vorsieht, die *kara ograniczenia wolności* entsprechen würde, was im Grunde genommen die funktionale Äquivalenz ausschließt.

Im Zusammenhang damit geben die Autoren von zwei Übersetzungen und vier von fünf Rechtswörterbüchern das Äquivalent *Freiheitsbeschränkungsstrafe* an, welche die ausgangssprachlich orientierte Lehnübersetzung des polnischen Ausgangsterminus bildet.

Die Übersetzerin des Verlags DE-IUR-PL begrenzte sich auf eine kürzere Form *Freiheitsbeschränkung*, die sich höchstwahrscheinlich auf den deutschen gleichlautenden Terminus bezieht, der zwar auf der Grundlage der zielsprachlich orientierten Übersetzungsstrategie entstand, doch je nach dem Kontext unterschiedliche Bedeutung hat.

Das Grundgesetz für die Bundesrepublik Deutschland schreibt allgemein vor, dass die *Freiheitsbeschränkung*, also der Eingriff in die Freiheit jeder Person, nur aufgrund eines förmlichen Gesetzes zulässig ist (vgl. Art 104 Grundgesetz für die Bundesrepublik Deutschland). Alpmann (2005: 542) definiert *Freiheitsbeschränkung* als Beeinträchtigung der Fortbewegungsfreiheit des Menschen. Darüber hinaus ist dieser Terminus auch für das österreichische Recht charakteristisch, wo die *Freiheitsbeschränkungen* in Alten-, Pflege- und Behindertenheimen sowie in anderen Einrichtungen vorgenommen werden, in denen psychisch kranke oder geistig behinderte Menschen betreut werden und ihr Leben oder ihre Gesundheit oder das Leben oder die Gesundheit anderer gefährden (vgl. §§ 3,4 österr. Heimaufenthaltsgesetz). Dies bildet natürlich – im Gegensatz zu *kara pozbawienia wolności* – keine Strafe, deswegen besteht die Gefahr, dass der Terminus *Freiheitsbeschränkung*, der im analysierten strafrechtlichen Kontext verwendet wird, falsch verstanden wird.

Zum Schluss wird auf die Übersetzungsvorschläge *Freiheitsstrafe*, *Freiheitsentzug* und *Freiheitsentzugsstrafe* hingewiesen, die aus dem Wörterbuch von Kienzler (2006) kommen.

Freiheitsentzug bezieht sich auf den Terminus *Freiheitsentziehung*, welcher die Unterbringung einer Person gegen ihren Willen in einem Haftraum oder einer geschlossenen Fürsorge- oder Krankenanstalt bedeutet (vgl. Creifelds, 2019: 556). Das Kompositum *Freiheitsentzugsstrafe* deutet an, dass die Freiheit des Betroffenen – so wie bei der Freiheitsstrafe – entzogen und nicht lediglich durch die Pflicht, eine Arbeit zu verrichten, beschränkt wird. Der Terminus *Freiheitsentzugsstrafe* wird in diesem Wörterbuch auch als Äquivalent für *kara pozbawienia wolności* angegeben, was natürlich irreführend ist.

Dasselbe betrifft den letzten Vorschlag *Freiheitsstrafe*, der eindeutig *kara pozbawienia wolności* entspricht – auch in diesem Falle wurde die Freiheitsstrafe sowohl als *kara ograniczenia wolności* als auch als *kara pozbawienia wolności* übersetzt.

g) areszt wojskowy

Die letzte Strafe, deren Übersetzungen analysiert werden, bildet *areszt wojskowy* – eine Strafe, die nur über Soldaten verhängt werden kann.

Polnisches Strafgesetzbuch, Art. 322 § 1:
Karą stosowaną wobec żołnierzy jest także **areszt wojskowy**; do kary aresztu wojskowego stosuje się odpowiednio przepisy o karze pozbawienia wolności.

- DE-IURE-PL (2019):
  Soldaten können auch mit **Strafarrest** bestraft werden; für den Strafarrest gelten die Vorschriften über die Freiheitsstrafe entsprechend.

- C.H. Beck (2012):
  Eine auf Soldaten anwendbare Strafe ist auch **der militärische Arrest**; auf die Strafe des militärischen Arrests sind die Vorschriften über die Freiheitsstrafe entsprechend anzuwenden.
- Max-Planck-Institut (1998):
  Militärarrest ist eine weitere, Soldaten gegenüber zu verhängende Strafe; für den Arrest gelten die Vorschriften über die Freiheitsstrafe entsprechend.

In analysierten Wörterbüchern sind folgende Äquivalente für den Terminus *areszt wojskowy* zu finden.

Tabelle 46. Äquivalente in Fachwörterbüchern für *areszt wojskowy*. Quelle: Eigene Bearbeitung anhand der genannten Fachwörterbücher.

Wörterbuch	**Übersetzungsvorschlag**
Kilian/Kilian (2011)	-
Kozieja-Dachterska (2010)	-
Banaszak (2008)	-
Kienzler (2006)	-
Pieńkos (2002)	*Militärarrest*

Areszt wojskowy, also eine nur für Soldaten vorgesehene Strafe, wurde 1969 in das polnische Strafgesetzbuch eingeführt. Diese Strafe ist als die Verbindung von der Freiheitsstrafe und der militärischen Ausbildung zu verstehen. Sie wird für die Dauer von einem Monat bis zu zwei Jahren für Straftaten verhängt, deren soziale Schädlichkeit gering ist (vgl. Stefański, 2015: 1862).

In den analysierten Übersetzungen und Fachwörterbüchern sind drei Äquivalente des Terminus *areszt wojskowy*, also *Strafarrest*, *der militärische Arrest* und *Militärarrest* zu finden.

Das erste Äquivalent *Strafarrest*, welches die Übersetzerin aus dem Verlag DE-IURE-PL verwendete, ist unmittelbar dem Paralleltext, auf den im empirischen Teil der vorliegenden Arbeit schon hingewiesen wurde, also dem deutschen Wehrstrafgesetz zu entnehmen.

Der *Strafarrest* ist eine rein militärische Strafe, die nur bei Straftaten von Soldaten verhängt wird. Sie ist eine moderne Form der kurzen Freiheitsstrafe, deren Mindestmaß zwei Wochen und Höchstmaß sechs Monate beträgt (vgl. Alpmann, 2005: 1250). Laut § 9 des Wehrstrafgesetzes »soll der Soldat, soweit tunlich, in seiner Ausbildung gefördert werden«. Also genauso wie bei *areszt wojskowy* wird auch bei der Verbüßung des Strafarrests die Pflicht der Fortsetzung der militärischen Ausbildung betont.

Aus dem Obigen resultiert, dass der Terminus *Strafarrest* das funktionale Äquivalent für den polnischen Ausgangsterminus bildet, der auf der Grundlage der zielsprachlich orientierten Übersetzungsstrategie entstand.

Aus der vorstehenden Analyse beider Strafarten geht klar hervor, dass *areszt wojskowy* kein äquivalentloser, nur für die polnische Rechtsordnung charakteristischer Terminus ist. Trotzdem sind zwei weitere, fast identische Äquivalente *der militärische Arrest* und *Militärarrest*, die in Übersetzungen vom Verlag C.H. Beck und vom Max-Planck-Institut sowie im Rechtswörterbuch von Pieńkos (2002) vorkommen, lediglich die Lehnübersetzungen des polnischen Terminus. Da das eindeutige funktionale Äquivalent existiert, sollte der Einsatz der ausgangssprachlich orientierten Übersetzungsstrategie, infolge deren diese beiden Termini gebildet wurden, als unbegründet betrachtet werden.

5.2.5. Institutionen und Orte

Im Rahmen der thematischen Gruppe *Institutionen und Orte* werden folgende Termini analysiert: *Sejm, Senat, zakład karny, miejsce stałego pobytu.*

a) Sejm

b) Senat

Die Termini *Sejm* und *Senat* werden in einem Punkt analysiert, denn die Übersetzer setzten für sie analoge Übersetzungsstrategien ein. Sie werden im polnischen Strafgesetzbuch im Kapitel über Straftaten gegen Wahlen und Volksabstimmungen aufgeführt.

<u>Polnisches Strafgesetzbuch, Art. 248:</u>
Kto w związku z wyborami do **Sejmu**, do **Senatu**, wyborem Prezydenta Rzeczypospolitej Polskiej, (…) lub referendum: (…).

- DE-IURE-PL (2019):
  Wer bei den Wahlen zum **Sejm**, zum **Senat**, bei der Wahl des Präsidenten der Republik Polen (…) oder bei einer Volksabstimmung: (…).
- C.H. Beck (2012):
  Wer im Zusammenhang mit den **Sejm**wahlen, **Senat**swahlen, der Wahl des Präsidenten der Republik Polen, (…) oder mit einer Volksabstimmung: (…).
- Max-Planck-Institut (1998):
  Wer im Zusammenhang mit den Wahlen zum **Sejm***, zum **Senat****, zum Amt des Präsidenten der Republik Polen, (…) oder in Zusammenhang mit einer Volksabstimmung: (…).

(* Der Sejm ist die erste Kammer des polnischen Parlaments, er besteht aus 460 Abgeordneten. Häufig wird die Bezeichnung »Sejm« für das gesamte polnische Parlament gebraucht.
** Der Senat ist die zweite Kammer des polnischen Parlaments, er besteht aus 100 Senatoren.)

In Fachwörterbüchern werden folgende Äquivalente für Termini a) *Sejm* und b) *Senat* genannt.

Tabelle 47. Äquivalente in Fachwörterbüchern für *Sejm* und *Senat*. Quelle: Eigene Bearbeitung anhand der genannten Fachwörterbücher.

Wörterbuch	**Übersetzungsvorschlag**
Kilian/Kilian (2011)	*a) Sejm (erste Kammer des polnischen Parlaments),* *b) Senat (zweite Kammer des polnischen Parlaments)*
Kozieja-Dachterska (2010)	*a)* - *b) Senat*
Banaszak (2008)	*a) Sejm,* *b) Senat*
Kienzler (2006)	*a) Sejm, polnisches Parlament,* *b) Senat*
Pieńkos (2002)	*a) Sejm,* *b) Senat*

Die Bezeichnungen von beiden Kammern des polnischen Parlaments sind Beispiele von landesspezifischen politischen Institutionen und sollen dadurch als typische äquivalentlose Termini betrachtet werden.

Alle Übersetzer haben im Grunde genommen die ausgangssprachlich orientierte Übersetzungstechnik der Direktentlehnung eingesetzt, indem sie die Termini *Sejm* und *Senat* vorgeschlagen haben. Eine teilweise andere Lösung wählte die Übersetzerin des Max-Planck-Instituts, die als die einzige die Bedeutung dieser potenziell fremden Begriffe zusätzlich in Form der Anmerkungen des Übersetzers erläuterte, die sie in Fußnoten platzierte.

Was die Übersetzungsvorschläge in Rechtswörterbüchern anbelangt, schlagen ihre Autoren auch die Termini *Sejm* und *Senat* vor. Nur im Wörterbuch von Kilian/Kilian (2011) wurden sie dem Empfänger kurz erklärt.

Einige Zweifel kann nur der Übersetzungsvorschlag *polnisches Parlament* für *Sejm* im Wörterbuch von Kienzler (2006) wecken. Da *Sejm* nur die erste Kammer des Parlaments bildet, ist der Terminus *polnisches Parlament* sein Hyperonym, welcher in diesem Kontext unbegründet angegeben wird und zum Missverständnis führen kann.

c) zakład karny

Die nächste Einrichtung, die im polnischen Strafgesetzbuch genannt wird und deren Äquivalente im Folgenden analysiert werden, bildet *zakład karny.*

Polnisches Strafgesetzbuch, Art. 62:
Orzekając karę pozbawienia wolności, sąd może określić rodzaj i typ **zakładu karnego**, w którym skazany ma odbywać karę, a także orzec system terapeutyczny jej wykonania.

- DE-IURE-PL (2019):
  Bei der Verhängung einer Freiheitsstrafe kann das Gericht die Art der **Justizvollzugsanstalt**, in der der Verurteilte die Strafe verbüßen soll, sowie das therapeutische System des Strafvollzugs bestimmen.
- C.H. Beck (2012):
  Bei der Verhängung einer Freiheitsstrafe kann das Gericht die Art und den Typ der **Strafvollzugsanstalt** bestimmen, in der der Verurteilte die Strafe verbüßen soll, sowie auch das Therapiesystem des Vollzugs anordnen.
- Max-Planck-Institut (1998):
  Verhängt das Gericht eine Freiheitsstrafe, so kann es auch die Art und die Kategorie der **Strafanstalt** bestimmen, in der die Strafe zu vollstrecken ist. Es kann ebenso das therapeutische System ihres Vollzugs anordnen.

Analysierte Fachwörterbücher verzeichnen folgende Äquivalente für den Terminus *zakład karny.*

Tabelle 48. Äquivalente in Fachwörterbüchern für *zakład karny.* Quelle: Eigene Bearbeitung anhand der genannten Fachwörterbücher.

Wörterbuch	**Übersetzungsvorschlag**
Kilian/Kilian (2011)	*Justizvollzugsanstalt*
Kozieja-Dachterska (2010)	*Gefängnis,* *Justizvollzugsanstalt*
Banaszak (2008)	*Strafvollzugsanstalt*
Kienzler (2006)	*Strafanstalt,* *Strafvollzugsanstalt*
Pieńkos (2002)	*Strafanstalt,* *Strafvollzugsanstalt*

Der polnische Terminus *zakład karny* bezieht sich auf den Ort, an dem die Freiheitsstrafen von Verurteilten zu vollziehen sind (Kalina-Prasznic, 2007: 1009).

Die drei deutschen Äquivalente des genannten Terminus, also *Justizvollzugsanstalt, Strafvollzugsanstalt* und *Strafanstalt,* welche die Übersetzer angegeben haben, decken sich weitgehend mit den Übersetzungsvorschlägen, die den Rechtswörterbüchern zu entnehmen sind. Sie basieren auf der zielsprachlich orientierten Übersetzungsstrategie und werden im Juristendeutsch verwendet.

Kubacki (2009b: 84) weist darauf hin, dass alle diese Übersetzungsvorschläge als Synonyme betrachtet werden können, was im Rahmen der Rechtssprache besonders selten der Fall ist. Es sollte hierbei jedoch betont werden, dass die Distribution von diesen drei Termini unterschiedlich ist, deshalb könnte man bei der Übersetzung eines strafrechtlichen Fachtextes auf ihre synonyme Verwendung verzichten.

Das erste Äquivalent *Justizvollzugsanstalt* ist ein Terminus, der zum deutschen Strafvollzugsrecht gehört. Im § 139 des deutschen Strafvollzugsgesetzes wird auf die Bedeutung von *Justizvollzugsanstalten* hingewiesen.

> Justizvollzugsanstalten
> Die Freiheitsstrafe sowie die Unterbringung in der Sicherungsverwahrung werden in Anstalten der Landesjustizverwaltungen (Justizvollzugsanstalten) vollzogen (§ 139 dt. Strafvollzugsgesetz).

Auch im Creifelds Rechtswörterbuch (2019: 1377) wird betont, dass die deutschen Vollzugsbehörden, die sich mit dem Vollzug von Freiheitsstrafen beschäftigen, eben als *Justizvollzugsanstalten* bezeichnet werden. Aus diesem Grunde kann dieser Übersetzungsvorschlag, der in der Übersetzung des Verlags DE-IURE-PL und im Wörterbuch von Kilian/Kilian (2011) genannt wird, als funktionales Äquivalent betrachtet werden.

Die übrigen zwei Äquivalente *Strafvollzugsanstalt* und *Strafanstalt* treten weder im Strafgesetzbuch noch im Strafvollzugsgesetz auf. Im deutschen Rechtssystem bildet der Terminus *Strafanstalt* lediglich ein Glied des Kompositums *Jugendstrafanstalt.* In der schweizerischen Rechtsordnung werden noch manche Justizvollzugsanstalten eben als *Strafanstalten* (wie z. B. Strafanstalt Zug) bezeichnet. Da beide Termini in der Rechtssprache fungieren, kann man schlussfolgern, dass die Übersetzer aus dem Verlag C.H. Beck und dem Max-Planck-Institut auf der zielsprachlich orientierten Übersetzungsstrategie basierten.

Der letzte Übersetzungsvorschlag *Gefängnis* kommt aus dem Fachwörterbuch von Kozieja-Dachterska (2010) und ist natürlich ein breiterer umgangssprachlicher Begriff, der weder in Gesetzestexten auftritt noch als eine usuelle Bezeichnung einer zeitgenössischen Justizvollzugsanstalt in Deutschland gilt.

d) miejsce stałego pobytu

Der letzte Terminus, der in dieser thematischen Gruppe besprochen wird, ist *miejsce stałego pobytu.*

Polnisches Strafgesetzbuch, Art. 34 § 2:
W czasie odbywania kary ograniczenia wolności skazany:
1) nie może bez zgody sądu zmieniać **miejsca stałego pobytu**, (...).
- DE-IURE-PL (2019):
  Während der Verbüßung einer Freiheitsbeschränkung:
  1) darf der Verurteilte seinen **ständigen Wohnort** nicht ohne Zustimmung des Gerichts ändern, (...).
- C.H. Beck (2012):
  Während der Vollstreckung der Freiheitsbeschränkungsstrafe:
  1) darf der Verurteilte ohne Erlaubnis des Gerichts seinen **ständigen Aufenthaltsort** nicht wechseln, (...).
- Max-Planck-Institut (1998):
  Während der Vollstreckung der Freiheitsbeschränkungsstrafe:
  1) darf der Verurteilte seinen **ständigen Aufenthaltsort** nicht ohne gerichtliche Genehmigung wechseln, (...).

In den Rechtswörterbüchern werden folgende Äquivalente für *miejsce stałego pobytu* angegeben.

Tabelle 49. Äquivalente in Fachwörterbüchern für *miejsce stałego pobytu*. Quelle: Eigene Bearbeitung anhand der genannten Fachwörterbücher.

Wörterbuch	**Übersetzungsvorschlag**
Kilian/Kilian (2011)	*Ort des dauernden Aufenthalts*
Kozieja-Dachterska (2010)	-
Banaszak (2008)	-
Kienzler (2006)	-
Pieńkos (2002)	-

Die Schwierigkeit bei der Übersetzung des Terminus *miejsce stałego pobytu* besteht in erster Linie in der Feststellung seiner Bedeutung.

Der analysierte Terminus gehört nicht zur typischen Terminologie des polnischen Strafrechts, doch in den letzten Jahren wird er in strafrechtlichen Kontexten immer häufiger verwendet. Zu betonen ist, dass er im Rahmen verschiedener Gesetze, auch der Strafgesetze, auf unterschiedliche Weise verstanden wird. Der Grund dafür ist die Tatsache, dass dieser Rechtsbegriff in den Strafgesetzen, darunter auch im analysierten Strafgesetzbuch, nicht definiert wird (vgl. Giętkowski, 2018: 35).

Im polnischen Strafgesetzbuch verwendet der Gesetzgeber den Terminus *miejsce stałego pobytu* im Zusammenhang mit dem Verbot, diesen Ort im Rahmen der Freiheitsbeschränkungsstrafe zu verlassen. Bei der Suche nach einer zutreffenden Interpretation dieses Rechtsbegriffs im Strafrecht ist zunächst zu beachten, dass der Terminus *pobyt stały* einerseits im Verwaltungsrecht (in *Ustawa o ewidencji ludności*) und andererseits im polnischen Zivilgesetzbuch auftritt. Die erste, verwaltungsrechtliche Definition lautet:

> **Pobytem stałym** jest zamieszkanie w określonej miejscowości pod oznaczonym adresem z zamiarem stałego przebywania (Art. 25 Punkt 1 Ustawa o ewidencji ludności).

Im polnischen Zivilgesetzbuch wird der Terminus *pobyt stały* im Rahmen der Definition des Rechtsbegriffs *miejsce zamieszkania* verwendet.

> Miejscem zamieszkania osoby fizycznej jest miejscowość, w której osoba ta przebywa z zamiarem **stałego pobytu** (Art. 25 poln. Zivilgesetzbuch).

Stefański (2015: 294) betont, dass *miejsce stałego pobytu* nach der zivilrechtlichen Definition interpretiert und mit dem Terminus *miejsce zamieszkania* gleichgestellt werden soll. Der Grund dafür kann die Tatsache sein, dass *miejsce stałego pobytu* in der zivilrechtlichen Definition als die Ortschaft und in der verwaltungsrechtlichen Definition als die konkrete Anschrift verstanden wird. So darf im analysierten Fall der Verurteilte im Rahmen der Freiheitsbeschränkungsstrafe seine Ortschaft nicht verlassen – sonst müsste es bedeuten, dass er mehrere Monate lang seine Wohnung nicht verlassen darf.

Resümierend wird *miejsce stałego pobytu* im strafrechtlichen Sinne als die Ortschaft verstanden, in der sich der Verurteilte so aufhält, dass man objektiv feststellen kann, dass sich seine gesamte Lebenstätigkeit an diesem Ort konzentriert (vgl. Stefański, 2015: 294).

Die Autoren der analysierten Übersetzungen haben die Äquivalente *ständiger Wohnort* und *ständiger Aufenthaltsort* vorgeschlagen.

Zunächst ist darauf hinzuweisen, dass deutsche Gesetze diese beiden Kollokationen nicht definieren. Gesprochen wird lediglich über den *Wohnort* und den *gewöhnlichen Aufenthalt*, die aber nicht im Strafrecht, sondern nur in anderen Rechtsgebieten erklärt werden. Zu bemerken ist auch, dass der Terminus *Wohnsitz* in analogen Kontexten viel häufiger vorkommt.

Im deutschen Dienstrecht wird der *Wohnort* als »jede politische Gemeinde, in der Dienstreisende ihren (ggf. auch weiteren) Wohnsitz haben«, definiert (zu § 2, 2.4.1 dt. Allgemeine Verwaltungsvorschrift zum Bundesreisekostengesetz).

Die Termini *Wohnsitz* und *gewöhnlicher Aufenthalt* werden dagegen u. a. im Sozialgesetzbuch erläutert.

> Einen **Wohnsitz** hat jemand dort, wo er eine Wohnung unter Umständen innehat, die darauf schließen lassen, daß er die Wohnung beibehalten und benutzen wird. Den **gewöhnlichen Aufenthalt** hat jemand dort, wo er sich unter Umständen aufhält, die erkennen lassen, daß er an diesem Ort oder in diesem Gebiet nicht nur vorübergehend verweilt (§ 30 S. 2 Erstes Buch Sozialgesetzbuch).

Auf den Unterschied zwischen *Wohnsitz*, *Wohnort* und *Aufenthaltsort* wird im Creifelds Rechtswörterbuch (2019) hingewiesen. Der *Wohnsitz* bildet »den räumlichen Mittelpunkt der Lebensverhältnisse eines Menschen« und ist durch gewollte rechtliche intensive Bindung gekennzeichnet. Dieser Rechtsbegriff unterscheidet sich von dem *Aufenthaltsort* und dem *Wohnort*, bei denen die genannte intensive rechtliche Bindung nicht besteht. Der *Aufenthaltsort* ist lediglich mit der Meldepflicht verbunden, als *Wohnort* kann z. B. der vorläufige Studienort bezeichnet werden (vgl. Creifelds, 2019: 1710). Die so aufgefasste Bedeutung des Terminus *Wohnort* steht aber im Widerspruch mit der dienstrechtlichen Definition des Wohnorts, in der er mit dem Wohnsitz, also der eigenen Wohnung identifiziert wird.

Aus den obigen Erwägungen resultiert, dass die Bedeutungen von sowohl dem Ausgangsterminus *miejsce stałego pobytu* als auch von seinen potenziellen Äquivalenten *Wohnort* und *Aufenthaltsort* je nach Rechtsgebiet variieren und in beiden Rechtssprachen unterschiedlich verstanden werden. Von daher ist es in diesem Falle schwer, über die Anwendung eines eindeutigen funktionalen Äquivalents zu sprechen.

In diesem Zusammenhang lässt sich schlussfolgern, dass die Übersetzungsvorschläge *ständiger Wohnort* und *ständiger Aufenthaltsort* auf der Grundlage der ausgangssprachlich orientierten Übersetzungsstrategie gebildet wurden. *Ständiger Aufenthaltsort* ist die Lehnübersetzung des polnischen Ausgangsterminus, *ständiger Wohnort* basiert auf der oben erwähnten Interpretation, dass *miejsce stałego pobytu* mit *miejsce zamieszkania* gleichzusetzen ist.

Die Schwierigkeit bei der sinngetreuen Übersetzung des analysierten Terminus schildert ebenfalls die Tatsache, dass im einzigen Rechtswörterbuch (Kilian/Kilian, 2011), das diesen Terminus verzeichnet, auch das wörtliche – nur stilistisch anders formulierte – Äquivalent *Ort des dauernden Aufenthalts* angegeben wird.

6. Schlussfolgerungen

6.1. Auswahl der Terminologie

Die durchgeführte kontrastive Analyse hat ergeben, dass die Autoren der untersuchten Übersetzungen viele Schwierigkeiten auf der terminologischen Ebene zu überwinden hatten. Die untersuchten 30 Termini aus dem polnischen Strafgesetzbuch zeichnen sich durch einen unterschiedlichen Grad der Übereinstimmung mit den Termini aus dem deutschen Rechtssystem aus.

Auf der einen Seite kann man Rechtsbegriffe unterscheiden, für die die Suche nach einem funktionalen Äquivalent keine Probleme bereitet, wie z. B.
- *Kodeks karny → Strafgesetzbuch*,
- *pokrzywdzony → Verletzter*,
- *dezercja → Fahnenflucht*,
- *zakład karny → Justizvollzugsanstalt.*

Auf der anderen Seite befanden sich Rechtsbegriffe, die für die deutsche Rechtsordnung fremd sind und deswegen als äquivalentlose Termini zu verstehen sind, für die keine eindeutige zielsprachliche Entsprechung gefunden werden kann, z. B. *występek o charakterze chuligańskim*, *Sejm*, *Senat*, *środki karne* oder *kara ograniczenia wolności.*

Eine Zwischenstufe zwischen diesen beiden Extremen bildeten Termini, bei denen der Grad der Übereinstimmung nicht hoch genug ist, um einen gegebenen Übersetzungsvorschlag ohne Bedenken als funktionales Äquivalent zu betrachten. Dies führt dazu, dass von manchen Übersetzern die formale Äquivalenz in Betracht gezogen wird, z. B.
- *odpowiedzialność karna → Strafbarkeit / strafrechtliche Verantwortung / strafrechtliche Verantwortlichkeit*,
- *czyn zabroniony → rechtswidrige Tat / verbotene Tat*,
- *funkcjonariusz publiczny → Amtsträger / öffentlicher Funktionär.*

Da das Kriterium für die Auswahl der zu analysierenden Termini darin bestand, dass die Übersetzer unterschiedliche Äquivalente für sie vorschlugen, ist es überraschend, dass bei der Analyse die Termini auch in der ersten Gruppe auftauchten, in der de facto von der vollständigen Äquivalenz[67] gesprochen wird. Man konnte nämlich annehmen, dass im Falle der quasi 1:1-Relation von allen Übersetzern das evidente funktionale Äquivalent verwendet wird. Trotzdem boten sie auch bei dieser Art von Beziehung diverse Übersetzungsvorschläge an.

Die Nichtverwendung von existierenden eindeutigen funktionalen Äquivalenten in den Texten der analysierten Übersetzungen ist höchstwahrscheinlich auf die Nichtberücksichtigung oder unzureichende Berücksichtigung von Paralleltexten – hauptsächlich vom deutschen Strafgesetzbuch – im Übersetzungsprozess zurückzuführen. An mehreren Stellen der kontrastiven Analyse wurde nämlich bewiesen, dass das deutsche Strafgesetzbuch und das deutsche Wehrstrafgesetz zu den wichtigsten Paralleltexten gehören, die die Quellen der fertigen usuellen Terminologie darstellen, die im Rahmen der strafrechtsbezogenen Texte vorkommen. Deren intensiverer Gebrauch würde zu einer noch besseren Qualität und Klarheit der Übersetzungen beitragen, ohne die Korrektheit und Eindeutigkeit der Translate zu beeinträchtigen.

Hierbei ist auch zu betonen, dass die Übersetzer zahlreiche Teiläquivalente verwendeten, die nur unter Umständen oder in konkreten Kontexten anzuwenden sind. Als Beispiel gilt der Terminus *Mord*, der sich nur in bestimmten Situationen – wenn es sich um die Qualifikation handelt – auf die polnische Straftat *zabójstwo* beziehen kann.

Obwohl die Anwendung der Terminologie, die sowohl auf funktionaler Äquivalenz, als auch auf formaler, auf fremde Realien verweisender Äquivalenz basiert, grundsätzlich übersichtlich ist, gibt es einige Stellen in den Translaten, wo von evidenten Fehlern zu sprechen ist[68]. Als Beispiel eines terminologischen Fehlers gilt der Terminus *oskarżony*, der als *Beklagter* übersetzt wurde (DE-IURE-PL). Bei der Übersetzung der Strafandrohung, die *drei Monate* betrug, als *ein Jahr*, ist in der Übersetzung desselben Verlags ein Sachfehler entstanden.

Ein wichtiger Punkt, der an dieser Stelle hervorgehoben werden muss, ist die Inkonsequenz bei der Verwendung der Terminologie von den Übersetzern aller

67 *Vollständige Äquivalenz* wird hier als eine *beinahe vollständige Äquivalenz* verstanden, weil, wie bereits in dieser Arbeit erwähnt, die 1:1-Relationen in der Rechtssprache äußerst selten – überwiegend auf dem Gebiet des internationalen Rechts – vorkommt. Von daher ist zu betonen, dass diese polnischen und deutschen Termini zwar sehr ähnlich sind, sich aber in ihren Bedeutungen minimal unterscheiden können.

68 Die Anführung von Fehlern hat zum Ziel, den Text der Übersetzung zu charakterisieren sowie die Benutzer des Translats vor ihnen zu warnen, und nicht, an irgendeinem Übersetzer Kritik zu üben. Wie allgemein bekannt, ist der Veröffentlichungsprozess ein komplexer Vorgang, an dem sich mehrere Personen beteiligen. Von daher sollen die Fehler, die in solch einer Publikation auftauchen, nicht automatisch dem Übersetzer angelastet werden.

Verlage. Als Beispiele der inkonsistenten Terminologie sind folgende Termini zu nennen:

- DE-IURE-PL: *ciężki uszczerbek na zdrowiu → schwere Körperverletzung / Gesundheitsschädigung / schwerwiegender Gesundheitsschaden / schwere Körper- und Gesundheitsschäden*,
- C.H. Beck: *odpowiedzialność karna → strafrechtliche Verantwortung / strafrechtliche Verantwortlichkeit*,
- Max-Planck-Institut: *przestępstwo przeciwko życiu lub zdrowiu → Straftat gegen Leib oder Leben / Straftat gegen das Leben und die Gesundheit.*

Bei der Beantwortung der ersten Forschungsfrage, ob die Autoren der Übersetzungen die zielsprachliche Terminologie korrekt gewählt haben, soll – im Zusammenhang mit dem Vorstehenden – bemerkt werden, dass manche Übersetzungsvorschläge, die in den drei analysierten Publikationen angeboten werden, einige Zweifel wecken. Wie mehrmals hervorgehoben, sollte auch die zweite Forschungsfrage, ob die Terminologie in Texten der Übersetzungen einheitlich, ohne Synonymie verwendet wurde, negativ beantwortet werden.

Einzelne Fehler, reichliche Inkonsequenz bei der Auswahl der Terminologie, die Nutzung der formalen statt bestehenden funktionalen Äquivalente sowie manchmal unbegründete Anwendung der Teiläquivalente können für den potenziellen Empfänger der Übersetzungen gewissermaßen irreführend sein.

Während die Verwendung dieser Texte durch Juristen oder Laien keine größeren Risiken mit sich bringen sollte, da sie im Grunde genommen die Intention des Gesetzgebers nur global verstehen müssen, ist ihr Wert für Übersetzer, für die die terminologische Korrektheit entscheidend ist, eindeutig geringer.

Andererseits bedeutet dies jedoch nicht, dass die Übersetzungen des Strafgesetzbuches für diese Gruppe kein Hilfsmittel darstellen können. Es ist zu betonen, dass sie auf keinen Fall als die Quelle der fertigen deutschen Äquivalente für polnische strafrechtliche Termini verstanden werden sollen. Ein Übersetzer, der einen strafrechtsbezogenen Text zu übersetzen hat, führt normalerweise bei der Suche nach Äquivalenten eine rechtsvergleichende Analyse durch, bei der er sich eben der genannten Übersetzungen bedienen kann. Wie bereits erwähnt, besteht die rechtsvergleichende Analyse nach Constantinesco (1972) aus den Schritten: Feststellen, Verstehen und Vergleichen. Die Anwendung der Texte der Übersetzungen von Gesetzen sollte in der ersten Phase des genannten Prozesses stattfinden und nicht als das Ergebnis der bereits durchgeführten Analyse betrachtet werden. Der Übersetzer findet in den Translaten lediglich die Vorschläge der Äquivalente, die er erst zu verifizieren hat, indem er den ausgangssprachlichen Terminus und das potenzielle Äquivalent definiert, versteht, vergleicht und schließlich seine eigene Entscheidung trifft.

Ein integraler Bestandteil der kontrastiven Analyse, die in dieser Arbeit durchgeführt wurde, war neben der Besprechung von Übersetzungsvorschlägen, die aus drei Übersetzungen stammen, auch die Zusammenstellung und Bewertung von Äquivalenten, die fünf bilingualen polnisch-deutschen Rechtswörterbüchern entnommen wurden. Hierbei ist zu betonen, dass die dominierende Beziehung zwischen den polnischen Ausgangstermini und ihren analysierten Äquivalenten die partielle Äquivalenz bildet. Die Untersuchung ergab, dass viele von den in den Wörterbüchern angegebenen Termini nur Teiläquivalente sind oder sogar Termini darstellen, deren Verwendung in der Übersetzung nicht gerechtfertigt wäre. Zu Beispielen der fehlerhaften Übersetzungen gehören u. a.

- *oskarżony* → *Beschuldigter* (Kienzler, 2006, Pieńkos, 2002),
- *wykroczenie* → *Vergehen* (Kienzler, 2006),
- *kara ograniczenia wolności* → *Freiheitsentzug* (Kienzler, 2006).

Äußerst markant ist der Unterschied in der Qualität der vorgeschlagenen Äquivalente in den analysierten Übersetzungen gegenüber den bilingualen Rechtswörterbüchern – die in den Wörterbüchern wecken eindeutig mehr Zweifel.

Darüber hinaus ist darauf hinzuweisen, dass die Übersetzungsvorschläge in den Wörterbüchern weitgehend unübersichtlich waren. Die Autoren dieser Hilfsmittel (außer Banaszak, 2008 und Kilian/Kilian, 2011) gaben bei vielen Stichwörtern mehrere Termini an, ohne irgendeine Information darüber, in welchem Kontext sie anzuwenden sind. Als Beispiel können der Terminus *wykroczenie* und seine Übersetzungsvorschläge *Übertretung / Verfehlung / Zuwiderhandlung / Ordnungswidrigkeit* im Wörterbuch von Pieńkos (2002) dienen.

Der Mangel an Qualifikatoren oder in Klammern stehenden Kommentaren zwingt den Benutzer des Wörterbuchs dazu, die Wahl eines passenden Äquivalents selbst, ohne irgendwelche Hinweise zu treffen.

Aus diesem Grunde sollte für die dritte Forschungsfrage, ob bilinguale Rechtswörterbücher bei der Übersetzung von strafrechtlichen Texten nützlich sind, eine in hohem Maße negative Antwort gegeben werden. Unvergleichbar bessere Ergebnisse lieferten bei der rechtsvergleichenden Analyse monolinguale Rechtswörterbücher sowie juristische Lexika und Enzyklopädien.

Resümierend soll festgestellt werden, dass die Rechtsübersetzer die Übersetzungen des polnischen Strafgesetzbuches ins Deutsche und bilinguale Wörterbücher als Hilfsmittel betrachten können, die aber im Rahmen einer eigenständigen rechtsvergleichenden Analyse anhand von monolingualen Rechtswörterbüchern, Lexika, Gesetzeskommentaren und Paralleltexten einer gründlichen Verifizierung unterzogen werden sollen.

6.2. Eingesetzte Übersetzungsstrategien

Die beträchtliche Ähnlichkeit des polnischen und des deutschen Strafrechts kann für den Übersetzer eine gewisse Falle darstellen. Oftmals kann er nämlich vermuten, in der zielsprachlichen Rechtsordnung ein funktionales Äquivalent gefunden zu haben, das sich aber bei genauerer Analyse seiner Bedeutung nur als ein Teiläquivalent oder sogar als ein völlig anderer Rechtsbegriff erweist. Aufgrund der durchgeführten kontrastiven Analyse kann man jedoch schlussfolgern, dass sich die Autoren der Übersetzungen der Unterschiede zwischen dem polnischen und dem deutschen Strafrecht meistens bewusst waren. Dies spiegelte sich in den von ihnen verwendeten Übersetzungsstrategien wider.

Trotzdem gab es an mehreren Stellen Situationen, in denen sie ein scheinbar funktionales Äquivalent verwendeten, welches auf der Grundlage der zielsprachlich orientierten Übersetzungsstrategie gebildet wurde. Diese Lösung wurde gewählt, obwohl lediglich die partielle Äquivalenz gegeben war, was beim Empfänger der Übersetzung zu Missverständnissen führen kann. Als Beispiel gilt der Terminus *Freiheitsbeschränkung*, der in mehreren Kontexten der deutschen Rechtsordnung vorkommt. Als Äquivalent des polnischen Terminus *kara ograniczenia wolności* sollte er aber wegen gravierender Bedeutungsunterschiede nicht betrachtet werden. In diesem Falle sollte eher die ausgangssprachlich orientierte Übersetzungsstrategie z. B. in Form der Lehnübersetzung oder eines deskriptiven Äquivalents in Erwägung gezogen werden.

Andererseits tauchten in der Analyse auch Beispiele auf, bei denen die ausgangssprachlich orientierte Übersetzungsstrategie eingesetzt wurde, obwohl ein offensichtliches funktionales Äquivalent existiert. Die Lehnübersetzungen *das Verbot, Kraftfahrzeuge zu führen* oder *der militärische Arrest* könnten ohne Beeinträchtigung der Eindeutigkeit des Translats durch die in der deutschen Rechtsordnung fungierten usuellen Termini *Fahrverbot* und *Strafarrest* ersetzt werden.

Bei der Beantwortung der vierten Forschungsfrage, welche Strategien die Übersetzer verwendeten und inwieweit sie richtig waren, ist noch darauf hinzuweisen, dass die Übersetzer verschiedene Mikrostrategien einsetzten, die der konkreten von ihnen gewählten Makrostrategie entsprachen. Als Beispiele können hierbei funktionale Äquivalente, Lehnübersetzungen, Paraphrasen, Direktentlehnungen, Neologismen oder Definitionen in Form von Anmerkungen des Übersetzers in Fußnoten genannt werden.

Auch wenn an einigen Stellen die Wahl einer anderen Strategie das Translat näher an den zielsprachlichen Empfänger bringen oder umgekehrt, die Fremdheit des betroffenen Rechtsbegriffs betonen würde, lässt sich nicht leugnen, dass die Übersetzungen übersichtlich formuliert sind und die Intention des polnischen Gesetzgebers in ihnen eindeutig erkennbar ist.

Zur Beantwortung der letzten Forschungsfrage, ob das Datum der Veröffentlichung der Übersetzung mit den verwendeten Übersetzungsstrategien zusammenhängt und ob es stimmt, dass in den neuesten Übersetzungen die Neigung zur Anwendung der zielsprachlich orientierten Strategien sichtbar ist, sollen die Strategien, die bei der durchgeführten Analyse festgestellt wurden, zusammengestellt werden.

In der nachstehenden Tabelle werden die 30 untersuchten Termini aufgezählt und es wird angegeben, ob die Autoren der Übersetzungen aus dem jeweiligen Verlag ausgangssprachlich orientierte Strategien (AS) und zielsprachlich orientierte Strategien (ZS), verwendeten. Wegen der Inkonsequenz bei der Auswahl der Terminologie werden an einigen Stellen beide Übersetzungsstrategien genannt. Die folgende Zusammenstellung der Daten soll die Tendenzen und Präferenzen der Übersetzer zeigen.

Tabelle 50. Zusammenstellung der eingesetzten Übersetzungsstrategien. Quelle: Eigene Bearbeitung.

Terminus	**DE-IURE-PL**	**C.H. Beck**	**Max-Planck-Institut**
Kodeks karny	ZS	ZS	ZS
odpowiedzialność karna	AS	AS	ZS
czyn zabroniony	ZS	AS	AS
pokrzywdzony	ZS	ZS	ZS
oskarżony	ZS	ZS	ZS
osoba najbliższa	ZS	AS	AS
poczęte dziecko	ZS	AS + ZS	-
nieletni	ZS	ZS	ZS
młodociany	ZS	ZS	ZS
funkcjonariusz publiczny	ZS	ZS	AS
wykroczenie	ZS	ZS	ZS
przestępstwo przeciwko życiu lub zdrowiu	AS + ZS	AS	AS + ZS
zabójstwo	ZS	ZS	ZS
pobicie	AS	ZS	ZS
znieważać	ZS	ZS	ZS
dezercja	ZS	ZS	ZS
występek o charakterze chuligańskim	AS	ZS	-
ciężki uszczerbek na zdrowiu	ZS	ZS	ZS
targnąć się na własne życie	AS	ZS	ZS
środki karne	AS	AS	AS

(Fortsetzung)

Terminus	DE-IURE-PL	C.H. Beck	Max-Planck-Institut
nawiązka	ZS	ZS	ZS
zakaz prowadzenia pojazdów	AS	ZS	ZS
prawa publiczne	AS	AS	AS
wydalenie z zawodowej służby wojskowej	ZS	AS	AS
kara ograniczenia wolności	ZS	AS	AS
areszt wojskowy	ZS	AS	AS
Sejm	AS	AS	AS
Senat	AS	AS	AS
zakład karny	ZS	ZS	ZS
miejsce stałego pobytu	AS	AS	AS

Zur besseren Anschaulichkeit werden die Ergebnisse der obigen Zusammenstellung im nachstehenden Diagramm in Form von Prozentzahlen dargestellt.

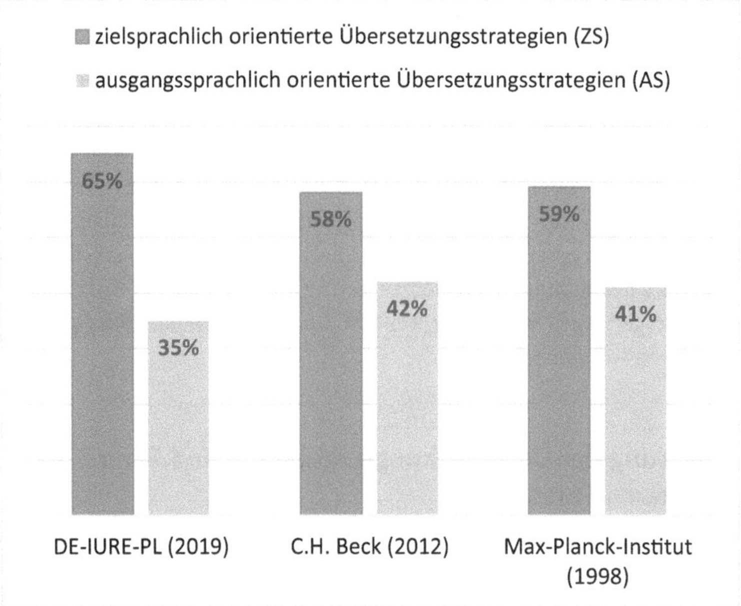

Diagramm 1. Anteil der Übersetzungsstrategien in den drei analysierten Übersetzungen. Quelle: Eigene Bearbeitung.

Aus der Aufstellung der Daten geht klar hervor, dass in den Texten aller drei Übersetzungen zielsprachlich orientierte Strategien dominant sind. Die detaillierte Untersuchung einzelner Termini ergab, dass diese Werte noch ein bisschen höher sein könnten. Es bedeutet natürlich nicht, dass sich die Übersetzer ausschließlich auf die an der Zielsprache orientierten Strategien konzentrieren sollen, denn solch eine Übersetzung würde irrtümlicherweise Ähnlichkeiten mit der zielsprachlichen Rechtsordnung suggerieren und dadurch beim Empfänger unerwünschte Assoziationen und Fehlinterpretationen hervorrufen.

Nach der Analyse des obigen Diagramms ist es schwierig, eine eindeutige Antwort auf die fünfte Forschungsfrage zu geben, ob das Datum der Veröffentlichung der Übersetzung im Zusammenhang mit den in ihr verwendeten Übersetzungsstrategien steht. Zweifelsohne ist der Anteil der zielsprachlich orientierten Strategien in der neuesten Übersetzung, also in der Übersetzung des Verlags DE-IURE-PL aus dem Jahre 2019 – im Vergleich zu älteren Translaten – am höchsten. Dies könnte gewissermaßen von der Tendenz zeugen, dass die Übersetzer zeitgenössisch zur Anwendung dieser Strategien neigen. Andererseits ist zu bemerken, dass diese Tendenz bei den Übersetzungen aus den Jahren 1998 und 2012 nicht sichtbar ist. Die Autorin der ältesten Übersetzung basierte häufiger auf den in der zielsprachlichen Rechtsordnung usuellen Äquivalenten als die Übersetzer des 14 Jahre später angefertigten Translats. Solch ein Ergebnis kann auch aus der Tatsache resultieren, dass die Übersetzerin des Max-Planck-Instituts in Anmerkungen zu ihrer Übersetzung betonte, dass sie bewusst die am Sprachgebrauch des deutschen Strafrecht orientierte Übersetzung wählt.

Zusammenfassend ist auf der Grundlage der Analyse von 30 Termini festzustellen, dass in allen Übersetzungen des polnischen Strafgesetzbuches die zielsprachlich orientierten Übersetzungsstrategien dominieren und ihr Anteil innerhalb von 21 Jahren von 59 % auf 65 % gestiegen ist. Es ist dabei jedoch hervorzuheben, dass bei einem so begrenzten Analysekorpus die Unterschiede in der Auswahl der Übersetzungsstrategien zu gering sind, um verbindliche quantitative Schlussfolgerungen ziehen zu können und vielmehr auf eine gewisse Tendenz verwiesen werden soll.

6.3. Anwendung der Untersuchungsergebnisse und Perspektiven der weiteren Forschung

Aus der vorliegenden kontrastiven Analyse wurden einige Schlussfolgerungen gezogen, die sich auf die Auswahl der Terminologie und die eingesetzten Übersetzungsstrategien bezogen. Die dargestellten Ergebnisse weisen darauf hin, welche Schwierigkeiten die Übersetzer der strafrechtlichen Fachtexte zu bewältigen haben und wo die Schwachstellen in der Übersetzung dieser Texte auf der terminologischen Ebene auftreten können. Ihre Wahrnehmung könnte einerseits die Arbeit der versierten Rechtsübersetzer in gewissem Maße unterstützen aber andererseits vor allem den didaktischen Prozess der angehenden Übersetzer oder der Studierenden der Germanistik, Linguistik oder Translatorik positiv beeinflussen. Wie bereits bewiesen, scheint die Didaktik der Rechtsübersetzung an polnischen Universitäten ihre Rolle nur teilweise zu erfüllen. Geringe Anzahl der Lehrveranstaltungen im Bereich der Rechtsübersetzung und ein äußerst kleines Angebot von Veranstaltungen, die sich mit der Rechtssprache und dem Erwerb des juristischen Fachwissens beschäftigen, tragen dazu bei, dass künftige Rechtsübersetzer über unzureichende Sachkompetenzen verfügen können.

Die durchgeführte Analyse ergab, dass eben die Sachkompetenz des Rechtsübersetzers eine der Schlüsselkompetenzen ist, die es erlaubt, die rechtsvergleichende Analyse bei der Suche nach korrekten Äquivalenten durchzuführen, also potenzielle Äquivalente aufzufinden, zu definieren, richtig zu verstehen und zu vergleichen, um schließlich eine zum situativen Kontext passende und zielgerechte, den Erwartungen der Empfänger der Übersetzung entsprechende Entscheidung zu treffen.

Eine stärkere Berücksichtigung der Sach- und Recherchierkompetenz in den Programen der Studiengänge, Kurse und Schulungen im Bereich der Rechtsübersetzung durch die Erhöhung der Stundenzahl der Lehrveranstaltungen *Fachsprache Recht* bzw. *Recht für Übersetzer*, könnte die Qualität der Vorbereitung ihrer Teilnehmer auf die Ausübung des Berufs des Rechtsübersetzers verbessern.

Abgesehen von der Didaktik der Rechtsübersetzung kann selbst die kontrastive Analyse, die in der vorliegenden Arbeit durchgeführt wurde, ein wichtiges Hilfsmittel für die Übersetzer bilden, die auf der Suche nach Äquivalenten einzelner strafrechtlicher Termini sind oder Zweifel in Bezug auf bereits in den Fachwörterbüchern gefundene zielsprachliche Termini haben.

Darüber hinaus können die Erwägungen dieser Monographie Anwendung bei der Vorbereitung terminologischer Datenbanken im Bereich des polnischen und deutschen Strafrechts, bilingualer Rechtswörterbücher, juristischer Fachlexika oder neuer Übersetzungen des polnischen Strafgesetzbuches ins Deutsche finden.

Zum Schluss ist noch auf die Perspektiven der weiteren Forschung auf dem untersuchten Gebiet hinzuweisen. In erster Linie ist zu betonen, dass den Gegenstand der durchgeführten Untersuchung nur 30 Termini bildeten, was auf den Grad der Detailliertheit der Analyse und den begrenzten Umfang dieser Monographie zurückzuführen ist. Die Ausweitung der Analyse auf weitere Termini würde wahrscheinlich zusätzliche aussagekräftige Schlussfolgerungen mit sich bringen. Künftige Analysen könnten sich auch mit anderen sprachlichen Ebenen des polnischen Strafgesetzbuches, wie z. B. mit der stilistischen oder phraseologischen Ebene, beschäftigen.

Schließlich ist auch darauf hinzuweisen, dass die Übersetzung der Terminologie eines der wichtigsten und zugleich schwierigsten Aspekte der Rechtsübersetzung ist. Im Zusammenhang damit könnten die Übersetzungswissenschaftler noch auf weitere Rechtsgebiete, wie z. B. auf das Zivil-, Verfassungs- oder Patentrecht fokussieren, bei denen die polnische und deutsche Terminologie bisher nur teilweise oder noch nicht erforscht wurde.

Literaturverzeichnis

Adamzik, Kirsten (2001): *Ist die Linguistik eine »anglophon geprägte« Disziplin? Eine Analyse am Beispiel der Fachsprachforschung.* In: Mayer, Felix (Hrsg.), Language for Special Purposes: Perspectives for the New Millenium, Gunter Narr Verlag, Tübingen, 3–35.

Adamzik, Kirsten (2018): *Fachsprachen. Die Konstruktion von Welten.* Francke, Tübingen.

Albrecht, Jörn (2000): *Übersetzung.* Art. In: Schnell, Ralf (Hrsg.), Metzler Lexikon Kultur und Gegenwart. Themen und Theorien, Formen und Institutionen seit 1945, J. B. Metzler Verlag, Stuttgart, Weimar, 512–514.

Albrecht, Jörn (2005): *Übersetzung und Linguistik. Grundlagen der Übersetzungsforschung,* Gunter Narr Verlag, Tübingen.

Allgemeine Verwaltungsvorschrift zum Bundesreisekostengesetz (BRKGVwV) vom 1. Juni 2005, GMBl 2019 Nr. 9, S. 154, online: http://www.verwaltungsvorschriften-im-interne t.de/bsvwvbund_01062005_D630201171.htm (Zugriff am 21.07.2021).

Allgemeines Verwaltungsverfahrensgesetz, BGBl. Nr. 51/1991, https://www.ris.bka.gv.at/GeltendeFassung.wxe?Abfrage=Bundesnormen&Gesetzesnummer=10005768 (Zugriff am 18.11.2020).

Alpmann, Josef (2005): *Fachlexikon Recht,* Alpmann & Schmidt Juristische Lehrgänge und F.A. Brockhaus, Leipzig, Mannheim.

Arntz, Reiner (2001): *Fachbezogene Mehrsprachigkeit in Recht und Technik,* Olms, Hildesheim.

Arntz, Reiner (2010): *Terminologien als Spiegel europäischer Sprachkultur.* In: Gehler, Michael; Vietta, Silvio (Hrsg.), Europa – Europäisierung – Europäistik. Neue wissenschaftliche Ansätze, Methoden und Inhalte, Böhlau, Wien, Köln, Weimar, 75–90.

Arntz, Reiner; Mayer, Felix; Picht, Heribert (2009): *Einführung in die Terminologiearbeit.* 6. Auflage, Georg Olms Verlag, Hildesheim, Zürich, New York.

Arntz, Reiner; Picht, Heribert (1995): *Einführung in die Terminologiearbeit.* Georg Olms Verlag, Hildesheim, Zürich, New York.

Arntz, Reiner; Picht, Heribert; Mayer, Felix (2002): *Einführung in die Terminologiearbeit,* 4. Auflage, Georg Olms Verlag, Hildesheim, Zürich, New York.

Bąk, Paweł (2016): *Fachlexeme in fachexternen Diskursen.* In: Lingwistyka Stosowana, Nr. 18, Wydział Lingwistyki Stosowanej Uniwersytetu Warszawskiego, Warszawa, 25–37.

Ballansat-Aebi, Suzanne (2018): *Erwachsenenschutzreformen im deutschen und französischen Sprachraum: Terminologische Entwicklung und Übersetzungsprobleme.* In: Dullion, Valérie; Ramos, Fernando Prieto (Hrsg.), Parallèles Nr. 30, Universitè de Genève, Genève, 38–56.

Banaszak, Bogusław (Hrsg.); Jabłoński, Mariusz; de Vries, Tina; Krzymuski, Marcin; Kubicki, Philipp (2008): *Słownik prawa i gospodarki, Rechts- und Wirtschaftswörterbuch,* 1. Band, polnisch-deutsch, C.H. Beck, Warszawa.

Barchudarov, Leonid (1979): *Sprache und Übersetzung,* Verlag Enzyklopädie, Leipzig.

Bastin, Georges; Cormier, Monique (2007): *Profession traducteur,* Les Presses de l'Université de Montréal, Montréal.

Baumann, Klaus-Dieter (2016): *Allgemeine und polnische Fachsprachenforschung.* In: Nycz, Krzysztof, Baumann, Klaus-Dieter, Kalverkämper, Hartwig (Hrsg.), Fachsprachenforschung in Polen, Frank&Timme, Berlin, 7–32.

Behr, Martina (2020): *Dolmetschen: Komplexität, Methodik, Modellierung,* Frank & Timme, Berlin.

Bell, Roger (1998): *Psychological/cognitive approaches.* In: Baker, Mona (Hrsg.), Routledge encyclopedia of translation studies, Routledge, London, New York, 185–189.

Benecke, Bernd (2014): *Audiodeskription als partielle Translation: Modell und Methode,* LIT Verlag, Münster.

Benjamin, Walter (1972): *Die Aufgabe des Übersetzers.* In: Benjamin, Walter; Rexroth, Tillman (Hrsg.), Gesammelte Schriften IV, Suhrkamp, Frankfurt am Main.

Berteloot, Pascale (1999): *Der Rahmen juristischer Übersetzungen.* In: de Groot, Gérard-René; Schulze, Reiner (Hrsg.), Recht und Übersetzen, Nomos, Baden-Baden, 101–115.

Biel, Łucja (2010): *Corpus-based studies of legal language for translation purposes: Methodological and practical potential.* In: Heine, Carmen; Engberg, Jan (Hrsg.): Reconceptualizing LSP, Aarhus School of Business, Aarhus University, Aarhus, 1–15.

Biel, Łucja (2017): *Egzamin na tłumacza przysięgłego a realia wykonywania zawodu: głos krytyczny w sprawie weryfikowania kompetencji kandydatów na tłumacza przysięgłego.* In: Krajewska, Monika; Zieliński, Lech (Hrsg.), Rocznik Przekładoznawczy, Studia nad teorią, praktyką i dydaktyką przekładu, Bd. 12, Wydawnictwo Naukowe Uniwersytetu Mikołaja Kopernika, Toruń, 33–46.

Bittner, Hansjörg (2012): *Audio Description Guidelines – a Comparison.* In: Cronin, Michael (Hrsg.), New Perspectives in Translation, Bd. 20, Routlege, London, New York, 41–61.

Bogucki, Łukasz (2009): *Tłumaczenie wspomagane komputerowo,* PWN, Warszawa.

Bogucki, Łukasz (2019): *Areas and Methods of Audiovisual Translation Research,* Peter Lang, Berlin, Bern, Bruxelles, New York, Oxford, Warszawa, Wien.

Brockhaus Enzyklopädie (1974): *Übersetzung.*17. Auflage, F. A. Brockhaus, Wiesbaden.

Brodziak, Klaudiusz (2004): *O lingwistycznym statusie języka prawnego,* In: Malinowska, Ewa (Hrsg.), Prawo, język, społeczeństwo, Wydawnictwo Uniwersytetu Opolskiego, Opole, 61–77.

Bukowski, Piotr; Heydel, Magda (2009), *Współczesne teorie przekładu,* Znak, Kraków.

Bundesgesetz über den Schutz der persönlichen Freiheit während des Aufenthalts in Heimen und anderen Pflege- und Betreuungseinrichtungen (Heimaufenthaltsgesetz), StF: BGBl. I Nr. 11/2004, online: https://www.ris.bka.gv.at/GeltendeFassung.wxe?Abfrage=Bundesnormen&Gesetzesnummer=20003231 (Zugriff am 25.07.2021).

Bürgerliches Gesetzbuch vom 18. August 1896, l. I S. 42, 2909; 2003 I S. 738), online: https://www.gesetze-im-internet.de/bgb/ (Zugriff am 10.08.2020).

Busse, Dietrich (1991): *Juristische Fachsprache und öffentlicher Sprachgebrauch. Richterliche Bedeutungsdefinitionen und ihr Einfluß auf die Semantik politischer Begriffe.* In: Liedtke, Frank; Wengeler, Martin; Böke, Karin (Hrsg.), Begriffe besetzen. Strategien des Sprachgebrauchs in der Politik. Westdeutscher Verlag, Opladen, 160–185.

Busse, Dietrich (1993): *Juristische Semantik: Grundfragen der juristischen Interpretationstheorie in sprachwissenschaftlicher Sicht*, Duncker & Humblot, Berlin.

Catford, John (1965): *A Linguistic Theory of Translation: An Essay in Applied Linguistics*, Oxford University Press, London.

Chudzik, Joanna; Jakowczyk, Michał; Kowalski, Kaja; Krajewski, Andreas; Matthies, Kamila (Übers.), (2012): *Kodeks karny i kodeks wykroczeń. Strafgesetzbuch und Übertretungsgesetzbuch*, C.H. Beck, Warszawa.

Cieślik, Bolesław; Laska, Liwiusz; Rojewski, Michał (2014): *Egzamin na tłumacza przysięgłego. Komentarz, teksty egzaminacyjne, dokumenty*, C. H. Beck, Warszawa.

Cole, Wayne (1993): *Terminologie: Grundsätze und Methoden.* In: Laurén, Christer; Picht, Heribert (Hrsg.) Ausgewählte Texte zur Terminologie, TermNet, Wien, 397–415.

Constantinesco, Léontin-Jean (1972): *Rechtsvergleichung. Die rechtsvergleichende Methode*, Carl Heymanns Verlag KG, Köln.

Czerni, Sergiusz (1977): *Słowniki specjalistyczne*, Wydawnictwa Naukowo-Techniczne, Warszawa.

Daniluk, Paweł (2011): *Prawo karne.* In: Daniluk, Paweł (Hrsg.), Leksykon prawa karnego – część ogólna, C.H. Beck, Warszawa, 338–340.

Daum, Ulrich (1981): *Rechtssprache – eine genormte Fachsprache?* In: Radtke, Ingulf (Hrsg.), Die Sprache des Rechts und der Verwaltung, Deutsche Akademie für Sprache und Dichtung, Bd. 2, Klett-Cotta, Stuttgart, 83–99.

Daum, Ulrich (2003): *Übersetzen von Rechtstexten.* In: Schubert, Klaus (Hrsg.), Übersetzen und Dolmetschen. Modelle, Methoden, Technologie, Gunter Narr Verlag, Tübingen, 33–46.

de Groot, Gérard-René (1990): *Die relative Äquivalenz juristischer Begriffe und deren Folgen für mehrsprachige juristische Wörterbücher.* In: Thelan, Marcel; Lewandowska-Tomaszczyk, Barbara (Hrsg.), Translation and Meaning Part 1, Euroterm, Maastricht, 122–128.

de Groot, Gerard-René (2002): *Rechtsvergleichung als Kerntätigkeit bei der Übersetzung juristischer Terminologie.* In: Haß-Zumker, Ulrike (Hrsg.), Sprache und Recht, de Gruyter, Berlin, New York, 221–239.

de Groot, Gérard-René (2006): *Legal translation*, In: Smits, Jan (Hrsg.), Elgar Encyclopedia of Comparative Law, Edward Elgar Pub, Cheltenham, 423–433.

de Waard, Jan; Nida, Eugen (1986): *From one language to another. Functional equivalence in Bible translating*, Nelson, Nashville, Camden.

Deutsches Sozialgesetzbuch vom 07. August 1996, BGBl. I S. 1254, online: https://www.sozialgesetzbuch-sgb.de/sgbi/1.html (Zugriff am 14.07.2021).

Dieckmann, Walther (1975): *Sprache in der Politik: Einführung in die Pragmatik und Semantik der politischen Sprache*, Carl Winter Universitätsverlag, Heidelberg.

Drabik, Lidia; Kubiak-Sokół, Aleksandra; Sobol, Elżbieta; Wiśniakowska, Lidia (2006): *Słownik języka polskiego*, Wydawnictwo Naukowe PWN, Warszawa.

Drumm, Sandra (2018): *Pragmatik der fachsprachlichen Kommunikation.* In: Roche, Jörg, Drumm, Sandra (Hrsg.), Berufs-, Fach- und Wissenschaftssprachen, Gunter Narr Verlag, Tübingen, 18–30.

Dunin-Dudkowska, Anna (2016): *Podejście zadaniowe a nauczanie terminologii specjalistycznej na studiach podyplomowych w zakresie translatoryki.* In: Biernacka, Michalina; Zarzycka, Grażyna (Hrsg.), Acta Universitatis Lodziensis. Kształcenie Polonistyczne Cudzoziemców, Nr. 23, Wydawnictwo Uniwersytetu Łódzkiego, Łódź, 59–71.

Dybiec-Gajer, Joanna (2013): *Zmierzyć przekład? Z metodologii oceniania w dydaktyce przekładu pisemnego*, Universitas, Kraków.

Eckardt, Brigit (2000): *Fachsprache als Kommunikationsbarriere?* Deutscher Universitätsverlag, Wiesbaden.

Ehlich, Konrad (2006): *Mehrsprachigkeit in der Wissenschaftskommunikation – Illusion oder Notwendigkeit?* In: Ehlich, Konrad; Heller, Dorothee (Hrsg.), Die Wissenschaft und ihre Sprachen, Peter Lang, Frankfurt am Main, 17–38.

Engisch, Karl (1997): *Einführung in das juristische Denken*, W. Kohlhammer Verlag, Stuttgart.

Fabricius-Hansen, Cathrine (2007): *Paralleltext und Übersetzung in sprachwissenschaftlicher Sicht.* In: Kittel, Harald; Frank, Armin; Greiner, Norbert; Hermans, Theo; Koller, Werner; Lambert, José; Paul, Fritz (Hrsg.), Übersetzung, Translation, Traduction. Ein internationales Handbuch zur Übersetzungsforschung, de Gruyter, Berlin, New York, 322–329.

Felber, Helmut; Budin, Gerhard (1989): *Terminologie in Theorie und Praxis.* Gunter Narr Verlag, Tübingen.

Felder, Ekkehard (2003): *Juristische Textarbeit im Spiegel der Öffentlichkeit*, Walter de Gruyter, Berlin, New York.

Felder, Ekkehard; Vogel, Friedemann (2015): *Sprache im Recht.* In: Felder, Ekkehard; Gardt, Andreas (Hrsg.), Handbuch Sprache im Recht, De Gruyter, Berlin, New York, 358–372.

Fleischmann, Eberhard, Schmitt, Peter, (2004): *Fachsprachen und Übersetzung.* In: Kittel, Harald; Frank, Armin Paul; Greiner, Norbert; Hermans, Theo; Koller, Werner; Lambert, José; Paul, Fritz (Hrsg.), Übersetzung, Translation, Traduction, De Gruyter Mouton, Berlin, 531–542.

Flinz, Carolina (2019): *Fachsprachen – aktuelle Fragen zu Forschung und Lehre.* In: Schlabach, Joachim (Hrsg.), Zeitschrift für Interkulturellen Fremdsprachenunterricht Nr. 24, Leibniz-Instituts für deutsche Sprache, Mannheim, 1–20.

Florczak, Jacek (2013): *Tłumaczenia symultaniczne i konsekutywne*, C.H. Beck, Warszawa.

Fobbe, Eilika (2011): *Forensische Linguistik: Eine Einführung*, Gunter Narr Verlag, Tübingen.

Fornoff, Rainer; Zöller, Mark; Gries, Claudia (2008): *Strafrecht. Besonderer Teil II. Delikte gegen Rechtsgüter der Person und der Allgemeinheit. Grundlagen des Strafrechts*, Berliner Wissenschafts-Verlag, Berlin.

Fuchs-Khakhar, Christine (1987): *Die Verwaltungssprache zwischen dem Anspruch auf Fachsprachlichkeit und Verständlichkeit*, Staufenburg Verlag, Tübingen.

Furdal, Antoni (1973): *Klasyfikacja odmian współczesnego języka polskiego*, Zakład Narodowy im. Ossolińskich, Wrocław.

Gajda, Stanisław, (1990): *Wprowadzenie do teorii terminu*, Wyższa Szkoła Pedagogiczna im. Powstańców Śląskich w Opolu, Opole.

Gajewska, Elżbieta; Sowa, Magdalena (2014): *LSP, FOS, Fachsprache… Dydaktyka języków specjalistycznych*, Werset, Lublin.

Gardocki, Lech (2017): *Prawo karne*. C.H. Beck, Warszawa.

Geilke, Georg (1970): *Der polnische Strafkodex*, De Gruyter, Berlin.

Gemeinsame Geschäftsordnung der Bundesministerien (GGO), online: https://www.verwaltungsvorschriften-im-internet.de/bsvwvbund_21072009_O11313012.htm (Zugriff am 2.08.2020).

Giętkowski, Radosław (2018): *Pojęcie miejsca stałego pobytu w prawie karnym*. In: Dajczak, Wojciech (Hrsg.), Forum Prawnicze Nr. 45, Fundacja »Utriusque Iuris«, Uniwersytet Jagielloński, Warszawa, Kraków, 35–48.

Gizbert-Studnicki, Tomasz (1972): *Język prawny a język prawniczy*, In: Zeszyty Naukowe Uniwersytetu Jagiellońskiego – Prace prawnicze 55, Kraków, 219–233.

Gizbert-Studnicki, Tomasz (1986): *Język prawny z perspektywy socjolingwistycznej*, In: Zeszyty Naukowe UJ, Nr. 26, PWN, Warszawa, Kraków.

Göpferich, Susanne (2006): *Paralleltexte*. In: Snell-Hornby, Mary; Honig, Hans; Kussmaul, Paul; Schmitt, Peter (Hrsg.), Handbuch Translation, Stauffenburg, Tübingen, 184–186.

Göpferich, Susanne (2008): *Translationsprozessforschung. Stand – Methoden – Perspektiven*, Gunter Narr Verlag, Tübingen.

Gortych-Michalak, Karolina (2013): *Struktura polskich, greckich i cypryjskich aktów normatywnych. Studium porównawcze w aspekcie translatologicznym*, Wydawnictwo Naukowe CONTACT, Poznań.

Gościński, Jan (2020): *Egzamin na tłumacza przysięgłego. Tłumaczenie ustne. Język angielski*, C.H. Beck, Warszawa.

Grucza, Franciszek (2017): *Terminologia. Jej przedmiot, status i znaczenie*. In: Grucza, Sambor; Olpińska-Szkiełko, Magdalena; Płużyczka, Monika; Banasiak, Ilona; Łączka, Marcin (Hrsg.), O języku, językach i lingwistyce. Franciszek Grucza, Dzieła zebrane, Bd. 3, Wydawnictwo Naukowe Instytutu Komunikacji Specjalistycznej i Interkulturowej, Uniwersytet Warszawski, Warszawa, 303–332. Urfassung: Grucza, Franciszek (1991): *Terminologia – jej przedmiot, status i znaczenie*, In: Grucza, Franciszek (Hrsg.), Teoretyczne podstawy terminologii (= Problemy Terminologii Bd. 1, Seria Komitetu Terminologii), Ossolineum, Wrocław, Warszawa, Kraków, 11–44.

Grucza, Franciszek (1993): *Zagadnienia ontologii lingwistycznej: O językach ludzkich i ich (rzeczywistym) istnieniu*. In: Bartmiński, Jerzy (Hrsg.), Opuscula Logopaedica. In honorem Leonis Kaczmarek, Uniwersytet Marii Curie-Skłodowskiej, Lublin, 25–47.

Grucza, Franciszek (2002): *Zu den Forschungsgegenständen der Linguistik und der Glottodidaktik – Zum Wesen menschlicher Sprachen und zu ihren Funktionen*. In: Barkowski, Hans; Faistauer, Renate (Hrsg.): In Sachen Deutsch als Fremdsprache: Sprachenpolitik und Mehrsprachigkeit, Unterricht, interkulturelle Begegnung. Festschrift für Hans-Jürgen Krumm, Schneider Verlag, Hohengehren, 231–244.

Grucza, Sambor (2004): *Od lingwistyki tekstu do lingwistyki tekstu specjalistycznego*, Katedra Języków Specjalistycznych Uniwersytetu Warszawskiego, Warszawa.

Grucza, Sambor (2008): *Lingwistyka języków specjalistycznych*, Euro-Edukacja, Warszawa.

Grucza, Sambor (2013a): *Od lingwistyki tekstu do lingwistyki tekstu specjalistycznego*, Wydawnictwo Naukowe Instytutu Kulturologii i Lingwistyki Antropocentrycznej Uniwersytetu Warszawskiego, Warszawa.

Grucza, Sambor (2013b): *Zur Segmentierung und Taxonomie der Geschichte der Fachsprachen und ihrer Untersuchung.* In: Mikołajczyk, Beata; Myczko, Kazimiera (Hrsg.), Studia Germanica Posnaniensia XXXIII, Wydawnictwo Naukowe Uniwersytetu Adama Mickiewicza, Poznań, 29–41.

Grundgesetz für die Bundesrepublik Deutschland vom 23. Mai 1949, BGBl. Teil III 100–1, online: https://www.gesetze-im-internet.de/gg/BJNR000010949.html (Zugriff am 25. 07. 2021).

Grześkowiak, Alicja (2018): *Pojęcie dziecka w prawie karnym.* In: Grześkowiak, Alicja; Zgoliński, Igor (Hrsg.), Prawo karne w ochronie praw dziecka, Wydawnictwo Kujawsko-Pomorskiej Szkoły Wyższej w Bydgoszczy, Bydgoszcz, 23–48.

Grzybowska, Magda (2020): *Kształcenie nauczycieli języków specjalistycznych w programach studiów na kierunku filologia germańska.* In: Kudlińska, Irena; Piłat, Walenty (Hrsg.), Heteroglossia studia kulturoznawczo-filologiczne, Nr. 10. Wydawnictwo Uczelniane Wyższej Szkoły Gospodarki w Bydgoszczy, Bydgoszcz, 97–80.

Gutt, Ernst-August (2000): *Translation and Relevance. Cognition and Context*, Second Edition, St. Jerome, Manchester.

Guziak, Albert (2019): *Zarys struktury sądownictwa powszechnego w Polsce i w Niemczech wraz z terminologią dla tłumaczy.* In: lingua legis, Nr. 27, Translegis, Instytut Lingwistyki Stosowanej, Uniwersytet Warszawski, Warszawa, 47–60.

Gwóźdź, Grzegorz (2014): *Amerykańska kultura (nie)materialna w polskim przekładzie filmowym*, Wydawnictwo im. Stanisława Podobińskiego Akademii im. Jana Długosza, Częstochowa.

Gwóźdź, Grzegorz (2016): *Translatoryka. Umiejscowienie, rola, kierunki rozwoju, zadania.* In: Zagadnienia Naukoznawstwa, Bd. 2, Komitet Naukoznawstwa PAN, Warszawa, 251–274.

Hałas, Bożena (1995): *Terminologia języka prawnego*, Wydawnictwo WSP, Zielona Góra.

Hebenstreit, Gernot (1997): *Terminus – Weltbild – Intertextualität: Translatorische Überlegungen zu juristischen Fachtexten.* In: Grbić, Nadja; Wolf, Michaela (Hrsg.): Text – Kultur – Kommunikation. Translation als Forschungsaufgabe. Stauffenburg, Tübingen, 97–116.

Hejwowski, Krzysztof (2007): *Kognitywno-komunikacyjna teoria przekładu*, Wydawnictwo Naukowe PWN, Warszawa.

Hoffmann, Ludger (1989): *Rechtsdiskurse. Untersuchungen zur Kommunikation in Gerichtsverfahren*, Gunter Narr Verlag, Tübingen.

Hoffmann, Lothar (1976): *Kommunikationsmittel Fachsprache. Eine Einführung.* Akademie-Verlag, Berlin.

Hoffmann, Lothar (1985): *Kommunikationsmittel Fachsprache. Eine Einführung.* 2. Auflage, Gunter Narr Verlag, Tübingen.

Hoffmann, Lothar (1993): *Fachwissen und Fachkommunikation. Zur Dialektik von Systematik und Linearität in den Fachsprachen.* In: Bungarten, Theo (Hrsg.), Fachsprachentheorie, Bd. 2, Attikon, Tostedt, 595–617.

Höflich, Peter; Weller, Frank (2005): *Strafrecht – schnell erfasst*, Springer-Verlag, Berlin, Heidelberg.

Hohnhold, Ingo (1990): *Übersetzungsorientierte Terminologiearbeit*, InTra, Stuttgart.

Holz-Mänttäri, Justa (1984): *Translatorisches Handeln. Theorie und Methode*, Suomalainen Tiedeakatemia, Helsinki.

Iluk, Łukasz (2016): *Zur Frage der Adäquatheit der Übersetzungsvorschläge in bilingualen Rechtswörterbüchern aus juristischer Sicht.* In: Bartoszewicz, Iwona; Hałub, Marek; Małyszek, Tomasz (Hrsg.), Germanica Wratislaviensia Bd. 141, Ansätze – Begründungen – Maßstäbe, Wydawnictwo Uniwersytetu Wrocławskiego, Wrocław, 225–234.

Iluk, Łukasz; Iluk, Jan (2019): *Ausgangssprachlich orientierte Übersetzungen von Rechtstexten aus juristischer Sicht.* In: Van Vaerenbergh, Leona; Schubert, Klaus (Hrsg.), trans-kom, Bd. 12, Nr. 2, Frank & Timme, Berlin, 183–203.

Ischreyt, Heinz (1965): *Studien zum Verhältnis von Sprache und Technik*, Schwann, Düsseldorf.

Jääskeläinen, Riitta (1999): *Tapping the process: an explorative study of cognitive and effective factors involved in translating*, University of Joensuu Press Publications in Humanities, Joensuu.

Jäger, Gert (1975): *Translation und Translationslinguistik*, Niemeyer, Haale, Saale.

Jahr, Silke (1993): *Das Fachwort in der kognitiven und sprachlichen Repräsentation*, Die Blaue Eule, Essen.

Jakobson, Roman (1959): *On linguistic aspects of translation.* In: Brower, Reuben (Hrsg.), On translation, Harvard University Press, Cambridge, Massachusetts, 232–239.

Jakobson, Roman (2009): *O językoznawczych aspektach przekładu.* In: Bukowski, Piotr; Heydel, Magda (Hrsg.), Współczesne teorie przekładu. Antologia, Znak, Kraków, 43–49.

Joisten, Christa (1981): *Schwierigkeiten mit der Gesetzessprache*, In: Deutsche Akademie für Sprache und Dichtung (Hrsg.), Der öffentliche Sprachgebrauch, Bd. 2, Klett-Cotta, Stuttgart, 143–152.

Jopek-Bosiacka, Anna (2009): *Przekład prawny i sądowy.* Wydawnictwo Naukowe PWN, Warszawa.

Jóźwiak, Natalia (2016): *Czy legislator słuchający ortografów łamie prawo? O rozbieżnościach między normą ortograficzną a praktyką środowiska prawniczego.* In: Michalska-Górecka, Paulina (Hrsg.), Kwartalnik Językoznawczy Bd. 2, Instytut Filologii Polskiej Uniwersytetu Adama Mickiewicza w Poznaniu, Poznań, 40–54.

Jugendgerichtsgesetz vom 11. Dezember 1974, BGBl. I S. 3427, online: https://www.gesetze-im-internet.de/jgg/BJNR007510953.html (Zugriff am 17.05.2021).

Jugendschutzgesetz (JuSchG) vom 23. Juli 2002, BGBl. I S. 2730, online: https://www.gesetze-im-internet.de/juschg/BJNR273000002.html (Zugriff am 9.08.2020).

Jüngst, Heike (2010): *Audiovisuelles Übersetzen*, Gunter Narr Verlag, Tübingen.

Jurkowski, Marian (1991): *Metajęzyk terminologii.* In: Grucza, Franciszek (Hrsg.), Teoretyczne podstawy terminologii, Zakład Narodowy im. Ossolińskich, Wrocław, s. 45–59.

Kade, Otto (1968): *Zufall und Gesetzmäßigkeit in der Übersetzung*, Verlag Enzyklopädie, Leipzig.

Kade, Otto (1980): *Die Sprachmittlung als gesellschaftliche Erscheinung und Gegenstand wissenschaftlicher Untersuchung*, Verlag Enzyklopädie, Leipzig.

Kalina-Prasznic, Urszula (2007): *Encyklopedia prawa*, C.H. Beck, Warszawa.

Kalverkämper, Hartwig (1997): *Fachsprache und Fachsprachenforschung.* In: Hoffmann, Lothar; Kalverkämper, Hartwig; Wiegand, Herbert Ernst (Hrsg.), Fachsprachen: Ein internationales Handbuch zur Fachsprachenforschung und Terminologiewissenschaft, 1. Halbband, De Gruyter, Berlin, Boston, 48–59.

Kapuściński, Ryszard (2008): *Rwący nurt historii - zapiski o XX i XXI wieku*, Znak, Kraków.

Karpiński, Łukasz (2008): *Zarys leksykografii terminologicznej*, Katedra Języków Specjalistycznych Uniwersytetu Warszawskiego, Warszawa.

Kautz, Ulrich (2002): *Handbuch Didaktik des Übersetzens und Dolmetschens*, Iudicium, München.

Kątny, Andrzej (2016): *Zu Tautonymen und Internationalismen aus linguistischer und didaktischer Sicht.* In: Skommer, Grzegorz; Skrzypek, Dominika (Hrsg.), Folia Scandinavica Posnaniensia, Nr. 20, Uniwersytet Adama Mickiewicza, Poznań, 141–153.

Kęsicka, Karolina (2015a): *Neutralitätspostulat und verbale Expressivität in Gesetzestexten des Strafrechts: ein Deutsch-Polnischer Vergleich.* In: Matulewska, Aleksandra (Hrsg.) Comparative Legilinguistics, Nr. 24, Faculty of Modern Languages and Literature, Poznań, 101–118.

Kęsicka, Karolina (2015b): *Die Konzeptualisierung der Rechtssprache in diachroner Perspektive und ihre Implikationen für die Theorie der Rechtsübersetzung.* In: Ossowski, Mirosław (Hrsg.), Studia Germanica Gedanensia 33, Wydawnictwo Uniwersytetu Gdańskiego, Gdańsk, 68–83.

Kęsicka, Karolina (2016): *Definieren im Gesetzestext. Über Legaldefinitionen aus translatologischer Sicht.* In: Górnicz, Mariusz; Kornacka, Małgorzata (Hrsg.), Spójność tekstu specjalistycznego (2), Studia Naukowe, Bd. 34, Wydawnictwo Naukowe Instytutu Komunikacji Specjalistycznej i Interkulturowej, Uniwersytet Warszawski, Warszawa, 41–57.

Kęsicka, Karolina (2017): *Die rechtsvergleichende Analyse als Hilfsmittel in der Didaktik der Rechtsübersetzung.* In: Nerlicki, Krzysztof; Sośnicka, Dorota (Hrsg.), Colloquia Germanica Stetinensia Nr. 26, Wydawnictwo Naukowe Uniwersytetu Szczecińskiego, Szczecin, 221–238.

Kęsicka, Karolina (2020): *Die staatliche Prüfung für beeidigte ÜbersetzerInnen und DolmetscherInnen. Das deutsche und polnische Strafrecht. Theorie und Übungsmaterial*, C.H. Beck, Warszawa.

Kielar, Barbara (1973): *Angielskie ekwiwalenty polskich terminów prawnoustrojowych*, Państwowe Wydawnictwo Naukowe, Warszawa.

Kielar, Barbara (1977): *Language of the Law in the Aspect of Translation*, Wydawnictwo Uniwersytetu Warszawskiego, Warszawa.

Kielar, Barbara (1988): *Tłumaczenie i koncepcje translatoryczne*, Zakład Narodowy im. Ossolińskich, Wrocław.

Kielar, Barbara (2007): *Wiedza specjalistyczna tłumacza – na przykładzie tekstów prawnych.* In: Kornacka, Małgorzata (Hrsg.), Języki Specjalistyczne 7. Teksty specjalistyczne jako nośniki wiedzy fachowej, Katedra Języków Specjalistycznych Uniwersytetu Warszawskiego, Warszawa, 19–33.

Kielar, Barbara (2009): *O prawie i jego językach.* In: Płużyczka, Monika (Hrsg.), *Komunikacja specjalistyczna*, Bd. 2, *Specyfika języków specjalistycznych*, Katedra Języków Specjalistycznych Uniwersytetu Warszawskiego, Warszawa, 43–52.

Kielar, Barbara (2013): *Zarys translatoryki*, Wydawnictwo Naukowe Instytutu Kulturologii i Lingwistyki Antropocentrycznej Uniwersytetu Warszawskiego, Warszawa.

Kienzler, Iwona (2006): *Polsko-niemiecki słownik terminologii gospodarczej. Bankowość - finanse - prawo, Wörterbuch der Wirtschaftssprache. Bankwesen - Finanzen - Recht, polnisch-deutsch*, C.H. Beck, Warszawa.

Kiermeier, Ursula; Kubacki, Artur (2017): *When will I become a Schnitzel? - I hope never. Echte und falsche Freunde des Übersetzers in der Translationsdidaktik.* In: Matulewska, Aleksandra (Hrsg.), Comparative Legilinguistics Nr. 29, Institute of Linguistics Faculty of Modern Languages and Literature, Adam Mickiewicz University, Poznań, 85–103.

Kierzkowska, Danuta (1985): *Vademecum tłumacza przysięgłego*, Stowarzyszenie Tłumaczy Polskich, Warszawa.

Kierzkowska, Danuta (2008): *Tłumaczenie prawnicze*, Translegis, Warszawa.

Kilian, Alina; Kilian, Agnieszka (2011): *Słownik języka prawniczego i ekonomicznego, Wörterbuch der Rechts- und Wirtschaftssprache*, 2. Band, polnisch-deutsch, Wolters Kluwer, Warszawa.

Kirchhoff, Paul (1987): *Die Bestimmtheit und Offenheit der Rechtssprache*, Walter de Gruyter, Berlin, New York.

Kizińska, Anna (2018): *Egzamin na tłumacza przysięgłego. Polskie i angielskie terminy nieprzystające. Prawo rodzinne i spadkowe.* C. H. Beck, Warszawa.

Kjær, Anne (1999): *Überlegungen zum Verhältnis von Sprache und Recht bei der Übersetzung von Rechtstexten der Europäischen Union.* In: Sandrini, Peter (Hrsg.) Übersetzen von Rechtstexten. Fachkommunikation im Spannungsfeld zwischen Rechtsordnung und Sprache, Gunter Narr Verlag, Tübingen, 63–79.

Klemensiewicz, Zenon (1953): *O różnych odmianach współczesnej polszczyzny.* Nachdruck in: Mayenowa, Maria (Hrsg.), Pochodzenie polskiego języka literackiego, 1956, Zakład Narodowy im. Ossolińskich, Wrocław, 178–241.

Kluge, Friedrich (1975): *Etymologisches Wörterbuch der deutschen Sprache*, Walter de Gruyter, Berlin.

Kmiecik, Romuald; Skrętowicz, Edward (2009): *Proces karny: Część ogólna*, Wolters Kluwer, Warszawa.

Kodeks cywilny, ustawa z dnia 23 kwietnia 1964 r., Dz. U. 1964 nr 16 poz. 93, online: https://isap.sejm.gov.pl/isap.nsf/download.xsp/WDU19640160093/U/D19640093Lj.pdf (Zugriff am 21.07.2021).

Kodeks karny, ustawa z dnia 6 czerwca 1997 r., Dz. U. 1997 Nr 88 poz. 553, online: https://isap.sejm.gov.pl/isap.nsf/download.xsp/WDU19970880553/U/D19970553Lj.pdf (Zugriff am 12.02.2021).

Kodeks postępowania karnego, ustawa z dnia 6 czerwca 1997 r., Dz.U. 1997 nr 89 poz. 555, online: http://isap.sejm.gov.pl/isap.nsf/download.xsp/WDU19970890555/U/D19970555Lj.pdf (Zugriff am 7.01.2021).

Kodeks pracy, ustawa z dnia z dnia 26 czerwca 1974r., Dz. U. 1974 Nr 24 poz. 141, online: https://isap.sejm.gov.pl/isap.nsf/download.xsp/WDU19740240141/U/D19740141Lj.pdf (Zugriff am 17.05.2021).

Kodeks wykroczeń, ustawa z dnia 20 maja 1971r., Dz. U. 1971 Nr 12 poz. 114, online: http://isap.sejm.gov.pl/isap.nsf/download.xsp/WDU19710120114/U/D19710114Lj.pdf (Zugriff am 5.10.2020).

Kokot, Rajnhardt (2015): *Z rozważań o chuligańskim charakterze zachowań przestępnych w ujęciu polskiego prawa karnego.* In: Jabłoński, Mariusz (Hrsg.), Acta Universitatis

Wratislaviensis Nr. 3661, Przegląd Prawa i Administracji, Teil 2, Wydawnictwo Uniwersytetu Wrocławskiego, Wrocław, 215–234.

Koller, Werner (1973): *Prolegomena zu einer Typologie schwedisch-deutscher Übersetzungsprobleme.* In: Neubert, Albrecht; Kade, Otto (Hrsg.), Neue Beiträge zu Grundfragen der Übersetzungswissenschaft, Athenäum-Verlag, Frankfurt am Main, 89–98.

Koller, Werner (2011): *Einführung in die Übersetzungswissenschaft,* A. Francke Verlag, Tübingen, Basel.

Kołodziej, Robert (2013): *Kontrastive Untersuchungen rechtssprachlicher Termini am Beispiel des polnischen und deutschen Arbeitsrecht.* In: Mańczak-Wohlfeld, Elżbieta (Hrsg.), Studia Linguistica Universitatis Iagellonicae Cracoviensis, Nr. 130, Wydawnictwo Uniwersytetu Jagiellońskiego, Kraków, 199–222.

Kołodziej, Robert (2014): *Polski kodeks pracy w przekładach na język niemiecki – terminologia i strategie translatorskie,* Wydawnictwo Uniwersytetu Jagiellońskiego, Kraków.

Kozieja-Dachterska, Agnieszka (2010): *Großwörterbuch der Wirtschafts- und Rechtssprache,* Band II, polnisch-deutsch, C.H. Beck, Warszawa.

Krings, Hans (1986a): *Translation problems and translation strategies of advanced German learners of French.* In: House, Juliane; Blum-Kulka, Shoshana (Hrsg.), Interlingual and intercultural communication, Gunter Narr Verlag, Tübingen, 263–275.

Krings, Hans (1986b): *Was in den Köpfen von Übersetzern vorgeht: Eine empirische Untersuchung zur Struktur des Übersetzungsprozesses an fortgeschrittenen Französischlernern,* Gunter Narr Verlag, Tübingen.

Krzemińska-Krzywda, Joanna (2006): *Falsche Freunde in der Rechtsterminologie Polnisch-Deutsch.* In: Fries, Norbert (Hrsg.), Deutsche Grammatik im europäischen Dialog: Beiträge zum Kongress Krakau, (online), Kraków, 1–10.

Krzywda, Joanna (2014): *Terminologia języka prawnego i strategie translatorskie w przekładach kodeksu spółek handlowych na język niemiecki,* Wydawnictwo Uniwersytetu Jagiellońskiego, Kraków.

Kubacki, Artur (2009a): *Fehler in der Fachübersetzung der Kandidaten für einen staatlich vereidigten Übersetzer.* In: Mrożewska, Anna (Hrsg.), Philologische Ostsee – Studien. Wydawnictwo Uczelniane Politechniki Koszalińskiej, Koszalin, 2009, 11–28.

Kubacki, Artur (2009b), *Problemy tłumaczenia polskich i niemieckich wyroków w sprawach cywilnych i karnych.* In: lingua legis, Nr. 17, Translegis, Warszawa, 76–85.

Kubacki, Artur (2010): *Rollenträger im polnischen und deutschen Rechtssystem aus übersetzerischer Sicht.* In: Małgorzewicz, Anna (Hrsg.), Translation: Theorie – Praxis – Didaktik, Neisse-Verlag, Dresden, Wrocław, 311–321.

Kubacki, Artur (2011): *Austriacki język prawa – z doświadczeń tłumacza.* In: Karpiński Łukasz (Hrsg.), Komunikacja specjalistyczna, Bd. 4, Od terminologii do leksykografii, 212–224.

Kubacki, Artur (2012a): *Problemy terminologiczne w tłumaczeniu uwierzytelnionym polskich i niemieckich dokumentów USC.* In: Dybiec-Gajer, Joanna; Piotrowska, Maria (Hrsg.), Język a komunikacja. Przekład – teorie, terminy, terminologia, Tertium, Kraków, 151–160.

Kubacki, Artur (2012b): *Tłumaczenie poświadczone. Status, kształcenie, warsztat i odpowiedzialność tłumacza przysięgłego,* Wolters Kluwer Business – Lex, Warszawa.

Kubacki, Artur (2016): *Der plurizentrische Ansatz in der Rechtsübersetzung. Eine Fallstudie zur schweizerhochdeutschen und bundesdeutschen Terminologie im Familienrecht.* In:

Lingwistyka Stosowana, Nr. 18, Wydział Lingwistyki Stosowanej Uniwersytetu Warszawskiego, Warszawa, 67–79.

Kubacki, Artur (2019a): *Badania polonistyczne w zakresie legilingwistyki.* In: Matulewska, Aleksandra (Hrsg.) Comparative Legilinguistics, Nr. 39, Faculty of Modern Languages and Literature, Poznań, 71–80.

Kubacki, Artur (2019b): *Legilingwistyczne badania kontrastywne w Polsce na przykładzie pary języków koreański - polski.* In: Matulewska, Aleksandra (Hrsg.) Comparative Legilinguistics, Nr. 40, Faculty of Modern Languages and Literature, Poznań, 91–101.

Kubacki, Artur; Łomzik, Magdalena (2018): *Systemy przekładu maszynowego w pracy tłumacza języka niemieckiego.* In: Białek, Edward; Małysek, Tomasz; Południak, Natalia (Hrsg.), Orbis Linguarum, Bd. 52, Instytut Filologii Germańskiej Uniwersytetu Wrocławskiego, Dresden, Wrocław, 131–150.

Kuczyński, Ernest (2005): *Interferenzträchtige Stolpersteine bei der Übersetzung. Das Wesen und die Problematik »der falschen Freunde des Übersetzers«*, Państwowa Wyższa Szkoła Zawodowa we Włocławku, Włocławek.

Kudłaj, Anna (2012): *Das polnische StGB und seine Übersetzung ins Deutsche.* In: Lingwistyka stosowana Nr. 6, Wydział Lingwistyki Stosowanej Uniwersytetu Warszawskiego, Warszawa, 99–114.

Küper, Wilfried (2008): *Strafrecht, besonderer Teil: Definitionen mit Erläuterungen*, C. F. Müller Verlag, Heidelberg.

Kurkowska, Halina; Skorupka, Stanisław (1959): *Stylistyka polska. Zarys*, Wydawnictwo Naukowe PWN, Warszawa.

Kvam, Sigmund; Meloni, Ilaria; Parianou, Anastasia; Schopp, Jürgen; Solfjeld, Kåre (2018): *Dolmetschen, Übersetzen und noch mehr.* In: Kvam, Sigmund; Meloni, Ilaria; Parianou, Anastasia; Schopp, Jürgen; Solfjeld, Kåre (Hrsg.), Spielräume der Translation, WAXMANN, Münster, 9–15.

Lampe, Ernst-Joachim (1970): *Juristische Semantik*, Verlag Gehlen, Bad Homburg, Berlin, Zürich.

Lampe, Ernst-Joachim; Fikentscher, Wolfgang; Lübbe-Wolf, Gertrude (1989): *Verantwortung und Verantwortlichkeit im Strafrecht.* In: Lampe, Ernst-Joachim (Hrsg.), Verantwortlichkeit und Recht. Jahrbuch für Rechtssoziologie und Rechtstheorie, VS Verlag für Sozialwissenschaften, Wiesbaden, 286–307.

Landespressegesetz im Baden-Württemberg vom 14. Januar 1964, online: http://www.landesrecht-bw.de/jportal/?quelle=jlink&query=PresseG+BW&psml=bsbawueprod.psml&max=true&aiz=true (Zugriff am 21.04.2021).

Langacker, Ronald (1991): *Concept, Image, and Symbol: The Cognitive Basis of Grammar*, Mouton de Gruyter, Berlin, New York.

Lederer, Marianne (1994): *La traduction aujourd'hui: le modèle interprétatif*, Hachette, Paris.

Lewicki, Roman (2017): *Metody, techniki i strategie w procesie tłumaczeniowym: Próba porządkownia terminologii przekładoznawcze*, Bd. 5. In: Derenowski, Marek; Główka, Danuta; Pawlak, Mirosław; Pawłowski, Grzegorz; Trojszczak, Marcin; Wolski, Bartosz (Hrsg.), Konińskie Studia Językowe, Bd. 5, Państwowa Wyższa Szkoła Zawodowa w Koninie, Konin, 357–365.

Lipczuk, Ryszard (1992): *Internacjonalizmy a »fałszywi przyjaciele tłumacza«.* In: Maćkiewicz, Jolanta; Siatkowski, Janusz (Hrsg.), Język a kultura 7, Wydawnictwo Centralnego Programu Badań Podstawowych, Wrocław, 135–143.

Lipczuk, Ryszard (2000): *»Fałszywi przyjaciele tłumacza« w słownikach niemiecko-polskich.* In: Kątny, Andrzej; Hejowowski, Krzysztof (Hrsg.), Problemy frazeologii i leksykografii, Wszechnica Mazurska, Olecko, 13–21.

Lipczuk, Ryszard (2001): *Falsche Freunde des Übersetzers und Tautonyme.* In: Lipczuk, Ryszard; Leibfried, Erwin; Nerlicki, Krzysztof; Feuchert, Sascha (Hrsg.) Lehr- und Übungsbuch zur deutschpolnischen und polnisch-deutschen Übersetzung, Giga, Szczecin, 9–12.

Liste der öffentlichen akademischen Hochschulen, online: https://www.gov.pl/web/edukacja-i-nauka/wykaz-uczelni-publicznych-nadzorowanych-przez-ministra-wlasciwego-ds-szkolnictwa-wyzszego-publiczne-uczelnie-akademickie (Zugriff am 15.02.2021).

Lizisowa, Maria (2018): *Komunikacyjna teoria języka prawnego.* Wydawnictwo Naukowe CONTACT, Poznań.

Löffler, Heinrich (1994): *Germanistische Soziolinguistik*, Erich Schmidt Verlag, Berlin.

Lohse, Christian (2002): *Sprachenvielfalt und einheitliche Rechtsanwendung in der EG. Dargestellt am Beispiel des Umsatz-/Mehrwert-Steuer.* In: Umsatzsteuer-Rundschau, Nr. 51, Otto Schmidt Verlag, Köln, 393–405.

Lörscher, Wolfgang (1991): *Translation performance, translation process and translation strategies.* Gunter Narr Verlag, Tübingen.

Lukszyn, Jerzy; Zmarzer, Wanda (2006): *Teoretyczne podstawy terminologii*, Wydawnictwo Katedry Języków Specjalistycznych, Uniwersytet Warszawski, Warszawa.

Lukszyn, Jurij (1993): *Tezaurus terminologii translatorycznej*, Wydawnictwo Naukowe PWN, Warszawa.

Małachowicz, Marta (2017): *Polskie badania terminologiczne.* In: Małachowicz, Marta; Grucza, Sambor, Polskie i europejskie nurty terminologiczne, Studia Naukowe, Bd. 38, Wydawnictwo Naukowe Instytutu Komunikacji Specjalistycznej i Interkulturowej, Uniwersytet Warszawski, Warszawa, 8–25.

Małgorzewicz, Anna (2012): *Die Kompetenzen des Translators aus kognitiver und translationsdidaktischer Sicht.* Wydawnictwo Uniwersytetu Wrocławskiego, Wrocław.

Małgorzewicz, Anna (2015): *Die Autonomie des Translators und ihre Bedeutung für die Translationsdidaktik.* In: Weigt, Zenon; Kaczmarek, Dorota; Makowski, Jacek; Michoń, Marcin (Hrsg.), Felder der Sprache – Felder der Forschung: Lodzer Germanistikbeiträge, Bd. 6, Text-Wesen in Theorie und Analysen, Wydawnictwo Uniwersytetu Łódzkiego, Łódź, 75–85.

Małgorzewicz, Anna (2018): *Ekwiwalencja w translacji – tertium comparationis czy iluzja?* In: Grucza, Samobor (Hrsg.), Applied Linguistics Papers Nr. 25/4, Uniwersytet Warszawski, Warszawa, 79–90.

Malinowski, Andrzej (2006): *Polski język prawny. Wybrane Zagadnienia.* Wydawnictwo Prawnicze LexisNexis, Warszawa.

Mattila, Heikki (2006): *Comparative legal linguistics. Language of Law, Latin and Modern Lingua Francas.* Ashgate, Hampshire, Burlington.

Matulewska, Aleksandra (2005): *Własność i zobowiązania w aspekcie translatorycznymi polsko-angielskim i angielsko-polskim.* In: Zabrocki, Władysław (Hrsg.), Investigationes

Linguisticae, Bd, 12, Instytut Lingwistyki Stosowanej Uniwersytetu Adama Mickiewicza w Poznaniu, Poznań, 62–76.

Matulewska, Aleksandra (2013): *Legilinguistic Translatology: A Parametric Approach to Legal Translation*, Peter Lang, Frankfurt am Main.

Mazurkiewicz-Sułkowska, Julia (2014): *Słowiańska terminologia techniczna*, Wydawnictwo Uniwersytetu Łódzkiego, Łódź.

Mellinkoff, David (1963): *Language of the Law*, Little Brown, Boston, Toronto.

Messina, Chiara (2013): *Höchstrichterliche Urteile: Varietätenspezifische Textbausteine (AT-CH-D)*. In: Brambilla, Marina, Gerdes, Joachim, Messina, Chiara (Hrsg.), Diatopische Variation in der deutschen Rechtssprache, Frank & Timme, Berlin, 53–87.

Meyers Enzyklopädisches Lexikon (1979): *Übersetzung*, Bibliographisches Institut, Mannheim, Wien, Zürich.

Mikołajczyk, Beata (2004): *Sprachliche Mechanismen der Persuasion in der politischen Kommunikation: Dargestellt an polnischen und deutschen Texten zum EU-Beitritt Polens*, Peter Lang, Frankfurt am Main, Berlin, Bern, Bruxelles, New York, Oxford, Wien.

Möhn, Dieter; Pelka, Roland (1984): *Fachsprachen: Eine Einführung*, Max Niemeyer Verlag, Tübingen.

Müller-Tochtermann, Helmut (1959): *Struktur der deutschen Rechtssprache*. In: Muttersprache 69, Heft 1, 84–92.

Munske, Horst (1996): *Eurolatein im Deutschen: Überlegungen und Beobachtungen*. In: Munske, Horst; Kirkness, Alan (Hrsg.), Eurolatein. Das griechische und lateinische Erbe in den europäischen Sprachen, Niemeyer, Tübingen, 83–105.

Ndiaye, Iwona Anna (2011): *Kształcenie tłumaczy ustnych w kontekście wymogów egzaminu państwowego na tłumacza przysięgłego*. In: Krajewska, Monika; Zieliński, Lech (Hrsg.), Rocznik Przekładoznawczy, Studia nad teorią, praktyką i dydaktyką przekładu, Bd. 6, Wydawnictwo Naukowe Uniwersytetu Mikołaja Kopernika, Toruń, 179–192.

Neumann, Ulfrid (1992): *Juristische Fachsprache und Umgangssprache*. In: Grewendorf, Günther (Hrsg.), Rechtskultur als Sprachkultur. Zur forensischen Funktion der Sprachanalyse, Suhrkamp, Frankfurt am Main, 110–121.

Neumann-Duesberg, Horst (1949): *Sprache im Recht*, Regensberg Verlag, Münster.

Newmark, Peter (1988a): *A Textbook of Translation*, Hemel Hempstead, Hertfordshire.

Newmark, Peter (1988b): *Approaches to Translation*, Prentice Hall, Hertfordshire.

Nida, Eugene (1964): *Toward a Science of Translating: with Special Reference to Principles and Procedures Involved in Bible Translating*, Brill, Leiden.

Nord, Britta (2002): *Hilfsmittel beim Übersetzen. Eine empirische Studie zum Rechercheverhalten professioneller Übersetzer*, Peter Lang, Frankfurt am Main.

Nord, Christiane (2007): *Textanalyse und Übersetzen*, unveränderter Nachdruck der 3. Auflage, Julius Groos Verlag, Tübingen.

Nycz, Krzysztof (2017): *Historia badań terminologicznych w Niemczech*. In: Małachowicz, Marta; Grucza, Sambor (Hrsg.), Polskie i europejskie nurty terminologiczne, Studia Naukowe, Bd. 38, Wydawnictwo Naukowe Instytutu Komunikacji Specjalistycznej i Interkulturowej, Uniwersytet Warszawski, Warszawa, 167–180.

Olpińska, Magdalena (2009): *Polski i niemiecki język specjalistyczny prawa – możliwości i ograniczenia dydaktyki tłumaczenia tekstów specjalistycznych*. In: Płużyczka, Monika (Hrsg.), Komunikacja specjalistyczna, Bd. 2, Specyfika języków specjalistycznych, Katedra Języków Specjalistycznych Uniwersytetu Warszawskiego, Warszawa, 79–92.

Opałek, Kazimierz; Wróblewski, Jerzy (1969): *Zagadnienia teorii prawa.* Państwowe Wydawnictwo Naukowe, Warszawa.

Osiejewicz, Joanna (2016): *Fachsprache(n) im Lichte der anthropozentrischen Sprachentheorie.* In: Nycz, Krzysztof, Baumann, Klaus-Dieter, Kalverkämper, Hartwig (Hrsg.), Fachsprachenforschung in Polen, Frank&Timme, Berlin, 65–76.

Oskaar, Els (1979): *Sprachliche Mittel in der Kommunikation zwischen Fachleuten und zwischen Fachleuten und Laien im Bereich des Rechtswesens.* In: Mentrup, Wolfgang (Hrsg.), Fachsprachen und Gemeinsprache, Schwann, Düsseldorf, 100–113.

Oskaar, Els (1988): *Fachsprachliche Dimensionen*, Gunter Narr Verlag, Tübingen.

Oskaar, Els (1989): *Alltagssprache, Fachsprache, Rechtssprache.* In: Zeitschrift für Gesetzgebung ZG4, Jahrgang 1989, München, 210–237.

Österreichisches Strafgesetzbuch. Bundesgesetz vom 23. Jänner 1974 über die mit gerichtlicher Strafe bedrohten Handlungen (Strafgesetzbuch), online: https://www.ris.bka.gv.at/GeltendeFassung.wxe?Abfrage=Bundesnormen&Gesetzesnummer=10002296 (Zugriff am 28.06.2021).

Otto, Walter (1981): *Die Paradoxie einer Fachsprache.* In: Radtke, Ingulf (Hrsg.), Der öffentliche Sprachgebrauch, Bd. 2, Klett-Cotta, Stuttgart, 44–57.

Paepcke, Fritz (1986): *Zum Problem von Sprache und Recht. Verwaltungsgerichtliche Grundbegriffe im Sprachenpaar Französisch-Deutsch – Mitteilungsblatt für Dolmetscher und Übersetzer.* In: Paepcke, Fritz (Hrsg.), Im Übersetzen Leben: Übersetzen und Textvergleich, Gunter Narr Verlag, Tübingen, 1–13.

Paluszek, Karolina (2014): *Die Besonderheiten der österreichischen Rechtssprache.* In: Matulewska Aleksandra (Hrsg.), Comparative Legilinguistics, Nr. 19, Institute of Linguistics Faculty of Modern Languages and Literature, Adam Mickiewicz University, Poznań, 27–48.

Pałuszyńska, Edyta (2017): *Charakterystyka stylu naukowego i terminów na tle wariantywności języka w kraju i za granicą.* In: Zarzycka, Grażyna; Karasek, Magdalena (Hrsg.), Acta Universitatis Lodziensis, Bd. 24, Odmiany stylistyczne i specjalistyczne języka, kształcenie dzieci i młodzieży, Wydawnictwo Uniwersytetu Łódzkiego, Łódź, 17–26.

Pawlik, Renata (2016): *Kontrawencjonalizacja w polskim prawie karnym i wykroczeń analiza teoretyczno-dogmatyczna na tle porównawczym.* Oficyna Wydawnicza AFM, Kraków.

Pergnier, Maurice (1978): *Les fondements socio-linguistiques de la traduction*, Presses Universitaires du Septentrion, Villeneuve-d'Ascq.

Pieńkos, Jerzy (1993): *Przekład i tłumacz we współczesnym świecie. Aspekty lingwistyczne i pozalingwistyczne*, Wydawnictwo Naukowe PWN, Warszawa.

Pieńkos, Jerzy (2002): *Polsko-niemiecki słownik prawniczy*, Zakamycze, Kraków.

Pieńkos, Jerzy (2003): *Podstawy przekładoznawstwa. Od teorii do praktyki*, Zakamycze, Kraków.

Pieńkos, Jerzy, (1999): *Podstawy juryslingwistyki. Język w prawie – prawo w języku*, MUZA S.A., Warszawa.

Pietrzak, Agnieszka (2018): *Zu Mehrdeutigkeiten und Sprachvarietäten in der deutschen Rechtssprache.* In: Goźdź-Roszkowski, Stanisław; Karpiński, Łukasz (Hrsg.), Komunikacja specjalistyczna, Bd. 15–16, Katedra Języków Specjalistycznych Uniwersytetu Warszawskiego, Warszawa, 135–144.

Pirker, Benedikt (2010): *Die Übersetzung von Rechtssprechung im Wirtschaftsvölkerrecht.* In: Van Vaerenbergh, Leona; Schubert, Klaus (Hrsg.), trans-kom, Bd. 3, Nr. 1, Frank & Timme, Berlin, 26–69.

Pisarska, Alicja; Tomaszkiewicz, Teresa (1998): *Współczesne tendencje przekładoznawcze*, Wydawnictwo Naukowe UAM, Poznań.

Plęs, Łukasz (2018): *Computerunterstützte Übersetzung der Fachtexte unter besonderer Berücksichtigung der terminologischen Konsistenz.* In: Grzeszczakowska-Pawlikowska, Beata; Stawikowska-Marcinkowska, Agnieszka, Speclang 2, Fachsprachen-Ausbildung-Karrierechancen, Primum Verbum, Łódź, 133–144.

Płużyczka, Monika (2011). *Eyetracking Analysen in der Translatorik. Zum Stand der Forschung.* In: Kwartalnik Neofilologiczny, LVIII, 4/2011, Wydział I Nauk Humanistycznych i Społecznych PAN, Warszawa, 473–484.

Poczobut, Jerzy (1993): *Beitrag zur Übersetzung von IPR-Texten am Beispiel der Übersetzung aus dem Deutschen ins Polnische.* In: Frank, Armin; Maaß, Kurt-Jürgen; Paul, Fritz; Turk, Horst (Hrsg.), Übersetzen, verstehen, Brücken bauen. Geisteswissenschaftliches und literarisches Übersetzen im internationalen Kulturaustausch, Erich Schmidt Verlag, Berlin, 343–365.

Podlech, Adalbert (1975): *Die juristische Fachsprache und die Umgangssprache.* In: Petöfi, János Sándor; Podlech, Adalbert; Savigny, Eike von (Hrsg.), Fachsprache – Umgangssprache. Wissenschaftstheoretische und linguistische Aspekte der Problematik, sprachliche Aspekte der Jurisprudenz und der Theologie, maschinelle Textverarbeitung. Scriptor Verlag, Kronberg, 161–190.

Pommer, Sieglinde (2006): *Rechtsübersetzung und Rechtsvergleichung: translatologische Fragen zur Interdisziplinarität*, Peter Lang, Frankfurt am Main.

Pommer, Sieglinde (2008): *Translation an Intercultural Transfer: The Case of Law.* In: SKASE. Journal of Translation and Interpretation, Bd. 3, Nr. 1, 17–21, online: http://www.skase.sk/Volumes/JTI03/pdf_doc/Pommer.pdf (Zugriff am 8.03.2021).

Prunč, Erich (2002): *Einführung in die Translationswissenschaft*, Institut für Theoretische und Angewandte Translationswissenschaft, Graz.

Pym, Anthony (2010): *Exploring Translation Theories*, Routledge, London, New York.

Pym, Anthony (2011): *Translation research terms – a tentative glossary for moments of perplexity and dispute.* In: Pym, Anthony (Hrsg.), Translation Research Projects 3 ed., Intercultural Studies Group, Tarragona, 75–100.

Reiß, Katharina (1976): *Texttyp und Übersetzungsmethode. Der operative Text*, Scriptor, Kronberg.

Reiß, Katharina; Vermeer, Hans (1991): *Grundlegung einer allgemeinen Translationstheorie*, 2. Auflage, Max Niemeyer Verlag, Tübingen.

Reiß, Katharina; Vermeer, Hans (1984): *Grundlegung einer allgemeinen Translationstheorie*, Niemeyer, Tübingen.

Rink, Isabel (2016): *Zur Übersetzung juristischer Fachtexte in Leichte Sprache am Beispiel des Pilotprojekts ›Leichte Sprache in der Niedersächsischen Justiz‹.* In: Mälzer, Nathalie (Hrsg.), Barrierefreie Kommunikation – Perspektiven aus Theorie und Praxis, Frank&Timme, Berlin, 257–273.

Roelcke, Thorsten (2010): *Fachsprachen*, Erich Schmidt Verlag, Berlin.

Roelcke, Thorsten (2014): *Zur Gliederung von Fachsprache und Fachkommunikation*, In: Braumuller, Wilhelm (Hrsg.) Fachsprache, International Journal of Specialized Communication, Nr. 36, Facultas, Wien, 154–178.

Rozporządzenie Ministra Sprawiedliwości z dnia 24 stycznia 2005 r. w sprawie szczegółowego sposobu przeprowadzenia egzaminu na tłumacza przysięgłego, Dz. U. 2005 nr 15 poz. 129.

Rozporządzenie Ministra Sprawiedliwości z dnia 30 października 2018 r. zmieniające rozporządzenie w sprawie szczegółowego sposobu przeprowadzenia egzaminu na tłumacza przysięgłego, Dz. U. 2018 poz. 2138.

Sandrini, Peter (1996): *Terminologiearbeit im Recht. Deskriptiver, begriffsorientierter Ansatz vom Standpunkt des Übersetzers*, International Network for Terminology, Wien.

Sandrini, Peter (1999): *Translation zwischen Kultur und Kommunikation: Der Sonderfall Recht.* In: Sandrini, Peter (Hrsg.) *Übersetzen von Rechtstexten. Fachkommunikation im Spannungsfeld zwischen Rechtsordnung und Sprache*, Gunter Narr Verlag, Tübingen, 9–44.

Sandrini, Peter (2011): *Translationswissenschaft.* In: Reinalter, Helmut; Brenner, Peter (Hrsg.), Lexikon der Geisteswissenschaften. Sachbegriffe - Disziplinen - Personen, Böhlau, Wien, 1095–1100.

Šarčević, Susan (1997): *New Approach to Legal Translation*, Kluwer Law International, The Hague, London, Boston.

Sawicka, Agnieszka (2009): *Krótka charakterystyka języków specjalistycznych.* In: Płużyczka, Monika (Hrsg.), Komunikacja specjalistyczna, Bd. 2, Specyfika języków specjalistycznych, Katedra Języków Specjalistycznych Uniwersytetu Warszawskiego, Warszawa, 188–198.

Schäfer, Falko (2002): *Die maschinelle Übersetzung von Wirtschaftsfachtexten. Eine Evaluierung anhand des MÜ-Systems der EU-Kommission, SYSTRAN, im Sprachenpaar Französisch-Deutsch*, Peter Lang, Frankfurt am Main.

Schickentanz, Chris (2016): *Einfach richtig Geld verdienen mit den Grundlagen der Börse*, Wiley-VCH, Weinheim.

Schmidt-König, Christiane (2005): *Die Problematik der Übersetzung der juristischen Terminologie*, LIT Verlag, Münster.

Schmidt-Wiegand, Ruth (1977): *Fremdeinflüsse auf die deutsche Rechtssprache.* In: Kolb, Herbert; Lauffer, Hartmut (Hrsg.), *Sprachliche Interferenz – Festschrift für Werner Betz zum 65. Geburtstag*, Max Niemeyer Verlag, Tübingen, 226–245.

Schreiber, Michael (2017): *Grundlagen der Übersetzungswissenschaft*, De Gruyter, Berlin, Boston.

Schroeder, Friedrich-Christian (2005): *Probleme der Übersetzung von Gesetzestexten.* In: Fuchs, Helmut; Hörnde, Tatjana; Kühl Kristian; Neumann, Ulfried; Rönnau, Thomas; Saliger, Frank; Schünemann, Bernd; Sieber, Ulrich; Stuckenberg, Carl-Friedrich; Weigend, Thomas (Hrsg.) Zeitschrift für die gesamte Strafrechtswissenschaft, Bd. 17, Walter de Gruyter, Berlin, Boston, 236–244.

Schweizerisches Militärstrafgesetz vom 13. Juni 1927, online: https://www.fedlex.admin.ch/eli/cc/43/359_375_369/de#a82 (Zugriff am 08.07.2021).

Schweizerisches Strafgesetzbuch vom 21. Dezember 1937, online: https://www.fedlex.admin.ch/eli/cc/54/757_781_799/de#lvl_d1325e348/tit_1 (Zugriff am 28.06.2021).

Schwierskott-Matheson, Ewa (Übers.), (2019): *Polnisches Strafgesetzbuch. Kodeks karny – tłumaczenie na język niemiecki*, DE-IURE-PL, Frankfurt am Main.

Seibicke, Wilfried (1959): *Fachsprache und Gemeinsprache.* In: Muttersprache 69, 70–84.

Sekuła, Justyna (2016): *Kształcenie zawodowych kompetencji tłumaczy tekstów prawnych i prawniczych w ramach studiów podyplomowych.* In: Matulewska, Aleksandra (Hrsg.), Comparative Legilinguistics Nr. 25, Institute of Linguistics Faculty of Modern Languages and Literature, Adam Mickiewicz University, Poznań, 95–108.

Shemy, Amany (2020): *Fachsprachenphraseologismen – eine kontrastive rechtslinguistische Untersuchung am Beispiel des deutschen und arabischen Strafurteils.* In: Matulewska, Aleksandra (Hrsg.) Comparative Legilinguistics, Nr. 42, Faculty of Modern Languages and Literature, Poznań, 93–125.

Shreve, Gregory (1993): *The Standard Generalized Markup Language (SGML) and Heuristic Textual Resources in Translation-Oriented Databases.* In: Wright, Sue (Hrsg.), Scientific and technical translation, Benjamins, Amsterdam, 185–205.

Siever, Holger (2010): *Übersetzen und Interpretation. Die Herausbildung der Übersetzungswissenschaft als eigenständige wissenschaftliche Disziplin im deutschen Sprachraum von 1960 bis 2000.* Peter Lang, Frankfurt am Main.

Siewert, Katarzyna (2010): *Semantische Analyse juristischer Fachwörter am Beispiel der Terminologie des Handelsrechts. Eine deutsch-polnische kontrastive Studie*, Wydawnictwo Uniwersytetu Kazimierza Wielkiego, Bydgoszcz.

Siewert, Katarzyna (2011): *Wybrane aspekty tłumaczenia polskich i niemieckich terminów prawniczych funkcjonujących w obrocie prawnym z zagranicą w sprawach cywilnych.* In: Krajewska, Monika; Zieliński, Lech (Hrsg.), Rocznik Przekładoznawczy, Studia nad teorią, praktyką i dydaktyką przekładu, Bd. 6, Wydawnictwo Naukowe Uniwersytetu Mikołaja Kopernika, Toruń, 59–71.

Siewert, Katarzyna (2014): *Analiza kulturowych aspektów w niemieckim przekładzie polskiego kodeksu karnego.* In: Matulewska, Aleksandra (Hrsg.), Comparative Legilinguistics, Nr. 17, Institute of Linguistics Faculty of Modern Languages and Literature, Adam Mickiewicz University, Poznań, 131–144.

Siewert-Kowalikowska, Katarzyna (2015): *Kary i środki karne w polskim kodeksie karnym oraz ekwiwalenty ich nazw w języku niemieckim.* In: Matulewska, Aleksandra (Hrsg.), Comparative Legilinguistics, Nr. 21, Institute of Linguistics Faculty of Modern Languages and Literature, Adam Mickiewicz University, Poznań, 69–83.

Siewert-Kowalkowska, Katarzyna (2013): *Rozwijanie kompetencji pozyskiwania informacji w dydaktyce przekładu na przykładzie pracy ze słownikami i tekstami paralelnymi.* In: Krajewska, Monika; Zieliński, Lech (Hrsg.), Rocznik Przekładoznawczy, Studia nad teorią, praktyką i dydaktyką przekładu, Bd. 6, Wydawnictwo Naukowe Uniwersytetu Mikołaja Kopernika, Toruń, 211–226.

Simon, Heike; Funk-Baker, Gisela (1999): *Einführung in die deutsche Rechtssprache*, Bodner, München.

Skubis, Ida (2020): *Pluricentryzm języka niemieckiego w języku prawa karnego Niemiec, Austrii i Szwajcarii*, Wydawnictwo Adam Marszałek, Toruń.

Snell-Hornby, Mary (1995): *Translation Studies. An integrated Approach*, John Benjamins Publishing Company, Amsterdam, Philadelphia.

Snell-Hornby, Mary (2006): *Wörterbücher.* In: Snell-Hornby, Mary; Honig, Hans; Kussmaul, Paul; Schmitt, Peter (Hrsg.), Handbuch Translation, Stauffenburg, Tübingen, 181–184.

Sommerfeld, Beate (2016): *Übersetzungskritik. Modelle, Perspektiven, Didaktik*, Wydawnictwo Naukowe Uniwersytetu Adama Mickiewicza, Poznań.

Spillner, Bernd (1981): *Textsorten im Sprachvergleich: Ansätze zu einer Kontrastiven Textologie.* In: Kühlwein, Wolfgang; Thome, Gisela; Wilss, Wolfram (Hrsg.), Kontrastive Linguistik und Übersetzungswissenschaft: Akten des Internationalen Kolloquiums Trier/Saarbrücken, Fink, München, 239–250.

Stawikowska-Marcinkowska, Agnieszka (2020): *Fach- und Gemeinsprache in deren Wechselbeziehungen und diffusem Spannungsfeld. Eine lexikonbasierte Analyse rechtssprachlicher Lesarten*, Wydawnictwo Uniwersytetu Łódzkiego, Łódź, Warszawa.

Stawikowska-Marcinkowska, Agnieszka; Michoń, Marcin (2018): *Barriers in Polish TV – On Audiovisual Translation and its Potential for Development.* In: Jekat, Susanne; Massey, Gary (Hrsg.), Barrier-free communication: methods and products: proceedings of the 1st Swiss conference on barrier-free communication, ZHAW, Winterthur, 92–99.

Stefański, Ryszard (2015): *Kodeks karny. Komentarz*, C.H. Beck, Warszawa.

Stolze, Radegundis (1999): *Die Fachübersetzung. Eine Einführung*, Gunter Narr Verlag, Tübingen.

Stolze, Radegundis (2002): *The Hermeneutic Approach in Translation.* In: Krygier, Marcin (Hrsg.), Studia Anglica Posnaniensia, Nr. 37, Uniwersytet Adama Mickiewicza w Poznaniu, Poznań, 279–291.

Stolze, Radegundis (2005): *Übersetzungstheorien: Eine Einführung*, Gunter Narr Verlag, Tübingen.

Strafgesetzbuch (StGB) vom 15. Mai 1871, BGBl. I S. 3322, online: https://www.gesetze-im-internet.de/stgb/ (Zugriff am 10.08.2021).

Strafgesetzbuch der Deutschen Demokratischen Republik vom 12. Januar 1968, GBl. 1 S. 1, Staatsverlag der Deutschen Demokratischen Republik, Berlin.

Strafprozeßordnung vom 7. April 1987, BGBl. I S. 1074, 1319, online: https://www.gesetze-im-internet.de/stpo/ (Zugriff am 26.07.2021).

Straßenverkehrs-Ordnung (StVO), online: https://www.gesetze-im-internet.de/stvo_2013/StVO.pdf (Zugriff am 1.10.2020).

Studienprogramm der Germanistik an der Adam-Mickiewicz-Universität Posen, http://germanistyka.amu.edu.pl/pl/images/studia_stac/plany_studiow/20-21/20-21-plan_studiow_filologia_germanska_BA_standard_2020_21.pdf (Zugriff am 20.12.2020).

Studienprogramm der Germanistik an der Jagiellonen-Universität Krakau, https://ifg.filg.uj.edu.pl/s2s/filologia-germanska (Zugriff am 20.12.2020).

Studienprogramm der Germanistik an der Jan-Kochanowski-Universität Kielce, https://ilij.ujk.edu.pl/plan-studiow-filologia-germanska/ (Zugriff am 20.12.2020).

Studienprogramm der Germanistik an der Kazimierz-Wielki-Universität Bydgoszcz, https://jezykoznawstwo.ukw.edu.pl/download/54276/germanistyka-1-charakterystyka.pdf (Zugriff am 20.12.2020).

Studienprogramm der Germanistik an der Maria-Curie-Skłodowska-Universität Lublin, https://www.umcs.pl/pl/program-studiow,7654.htm (Zugriff am 20.12.2020).

Studienprogramm der Germanistik an der Schlesischen Universität Katowice, https://www.ifg.us.edu.pl/programy-studiow-punkty-ects/ (Zugriff am 20.12.2020).

Studienprogramm der Germanistik an der Universität Wrocław, http://www.ifg.uni.wroc.pl/wp-content/uploads/dydaktyka/progrS/na2021/stacjonarne_mag_202021_trans.pdf (Zugriff am 20.12.2020).

Studienprogramm der Germanistik an der Universität Gdańsk, https://fil.ug.edu.pl/studenci_8/plany_i_komunikaty/filologia_germanska/plany_studiow (Zugriff am 20.12.2020).

Studienprogramm der Germanistik an der Universität Ermland-Masuren Olsztyn, http://www.uwm.edu.pl/germanistyka/index.php?option=com_content&view=article&id=882&Itemid=199 (Zugriff am 20.12.2020).

Studienprogramm der Germanistik an der Universität Lodz, http://germanistyka.uni.lodz.pl/opisy-zajec (Zugriff am 20.12.2020).

Studienprogramm der Germanistik an der Universität Oppeln, http://ger.wfil.uni.opole.pl/harmonogramy-studiow/ (Zugriff am 20.12.2020).

Studienprogramm der Germanistik an der Universität Rzeszów, https://www.ur.edu.pl/storage/file/core_files/2020/9/7/2bdd2d0d885290356d768b72caf33d6b/Harmonogram%20studi%C3%B3w%20na%20kierunku%20Filologia%20germa%C5%84ska,%20studia%20stacjonarne%20II%20stopnia,%20spec.%20translatoryczna,%20obowi%C4%85zuj%C4%85cy%20od%20roku%20akad.%202020%202021.pdf (Zugriff am 20.12.2020).

Studienprogramm der Germanistik an der Universität Stettin, https://hum.usz.edu.pl/wp-content/uploads/FG_II_S-2020_2021.pdf (Zugriff am 20.12.2020).

Studienprogramm der Germanistik an der Universität Warschau, https://www.germanistyka.uw.edu.pl/wp-content/uploads/2020/06/Program-studio%CC%81w-II-stopnia_2019.pdf (Zugriff am 20.12.2020).

Świątek Joanna (2015): *Potencjał i ograniczenia statystycznego tłumaczenia maszynowego.* In: Marszałek, Lidia (Hrsg.), Społeczeństwo. Edukacja. Język, Nr. 3, Państwowa Wyższa Szkoła Zawodowa w Płocku, Płock, 187–195.

Szadyko, Stanisław (2012): *Istota, miejsce, rola i znaczenie języków specjalistycznych we współczesnym globalnym świecie.* In: Sirojc, Zdzisław (Hrsg.), Prosopon. Europejskie Studia Społeczno-Humanistyczne, Nr. 1, Wyższa Szkoła Informatyki, Zarządzania i Administracji w Warszawie, Warszawa, 185–212.

Szép, Beáta (2011): *Gibt es eine Rechtssprache? – Über die Rechtsdiskurse* In: Germanistische Studien VIII, 175–197.

Sztuk, Alicja (2017): *Normalizacja translatoryczna*, Wydawnictwo Naukowe Instytutu Komunikacji Specjalistycznej i Interkulturowej Uniwersytetu Warszawskiego, Warszawa.

Szubert, Rafał (2008): *Deutsch-polnische kontrastive Untersuchungen im Bereich der juristischen Fachsprache*, Neisse Verlag, Dresden, Wrocław.

Tabakowska, Elżebieta (2001): *Językoznawstwo kognitywne a poetyka przekładu*, Universitas, Kraków.

Thormann, Isabelle; Hausbrandt, Jana (2016): *Rechtssprache klar und verständlich für Dolmetscher, Übersetzer, Germanisten und andere Nichtjuristen*, BDÜ Fachverlag, Berlin.

Tomaszkiewicz, Teresa (2006): *Przekład audiowizualny*, Wydawnictwo Naukowe PWN, Warszawa.

Tomaszkiewicz, Teresa (2016): *Coraz bardziej interdyscyplinarny charakter badań przekładoznawczych.* In: Hejwowski, Krzysztof; Szczęsny, Anna (Hrsg.), Między oryginałem a przekładem, Nr. 1, Księgarnia Akademicka, Kraków, 43–58.

Tryuk, Małgorzata (2006): *Przekład ustny środowiskowy*, Wydawnictwo Naukowe PWN, Warszawa.

Tryuk, Małgorzata (2019): *Przekład ustny konferencyjny*, Wydawnictwo Naukowe PWN, Warszawa.

Urbańczyk, Stanisław (1956): *Rozwój języka narodowego. Pojęcia i terminologia. Z dziejów powstawania języków narodowych i literackich*, PWN, Warszawa, 9–36.

Urbanek, Dorota (2007): *O ekwiwalencji przekładowej w świetle paradoksu tłumaczenia.* In: Grucza, Sambor (Hrsg.), W kręgu teorii i praktyki lingwistycznej, Wydawnictwo Uniwersytetu Warszawskiego, Warszawa, 327–336.

Ustawa z dnia 24 września 2010 r. o ewidencji ludności, Dz. U. 2010 nr 217 poz. 1427, online: http://isap.sejm.gov.pl/isap.nsf/download.xsp/WDU20102171427/U/D20101427Lj.pdf (Zugriff am 21.07.2021).

Utri, Reinhold (2018): *Die Plurizentrizität der deutschen Sprache(n) im Lichte der anthropozentrischen Linguistik und deren Konsequenzen für die Translatorik und die Fremdsprachendidaktik. Aspekte der nationalen Varietäten am Beispiel des Österreichischen Deutsch*, Peter Lang, Berlin, Bern, Bruxelles, New York, Oxford, Warszawa, Wien.

Venuti, Lawrence (1995): *The Translator's Invisibility*, Routledge, London, New York.

Vermeer, Hans (1978): *Ein Rahmen für eine allgemeine Translationstheorie.* In: Lebende Sprachen 23, de Gruyter, Berlin, New York, 99–102.

Verordnung über das Notarverzeichnis und die besonderen elektronischen Notarpostfächer (Notarverzeichnis- und -postfachverordnung) vom 4. März 2019, BGBl. I S. 187, online: https://www.gesetze-im-internet.de/notvpv/BJNR018700019.html (Zugriff am 19.05.2021).

Verwaltungsgerichtsordnung vom 19. März 1991, https://www.gesetze-im-internet.de/vwgo/ (Zugriff am 18.11.2020).

Waffengesetz vom 11. Oktober 2002, BGBl. I S. 3970, 4592; 2003 I S. 1957, online: https://www.gesetze-im-internet.de/waffg_2002/BJNR397010002.html (Zugriff am 9.06.2021).

Weber, Klaus (2014): *Creifelds Rechtwörterbuch*, C.H. Beck, München.

Weber, Klaus (2019): *Creifelds Rechtwörterbuch*, C.H. Beck, München.

Wehrdisziplinarordnung vom 16. August 2001, BGBl. I S. 2093, online: https://www.gesetze-im-internet.de/wdo_2002/BJNR209310001.html (Zugriff am 27.07.2021).

Wehrstrafgesetz vom 24. Mai 1974, BGBl. I S. 1213, online: https://www.gesetze-im-internet.de/wstrg/BJNR002980957.html (Zugriff am 12.04.2021).

Weigend, Ewa (Übers.), (1998): *Das polnische Strafgesetzbuch. Kodeks karny.* Max-Planck-Institut für ausländisches und internationales *Strafrecht*, Freiburg im Breisgau.

Weigt, Zenon (2010): *Fachtext in studentischer Übersetzung.* In: Duś, Magdalena; Zenderowska-Korpus, Grażyna (Hrsg.), Fachsprachenpropädeutik im Germanistikstudium, WSL, Częstochowa, 103–117.

Weisflog, Walter (1996): *Rechtsvergleichung und juristische Übersetzung. Eine interdisziplinäre Studie*, Schulthess, Zürich.

Wermke, Matthias (2008): *Duden, Redewendungen, Wörterbuch der deutschen Idiomatik*, 3. Auflage, Dudenverlag, Mannheim, Leipzig, Wien, Zürich.

West, Constance (1932): *La théorie de la traduction au XVIII siècle.* In: Revue Littérature Comparée, 12, Librairie ancienne H. Champion, 330–355.

Wiesmann, Eva (2004): *Rechtsübersetzung und Hilfsmittel zur Translation: Wissenschaftliche Grundlagen und computergestützte Umsetzung eines lexikographischen Konzepts.* Gunter Narr Verlag, Tübingen.

Wilkoń, Aleksander (2000): *Typologia odmian współczesnej polszczyzny*, Wydawnictwo Uniwersytetu Śląskiego, Katowice.

Wilss, Wolfram (1977): *Übersetzungswissenschaft, Probleme und Methoden*, Klett, Stuttgart.

Wilss, Wolfram (1982): *The science of Translation: Problems and Methods.* Gunter Narr Verlag, Tübingen.

Wilss, Wolfram (1996): *Knowledge and Skills in Translator Behavior*, Benjamins, Amsterdam, Philadelphia.

Wirschubski, Gregor (1933): *Das polnische Strafgesetzbuch vom 11.7.1932 und die kriminalpolitischen Forderungen der Gegenwart*, RisseVerlag, Dresden.

Witczak, Olga (2016): *Tłumacze kontra maszyny, czyli o tłumaczeniu wspomaganym komputerowo.* In: Whyatt, Bogusława; Nadstoga, Zbigniew; Chmiel, Agnieszka; Korpal, Paweł; Kościuczuk, Tomasz; Mazur, Iwona; Perdek, Magdalena; Stachowiak, Katarzyna; Turski, Marcin; Tymczyńska, Maria; Witczak, Olga (Hrsg.), Tłumacz – praktyczne aspekty zawodu, Wydawnictwo Naukowe Uniwersytetu Adama Mickiewicza, Poznań, 203–234.

Wojtasiewicz, Olgierd (1978): *Formalny opis wybranych pojęć »prawnych«.* In: Studia filozoficzne, Nr. 2, Państwowe Wydawnictwo Naukowe, Warszawa.

Wojtasiewicz, Olgierd (2007): *Wstęp do teorii tłumaczenia*, Translegis, Warszawa.

Wołodkiewicz, Witold (2006): *Łacińskie paremie prawnicze w polskiej praktyce prawnej.* In: Wołodkiewicz, Witold (Hrsg.), Regulae iuris Łacińskie inskrypcje na kolumnach Sądu Najwyższego Rzeczypospolitej Polskiej, C.H. Beck, Warszawa, 1–13.

Wotjak, Gerd (1982): *Äquivalenz, Entsprechungstypen und Techniken der Übersetzung.* In: Jäger, Gert; Neubert, Albrecht (Hrsg.), Äquivalenz bei der Translation, Übersetzungswissenschaftliche Beiträge 5, Verlag Enzyklopädie, Leipzig, 113–124.

Woźniak, Joanna (2017): *Latynizmy w tekstach prawnych i prawniczych: ujęcie kontrastywne polsko-niemieckie.* In: Matulewska, Aleksandra (Hrsg.), Comparative Legilinguistics Nr. 31, Institute of Linguistics Faculty of Modern Languages and Literature, Adam Mickiewicz University, Poznań, 69–88.

Wróbel, Włodzimierz; Zoll, Andrzej (2013): *Polskie prawo karne. Część ogólna*, Znak, Kraków.

Wróblewski, Bronisław (1948): *Język prawny i prawniczy*, Polska Akademia Umiejętności, Kraków.

Wróblewski, Jerzy (1956): *Wykładnia prawa a terminologia prawna*, In: Państwo i Prawo Nr. 5/6, Wolters Kluwer, 843–865.

Wronkowska, Sławomira; Zieliński, Maciej (2004): *Komentarz do zasad techniki prawodawczej z dnia 20 czerwca 2002 r.*, Wydawnictwo Sejmowe, Warszawa.

Wüster, Eugen (1991): *Einführung in die Allgemeine Terminologielehre und Terminologische Lexikographie*, Romanistischer Verlag, Bonn.

Zeising, Michael (2004): *Der Nasciturus im Zivilverfahren*, Cuvillier Verlag, Göttingen.

Zglińska, Magdalena (2017): *Ewolucja kary ograniczenia wolności.* In: Dziembowska, Magda (Hrsg.), Kortowski Przegląd Prawniczy Nr. 1/2017, Wydawnictwo Uniwersytetu Warmińsko-Mazurskiego, Olsztyn, 156–162.

Zieliński, Lech (2011): *Egzamin na tłumacza przysięgłego a norma i jakość przekładu tekstów prawnych oraz prawniczych.* In: Krajewska, Monika; Zieliński, Lech (Hrsg.), Rocznik Przekładoznawczy, Studia nad teorią, praktyką i dydaktyką przekładu, Bd. 6, Wydawnictwo Naukowe Uniwersytetu Mikołaja Kopernika, Toruń, 117–130.

Zieliński Maciej (2004): *Język prawny, język administracyjny, język urzędowy.* In: Malinowska, Ewa, Język - prawo - społeczeństwo, Wydawnictwo Uniwersytetu Opolskiego, Opole, 9–18.

Zieliński, Maciej (1999): *Języki prawne i prawnicze*, In: Pisarek, Walery (Hrsg.) Polszczyzna 2000. Orędzie o stanie języka na przełomie tysiącleci, Ośrodek Badań Prasoznawczych Uniwersytetu Jagiellońskiego, Kraków, 50–74.

Zielnik-Kołodzińska, Róża (2017): *Wybrane pojęcia z zakresu polskiego postępowania administracyjnego w tłumaczeniu na język niemiecki.* In: lingua legis, Nr. 25, Translegis, Instytut Lingwistyki Stosowanej, Uniwersytet Warszawski, Warszawa, 35–50.

Ziembiński, Zygmunt (1974): *Metodologiczne zagadnienia prawoznawstwa*, PWN, Warszawa.

Ziembiński, Zygmunt; Zieliński, Maciej (1992): *Dyrektywy i sposób ich wypowiadania*, Zakład Semiotyki Logicznej Uniwersytetu Warszawskiego Znak-Język-Rzeczywistość, Polskie Towarzystwo Semiotyczne, Warszawa.

Żmudzki, Jerzy (1991): *Zum Problem der bilingualen Äquivalenz lexikalischer Einheiten (Polnisch-Deutsch)*, Wydawnictwo Uniwersytetu Marii Curie-Skłodowskiej, Lublin.

Żmudzki, Jerzy (2013): *Problems, Objectivs and Challanges of the Polish Translation Studies and Theory.* In: Grucza, Sambor; Płużyczka, Monika; Zając, Justyna (Hrsg.), Translation Studies and Eye-Tracking Analysis. Warschauer Studien zur Germanistik und Angewandten Linguistik, Bd 6, Peter Lang, Frankfurt am Main, 33–57.

Bei Fragen zur Produktsicherheit wenden Sie sich bitte an:
If you have any questions regarding product safety, please contact:

Brill Deutschland GmbH
Robert-Bosch-Breite 10
37079 Göttingen
info@v-r.de